国家交通重大工程档案

沪苏通长江公铁大桥
建设管理

沪通长江大桥建设指挥部　编著

人民交通出版社股份有限公司
北　京

图书在版编目 (CIP) 数据

沪苏通长江公铁大桥建设管理 / 沪通长江大桥建设指挥部编著 . —北京 : 人民交通出版社股份有限公司, 2021.1

（国家交通重大工程档案）

ISBN 978-7-114-17014-0

Ⅰ . ①沪… Ⅱ . ①沪… Ⅲ . ①公路桥—工程档案—江苏 Ⅳ . ① U448.14

中国版本图书馆 CIP 数据核字（2021）第 016576 号

书　　名：沪苏通长江公铁大桥建设管理
著 作 者：沪通长江大桥建设指挥部
责任编辑：赵瑞琴
责任校对：孙国靖　卢　弦
责任印制：张　凯
出版发行：人民交通出版社股份有限公司
地　　址：(100011)北京市朝阳区安定门外外馆斜街3号
网　　址：http://www.ccpcl.com.cn
销售电话：(010)59757973
总 经 销：人民交通出版社股份有限公司发行部
经　　销：各地新华书店
印　　刷：北京地大彩印有限公司
开　　本：787 × 1092　1/16
印　　张：17.375
字　　数：293千
版　　次：2021年1月　第1版
印　　次：2021年1月　第1次印刷
书　　号：ISBN 978-7-114-17014-0
定　　价：258.00元

《国家交通重大工程档案》

编纂说明

改革开放特别是党的十八大以来，我国综合交通事业发展突飞猛进、成就举世瞩目，已成为门类齐全、设施发达、设备先进、基数庞大、网络完备的交通大国，一大批交通重大工程建设项目不仅在中国乃至在世界交通发展史上都书写了辉煌、创造了奇迹。

为全面系统记录我国综合交通重大工程建设发展历程和现状，客观展示中国综合交通重大工程建设取得的巨大成就，深刻诠释“交通强国”的发展理念，生动反映我国交通建设者继往开来、砥砺奋进，朝着“交通强国”宏伟蓝图，朝着中华民族伟大复兴的中国梦，踏石留印，一路前行，经国家发展和改革委员会基础产业司批准，由《中国交通年鉴》社编纂《国家交通重大工程档案》(简称《重大工程档案》)。

《重大工程档案》分为综合卷和系列卷，系列卷由铁路卷、公路卷、水路卷、民航卷、管道运输卷、城市交通卷、企业卷、地方交通卷等组成；采取纪实性大型资料工具书形式，以文字、图片、数据表格、效果图等方式，简要、系统、直观、立体地呈现我国综合交通重大工程建设取得的巨大成果。

《重大工程档案》记述对象从1978年改革开放开始，以国家综合交通“五年规划”为主线，筛选各建设时期具有重大社会效益、经济效益和具有代表性、标志性及科技创新性的重大交通工程项目为收录对象，重点以“十二五”规划接转项目和“十三五”规划在建、竣工的重大工程项目为主。编纂内容主要包括项目基本情况、审批依据、建设意义、投资主体、工程进度、新技术应用和项目评估等。

《重大工程档案》全彩色印刷，图文并茂，设计装帧精美，由人民交通出版社股份有限公司出版发行。同时，呈送党中央、国务院、全国人大、全国政协领导和相关机构及国家有关部委局。《重大工程档案》主要发行对象为各省、自治区、直辖市发展改革委、交通运输部门及相关建设单位等。编纂《重大工程档案》对于建立综合、权威的国家交通重大工程数据库，为政府决策机构提供翔实的参考数据并存史资政，宣传推广我国综合交通行业取得的重大成就和科技成果，具有重要的历史价值和现实意义。

《重大工程档案》指导单位为国家发展和改革委员会基础产业司，组织单位为《中国交通年鉴》社《国家交通重大工程档案》编委会，编纂单位为《中国交通年鉴》社《国家交通重大工程档案》编辑部。

编纂《重大工程档案》得到了国家有关部委、中央国有大型企业、各省（自治区、直辖市）有关厅局委及交通重大工程建设指挥部、项目部和项目管理单位、建设单位、设计单位、施工单位、监理单位等有关领导、专家、学者、交通建设者的大力支持和帮助，在此一并表示感谢！

《国家交通重大工程档案》编委会

2020 年 12 月

序

PREFACE

历经几代建设者艰苦卓绝的拼搏，凭着无私奉献的精神和自主创新的智慧，中国已成为目前世界上高速铁路运营里程最长、在建规模最大的国家，高速铁路技术总体上处于世界先进水平，部分技术居世界领先地位，铁路桥梁建造技术就是领先部分的关键一项。

桥梁工程在铁路交通中占据着重要位置，从桥梁大国迈向桥梁强国，一代代中国铁路建设者孜孜不倦地探索与追求着。中国几乎每建成一座重大桥梁工程，都为世界桥梁界和工程技术史书写新的精彩篇章，沪苏通长江公铁大桥亦是如此。

由东北直至华南的沿海铁路通道是唯一一条贯通我国三大核心城市群的纵向通道，沪苏通长江公铁大桥是这条重要通道上的核心节点。从长江三角洲区域一体化发展的国家战略层面看，沪苏通长江公铁大桥将有效加速长三角城市群跨江融合、协同发展进程，是促进区域经济社会发展的具有远见卓识的重大工程。

沪苏通长江公铁大桥，以1092m的惊天一跨，创造了公铁两用斜拉桥跨度的世界纪录。大桥建设过程中，依靠自主创新研发的新型材料和高性能设备，综合运用新技术、新工艺，全面提升了我国桥梁工程的材料、装备、技术水平，展示了国家综合实力、工业水平和科技创新能力。

沪苏通长江公铁大桥的建设，体现了建设者的创新能力和工程组织的现代化水平。原中国铁路总公司工程管理中心组建了建设管理机构，承担大桥现场组织指挥工作。项目在智能化建设、科技攻关、工程管理、文化建设、环境保护等各个方面，皆有创新，且成效显著。

内练功夫，外树形象。沪苏通长江公铁大桥成为公铁两用大桥工程的全新“范本”，彰显着“科技创新为源头、管理创新出精品、文化创新铸精神”的理念和追求。建设指挥部认真总结中国铁路工程多年来成功的做法和经验，并积极借鉴国外先进的管理理念和方法，根据自身项目特点和实际情况，在管理体系和保障手段上进行全面优化和创新，以建设“标准化管理示范工地，世界桥梁精品工程”为总体目标，纵深推进标准化管理，统筹兼顾“科技大桥、精品大桥、管理大桥、文化大桥及和谐绿色大桥”的目标，构建了一整套目标明确、结构清晰、职责分明、系统集成的项目管理制度，有力保障了大桥的顺利建成。

应运而生，使命不凡。沪苏通长江公铁大桥是在党的十八大召开后决策开工、在党的十九大闭幕后建成的，体现新时代中国桥梁工匠风采，体现新时代国家形象的标志性工程，是交通建设者呕心沥血奉献的又一座载入交通发展史的重要工程，是这个伟大时代有力的见证和所有交通建设者共同的荣耀。伴随着国家“一带一路”倡议和“长江经济带”发展规划的纵深推进，中国桥梁人将以更加昂扬自信的姿态，实现新的跨越，为中华民族的伟大复兴作出新的贡献。

2020 年 12 月

沪苏通长江公铁大桥建设

概　述

通沪铁路是我国“八纵八横”铁路网沿海铁路通道中的重要组成部分，沪苏通长江公铁大桥是通沪铁路的关键性工程和控制性工程，与通苏嘉甬高速铁路、锡通高速公路共通道建设，为四线铁路、六车道高速公路的公铁两用大桥。上层双向六车道锡通高速公路，设计速度 100km/h；下层通沪铁路为Ⅰ级客货共线双线铁路，设计速度 200km/h，通苏嘉甬高速铁路为客运专线，设计速度 250km/h。

从铁路路网看，大桥是目前长江下游最东端的铁路过江通道。所在的通沪铁路向北经过盐通、连盐铁路进入山东省，连接渤海湾和京津冀城市群；向南经通沪铁路接入上海、经通苏嘉甬铁路衔接宁波，汇入东南沿海通道联系珠三角城市群。沿海通道是目前唯一一条贯通我国三大核心城市群的纵向通道，沪苏通长江公铁大桥的建设是通道的核心控制性工程。

从高速公路路网看，大桥位于江阴长江大桥下游 45km，苏通长江大桥上游 40km。南岸为张家港市，北岸为南通市。大桥搭载的锡通高速公路，不仅可以实现无锡和南通间 40min 通达，还将有效连通长江两岸高速公路网，缓解目前苏通长江大桥、江阴长江大桥的运输压力，具有良好的社会及经济效益前景。

此外，沪苏通长江公铁大桥作为集高速公路、客货混线铁路、高速铁路“三合一”过江通道，在完善区域铁路、公路路网布局，优化运输组织方案，调整交通运输结构，扩大铁水联运份额等方面也将发挥重要作用，为有效促进长三角城市群跨江融合、协同发展提供交通路网支撑。

大桥全长 11072m，包括两岸大堤间正桥长 5827m，南北岸引桥长 5245m；其中公铁合建桥梁长 6989m。两岸大堤间正桥包括：主航道桥为主跨 1092m 钢桁梁斜拉桥；天生港航道桥为主跨 336m 钢桁梁拱桥；其余部分跨横港沙及两岸大堤为 26 孔 112m 简支钢桁梁桥。南北岸引桥主要为 48m、32m 简支混凝土梁桥及连续梁桥。

沪苏通长江公铁大桥从2005年开始进行预可行性研究，2008年2月国家发展和改革委员会批复立项，2012年12月国家发展和改革委员会批复工程可行性研究报告，2013年12月中国铁路总公司和江苏省人民政府批复初步设计，2014年3月1日正式动工建设，2020年7月1日建成通车。

沪苏通长江公铁大桥在总结既建大跨度桥梁经验的基础上，克服了一系列技术难题，采用了众多新材料、新结构、新装备和新工艺，创下了多个世界第一，填补了行业空白。

在建造技术方面，大桥具有“高、大、新”的技术特点。

“高”主要体现在两方面。一是荷载等级和形位控制要求高。沪苏通长江公铁大桥集高速铁路、普速铁路及高速公路等功能于一体，荷载集度、跨度等因素对轨道形位控制提出了更高的需求。二是物理指标高。主航道桥主塔高330m，采用钻石型混凝土结构，是世界上最高斜拉桥主塔。

“大”主要体现在三方面。一是工程体量大。主体结构共用钢材48万t，混凝土230万m^3。主墩沉井基础顶面面积达5100m^2，相当于12个篮球场大小。工程体量上的递进和建设难度的提升，远不是简单的线性关系；量变带来质变，倒逼大桥必须挑战未知、革新技术。二是协作规模大，建造期间协作单位近400家，体现了重大工程综合性、复杂化、系统性的属性，项目级协同交互以及管理难度大。不同学科专业领域交叉、渗透、融合。多元化产、学、研、用协作体系是这个项目的典型特点。三是桥梁跨度大，主跨1092m主航道公铁两用斜拉桥和336m的专用航道钢桁柔性拱桥均居同类桥梁跨度世界之首。这也是沪苏通长江公铁大桥最直观的标志性指标。

“新”主要体现在大桥凝聚了桥梁建造技术的新材料、新结构、新设备和新工艺等“四新”成果。主要包括研发Q500qE桥梁钢和7mm直径2000MPa级平行钢丝斜拉索，攻克千米级斜拉桥设计理论以及深水沉井、超高主塔、大节段钢梁制造架设等技术难题。

沪苏通长江公铁大桥充分依托科技创新，在设计建造技术方面取得一系列重大突破。首创了千米级斜拉桥设计建造技术，首创了2000MPa级斜拉索制造技术，首创了1800t钢梁架设成套装备技术，首创了1.5万t巨型沉井精确定位施工技术，首创了基于实船－实桥原位撞击试验的桥墩防撞技术。

伴随着综合国力的提升，中国桥梁工程师在建筑材料、工程机械、工艺工法、结构设计、管控理论等方面持续发力，不断刷新不同边界条件下梁式桥、拱桥、斜拉桥、悬索桥的跨度和荷载世界纪录，呈现百花齐放、你追我赶的良好局面；中国也从桥梁建造领域的追随者变成引领者，从桥梁建造大国变为建造强国。跨越能力的提升，为交通线路选线提供了更多可比选的方案，助推“交通强国”建设。

特大跨度特殊结构桥梁围绕智能建造进行了新一轮的产业升级，以装配式和信息化为主要特点。在没有成熟成桥案例的条件下，面对大跨度、深水基础、特殊结构体系的要求和新材料、新结构、新装备、新技术快速发展的现状，建设管理单位必须发挥龙头作用，营造更大范围的协作局面，加快“产学研用”转化效率，加倍重视对科技创新的管理，及时固化科技管理成果，着力培育专业化团队和人才。这些都要求特大型桥梁的建设管理必须从强调施工作业单位的专业化向建设管理主体自身的专业化升级。这也是与高铁大线建设管理有所区别的新情况、新挑战。中国国家铁路集团由工程管理中心成立指挥部，针对特大型桥梁的建设管理专业化作了有益的探索。

沪通长江大桥建设指挥部按照建设“标准化管理示范工地，铸造世界一流桥梁精品工程”的总体目标，提出建成“五座大桥”的要求。建成“管理大桥”，形成一整套管理制度和体系，为超大型桥梁建设总结出完善的管理范式；建成“精品大桥”，做到从实体内在质量到外观都出类拔萃；建成“科技大桥”，突破千米级公铁两用斜拉桥建造技术瓶颈；建成“文化大桥”，聚焦“文化自信”，弘扬新时代铁路精神；建成“和谐绿色大桥”，贯彻“创新、协调、绿色、开放、共享”的发展理念，创造路地共建典范之作。

沪苏通长江公铁大桥的一系列成果，是大桥建设者以习近平新时代中国特色社会主义思想为指导，开拓攻坚，聚焦交通强国、铁路先行，以服务社会经济发展为己任所凝结的智慧和奉献的结晶！

随着沪苏通长江公铁大桥建成通车，中国公铁两用斜拉桥正式进入“千米级”新时代！

▲ 沪苏通长江公铁大桥

▲ 在建中的沪苏通长江公铁大桥

▲ 2019 年 8 月 22 日，中交二航局沪苏通长江公铁大桥项目部迎来连续安全生产第 2000 天

▲ 沪苏通长江公铁大桥

▲ 大江腾巨龙

CONTENTS

目录

第一篇　纵深推进标准化管理　建设“管理大桥”

第二篇　强化质量安全管理　建设“精品大桥”

第三篇　集成研发桥梁创新成果　建设“科技大桥”

第四篇　弘扬新时代铁路精神　建设“文化大桥”

第一篇　纵深推进标准化管理建设“管理大桥”

概述

推行铁路建设标准化管理是高质量推进铁路建设的重要手段，是又好又快完成大规模、高标准铁路建设任务的重要保证。建设质量效益型铁路和实现优质快速的建设目标，需要在不断深化标准化管理的基础上针对项目特点进行管理创新。

按照原中国铁路总公司及其工程管理中心的要求，沪通长江大桥建设指挥部持续深入推进标准化管理，促进标准化管理纵向拓展，不断夯实打造精品工程的管理基础。

通过建立和实施以技术、管理和作业为主要内容的标准化体系，运用标准化管理的方式方法，进一步规范质量、安全、工期、环保、创新、投资等管理工作，在规章制度、人员管理、现场管理和过程控制方面，将基础工作做细做实，不断探索创新，全面完善符合大桥建设目标的标准化管理程序，做到“事事有标准，事事有流程，事事有责任人”，努力创造精品工程，达到最佳管理绩效，将沪苏通长江公铁大桥建成“标准化管理示范工地，世界桥梁精品工程”。

第一章　标准化管理体系

一、管理制度标准化

在严格执行国家法律法规和行业各类标准的基础上，以总体规划为先导，以合同履约为依托，深化管理制度标准化，构建一套目标明确、结构清晰、职责分明、内容稳定、系统集成的项目管理制度，切实做到实施有标准、操作有程序、过程有控制、结果有考核。

（一）以总体规划为先导

总体规划的制定和明确，为推进标准化管理提供了有力保障。指挥部以建设“标准化管理示范工地，世界桥梁精品工程”为总体规划目标，编定和发布总体规划，形成了标准化管理推进的纲领性文件，奠定了标准化管理持续开展和深化的基础。以“管理标准化、技术创新化、过程精细化”为原则，以铁路建设标准化管理先进理念和先进经验为依托，根据项目特点和实际情况进行优化和创新，制定出一系列管理制度，并辅之以工作责任矩阵和项目管理清单，进行严格的过程控制和考核，严格实行制度化管理。

1. 明确实施内容层次

一是明确管理机构规划，二是做好人员管理和培训规划，三是做好制度体系规划，四是做好现场管理控制规划，五是做好过程推进规划，六是做好考评考核规划。

2. 明确界定机构职责

（1）建立标准化管理机构

指挥部和各施工、监理、设计项目部均成立专门的标准化管理小组，形成项目标准化管理网络。建立一把手负总责和分管领导具体负责的领导责任制度，明确相应管理机构、人员分工，确保责任到位、措施到位、控制到位。研究制定标准化管理工作的规划、落实措施，对标准化管理工作的实施过程进行监督、检查。

（2）指挥部标准化管理职责（表 1-1-1）

指挥部标准化管理职责　　表 1-1-1

部　门	管理职责
综合部	牵头组织管理制度的编制；负责指挥部人员配备标准化工作；牵头对参建单位管理制度标准化和人员配备标准化工作进行指导、检查、监督、考核
工程管理部	牵头组织安全文明工地建设标准的编制，参与管理制度等文件的编制；负责对设计单位标准化管理工作进行指导、检查、监督、考核
质量安全部	参与管理制度等文件的编制，牵头组织标准化管理总体规划、标准化管理考评办法制订，组织标准化管理工作推进，组织参建单位标准化管理的考评；负责指导、检查参建单位的物资设备管理工作；负责对监理单位和第三方检测单位标准化管理工作进行指导、检查、监督、考核；牵头负责对施工单位的过程控制标准化工作进行指导、检查、监督、考核
计划财务部	参与指挥部标准化管理制度等相关文件的编制；负责招投标、计划、统计、概预算管理、验工计价、合同管理、财务管理等制度的编制

标准化管理办公室设在质量安全部，负责标准化管理日常工作，质量安全部部长兼任办公室主任。

（3）参建单位标准化管理职责

根据指挥部标准化管理总体规划，依据指挥部项目建设管理制度和有关要求，结合各参建单位管理制度，明确各方参建单位标准化管理职责。

①施工单位项目部

制订项目部标准化管理实施方案，细化和健全项目部自身管理制度，明确现场实施标准和管理人员工作职责，对现场实施技术、操作标准进行量化，加强应急预案、作业指导书编制，严格现场实施和过程控制等，保证标准化管理效果，接受指挥部、监理单位的检查考核。

②监理单位

制订监理项目部管理制度和管理实施方案，细化、量化其标准化管理制度、工作标准。审核施工单位编报的标准化管理制度、工作标准、推进计划，并对其进行检查。接受、参与指挥部组织的标准化建设的检查考核。

③设计配合组

制订标准化管理实施方案，细化、量化标准化建设管理制度、工作标准，接受、参与指挥部组织的标准化管理的检查考核。

④第三方检测项目部

制订标准化管理实施计划，编制作业标准，接受、参与指挥部组织的标准化建设的检查考核。

3. 完善人员配置

（1）规范人员配置

指挥部人员配置执行中国铁路总公司《铁路建设项目管理机构管理办法》（铁建设〔2007〕177号）、《关于同意设立沪通长江大桥指挥部的批复》（铁总劳卫〔2013〕775号）和相关文件规定，定编20人。各参建单位按照投标承诺约定，派遣足够数量、具有相应资格阅历的管理、技术和作业人员。施工项目部对架子队的设置进行严格的要求并设定量化标准。

（2）规范人员岗位管理

保证各参建单位在现场的主要管理人员和技术骨干相对稳定。

（3）开展教育培训

首先，各参建单位做好需求分析，制订培训计划；其次，强化岗前教育培训，多途径开展现场过程培训。

4. 完善制度体系建设

（1）指挥部管理制度体系

指挥部管理制度体系主要由“标准化管理总体规划”“基本管理制度”“安全文明工地建设标准”“管理考评办法”四方面内容构成。

“标准化管理总体规划”，对管理机构、制度体系、人员管理、现场管理和过程推进等方面进行了总体规划，明确了推进组织、实施内容和阶段目标，界定了相关人员和部门职责，是项目标准化管理的前提。

“基本管理制度”分综合管理、工程管理、质量安全管理、物资设备管理和计划财务管理五个部分，是标准化管理工作推进的基础。

“安全文明工地建设标准”着重对现场安全文明施工和工地建设进行统一规范，是现场管理标准化的具体体现。

“管理考评办法”分达标考评和创优考评两个部分，是落实标准化管理的手段和保障。

（2）参建单位管理制度体系

施工单位在严格执行国家法律法规和强制性标准的基础上，根据自身同类项目管理经验，充分结合该项目实际，对指挥部下发的各项管理制度、办法组织学习，对相关要求进行细化和分解，建立了一套实施有标准、操作有程序、过程有控制、结果有考核的项目管理制度。

监理单位根据指挥部管理要求和工程特点，结合自身管理经验，针对性地制订开（复）工报告审批，施工图现场核对，变更设计审查，工程质量检验制度和原材料检测试验，试验室管理，安全生产管理，验工计价管理，原材料、半成品、构配件及设备质量复检，施工测量复测检查确认，工地例会，监理日记填写，工程质量专项报告和监理报告，内部管理等规章制度。保证现场标准化管理工作推进，并强调廉政建设，坚决杜绝“吃、拿、卡、要”行为。

第三方检测单位根据工作内容和指挥部要求，制定了相应的规章制度，用于指导标准化建设，规范管理现场试验检测工作。

5. 明确现场过程控制标准化制度要求

通过明确制度要求，保证现场管理和过程控制标准化实施到位，不断进行过程监督、整改、完善，实现现场管理和过程控制标准化，达到建设管理目标。

（1）严格遵循施工组织要求

通过施工组织设计进行设备资源配置和基础设施建设，依据国家和行业标准，各参建单位按照合同约定和《指导性施工组织设计》要求进行细化，主要设备、仪器配置数量及规格、大临设施规模功能不低于指导性施工组织设计要求，确保过程标准化有据可依。

（2）严守《安全文明工地建设标准》

参建单位在提报的规划文件资料中必须响应指挥部安全文明工地建设要求。施工项目部阶段性提交驻地建设、场地平面区划、临时工程布置、大临工程设计、人员着装、标识标牌制作、安全防护措施、工厂化建设、试验室和拌和站建设等方案，报批后实施。同时制定详细作业指导书，保证现场管理标准化符合《安全文明工地建设标准》。

（3）强化过程控制标准要求

依据“四化”（机械化、工厂化、专业化、信息化）支撑手段规划，参建单位对大桥项目的“四化”应用进行科学规划。

（4）保证实施效果

首先，通过过程检查、考评，发现问题及时进行整改完善，并通过制度的形式予以固化，不断提高，保证标准化实施效果。其次，强化会议制度。在项目开始阶段每月固定召开 3 次例会，施工单位汇报质量、安全、进度情况，监理、设计、第三方检测单位就发现问题进行通报，指挥部就会议周期内问题的整改提出要求，研究相关整改情况及需要完善的地方，以制度形式进行固化。工程进展 2 年后，每月 15 日召开质量安全专题会，每月 25 日召开施工进度专题会，发现问题及时整改。在项目推进过程中发现问题或标准化施工不到位的情况，及时召开专题会议进行整改落实，以制度完善形式进行固化，确保会议制度的落实对标准化管理起到推进作用。

6. 分阶段逐步推进

标准化管理不是一蹴而就的，为取得标准化管理的优异成绩，大桥标准化管理总体上分五个阶段推进。

第一阶段（2014 年 3 月 15—31 日）为宣传发动和学习培训阶段。将指挥部编制的《标准化管理总体规划》《项目管理制度汇编》《安全文明工地建设标准》印发到各单位，并组织参建单位开展标准化管理宣传发动和学习培训。

第二阶段（2014 年 4 月 1—30 日）为体系构建和组织实施阶段。参建单位根据指挥部标准化管理总体规划，制定自身《标准化管理实施方案》。按照指挥部《现场管理标准》要求，细化相关实施方案。结合指挥部《指导性施组设计》和标段《实施性施组设计》，同步组织标准化现场实施和整体推进工作。

第三阶段（2014 年 5 月 1 日—8 月 31 日）为完善体系和全面落实阶段。组织对指挥部和参建单位的标准化管理体系进行修订和补充完善。通过指挥部、各参建单位的目标分解和责任分级，建立信息沟通协调机制。指挥部对各参建单位标准化管理实施情况进行督促、检查、指导，重点就文明工地建设、“四化”支撑、架子队管理等方面，开展标准化达标考评，并选择标准化管理工作推进好的项目经理部、项目工区、作业队、监理项目部、监理组等，适时召开了现场会，发挥其示范带头、典型引路作用。

第四阶段（2014 年 9 月 1 日—2015 年 1 月 31 日）为巩固和总结评估阶段。各项目部积极运用全面质量管理、ISO9000 标准的思想、方法，按照计划—执行—检查—处理（PDCA）循环和动态优化、持续改进的要求，及时总结推进标准化管理工作的经验做法，将行之有效的做法及时固化。指挥部在 2014 年 4 季度组织标准化创优考评验收小组，对全线的施工、监理、勘察设计单位的标准化管理工作进行考核评价验收，在全线建成了标准化项目部、标准化作业队、标准化工地、标准化监理项目部、标准化设计配合组。

第五阶段（2015 年 2 月 1 日至竣工）为进一步深化推进实施阶段。陆续完成了对物资设备供应商、钢梁制造厂、第三方检测单位的标准化达标创优考评。

（二）以合同履约管理作为依托

招标文件明确了实施标准化管理的要素内容。指挥部在与设计、施工、监理单位签订的合同中明确了建设项目标准化管理总体规划，对参建单位机构设置、人员配置提出了要求，明确了现场安全文明工地建设标准，对桥梁施工过程监控、钢结构焊接监理检测及物资采购管控、高风险专项方案编制和新技术开发等提出了要求。对机械设备配置，工厂化应用项目，拌和站及试验室等信息化应用、专业化应用提出了具体意见。明确了架子队管理和标准化管理考核相关内容。在合同文件中，初步构建“四化”“四个支撑手段”和架子队管理、绩效考核的“4+4+2”标准化管理体系内容，为施工阶段全面推行标准化管理提供了合法前提。在施工、监理合同中，明确建设资金流转监控、民工工资保证金预留、激励约束费考评发放和专家咨询专项费用设置等内容，为资金合理使用、队伍维稳、综合考评及技术咨询等工作提供了可操作基础。

1. 施工项目部合同要求与兑现

在合同中，重点对施工项目部机构设置、人员组成、制度、工作流程、质量安全控制等做出明确要求。两项目部在成立之初就建立了完善的组织机构、部门责任、人员考核标准，并随着项目进展和人员个别调动进行动态调整。

2. 监理项目部合同要求与兑现

在投标承诺和合同中，重点明确岗位职责、质量管理和安全管理相关规定。两监理项目部制定了总监、副总监、安全负责人、质量负责人、试验室主任、监理组长、混凝土结构专监、钢结构专监、测量专监、试验专监、计量专监、监理员、试验员等13个岗位职责，严格按标准配备人员。明确了每个监理人员的工作内容和责任。设置综合办公室、试验室等职能部室。设置两个综合监理组、一个测量组，配备能满足监理工作需要的办公、生活、交通、试验检测仪器设备。

3. 第三方检测单位合同要求与兑现

第三方检测单位作为指挥部检测试验实施单位，在招标文件中提出检测大纲计划编制时须纳入铁路建设行业标准化管理要求，在桥梁桩基、钢结构第三方检测合同中，明确了标准化管理实施和考核有关事项和要求，为探索和实施专业化参建单位的标准化管理奠定了基础。第三方检测单位按照标准化管理的要求，制定了现场检测机构的工作制度，明确工作内容、工作标准和岗位职责，实现了检测人员配置、现场检测和过程控制标准化。

4. 物资供应商合同要求与兑现

指挥部和施工单位在物资设备供应合同中，明确了标准化管理要求。如中铁大桥局项目部斜拉索供应合同，其标准化管理要求缆索供应商的质量管理体系必须通过 GB/T 19001—2016/ISO 9001:2015 标准认证（图 1-1-1），对斜拉索产品的生产制造及设计、原材料的采购、产品的控制、生产过程控制、检验和试验、不合格品控制、质量记录控制、服务及顾客意见反馈等都要有程序化的文件规定。要求缆索供应商必须有严格的供方管理和进货质量检验控制制度，确保只有合格的原材料才能投入生产。

格式：MI1I02R01A
副本 COPY
中国船级社质量认证公司
CHINA CLASSIFICATION SOCIETY CERTIFICATION COMPANY
质量管理体系认证证书
QUALITY MANAGEMENT SYSTEM CERTIFICATE

编号：No.00519Q31415R8M

兹证明

江苏法尔胜缆索有限公司
（注册地址：江苏江阴市澄常开发区　邮编：214445；统一社会信用代码：913202817272357 83D）
（生产地址：江苏省江阴市璜土镇镇澄路 3456 号　邮编：214445）

This is to certify that the Quality Management System (QMS) of

JIANGSU FASTEN STEEL CABLE CO., LTD.
(Registered Add: CHENG CHANG DEVELOPING ZONE, HUANGTU TOWN, JIANGYIN CITY, JIANGSU PROVINCE, 214445, P.R.CHINA; Uniform Code of Social Credit: 91320281727235783D)
(Production Add: No.3456, ZHENCHENG ROAD, HUANGTU TOWN, JIANGYIN CITY, JIANGSU PROVINCE, 214445, P.R.CHINA)

建立的质量管理体系符合标准：GB/T19001-2016/ISO9001:2015。
has been found to conform to standard: GB/T19001-2016/ISO9001:2015.

本证书对下述范围的质量管理体系有效：*斜拉索、PPWS 索股、吊索及其它缆索的生产和服务；与上述缆索配套的锚具及附属构件的设计和服务*。
This certificate is valid to the following scope for QMS: *PRODUCTION AND SERVICE OF STAY CABLE, PPWS (PREFABRICATED PARALLEL WIRE STRAND), HANGER AND OTHER CABLE, DESIGN AND SERVICE OF AB0VE CABLE'S SOCKET AND ACCESSORY*.

上一认证周期截止时间：2022 年 2 月 20 日/Last cycle Deadline: 20 February 2022
再认证审核时间：2019 年 5 月 20 日 - 2019 年 5 月 22 日/Recertification audit time: 20 May 2019-22 May 2019

本证书有效期至：2022 年 7 月 1 日。
This certificate is valid until: 1 July 2022.

证书专用章 Seal for Certificate CC00

QMS　IAF　CNAS　中国认可 国际互认 管理体系 MANAGEMENT SYSTEM CNAS C006-M

发证日期：2019 年 7 月 2 日。
Issued on: 2 July 2019.
总经理：
General Manager Huang Shiyuan

图 1-1-1　物资供应商质量认证书

（三）以标准化管理为基准

1. 考评总体规划

针对不同的考评对象，项目标准化管理绩效考评在建设项目、参建单位和现场生产单元三个管理层面展开考评。

2. 指挥部内部考核管理

项目标准化管理考评是对单个铁路建设项目标准化管理的综合考评。考评对象以指挥部为重点，涵盖设计、施工和监理等参建单位，以指挥部自评的形式进行。

（1）考核有针对性

管理职责和分工明确，考评方法针对性强，体现较强的执行力。

（2）考核有规划

标准化管理有总体规划、实施方案和年度推进计划，推进内容能够充分结合项目管理特点，有管理考评计划（标准化项目部、标准化工地和首件评估等）。

（3）考核有控制手段

在承包合同、施组设计和管理体系文件中明确标准化管理相关要求，并对参建单位兑现落实情况进行专门检查和督促。指挥部牵头编制并指导参建单位编制标准化管理手册，明晰界定管理流程和工作内容。

（4）考核有制度保障

项目管理制度汇编齐全，安全风险管理和质量管理相关办法科学有效，有现场管理和四个支撑手段应用要求办法。各参建单位制度健全，与指挥部各项管理制度的要求相符合。

3. 对参建单位考核评估

参建单位标准化管理绩效考评，是指挥部对参建的施工项目经理部、监理项目部和设计配合组等单位标准化管理情况所做的综合考评，其中参建单位标准化管理绩效考核采取两种方式：一种是达标考评，采用合格制；一种是创优考评，采用评分制。依据《中国铁路总公司关于深化铁路建设项目标准化管理的指导意见》（铁建设〔2013〕193号）和《铁路建设项目标准化管理绩效考评实施办法》（铁总建设〔2014〕280号）的要求，对达标考评合格的施工、监理、勘察设计单位分别在当期信用评价和施工图考核中加5分，对创优考评中的优秀施工、监理、勘察设计单位分别在当期信用评价和施工图考核中加10分。对参建单位的考核过程，突出体现三个特点：

（1）要求明确。按照《铁路建设项目标准化管理》要求，指挥部对参建单位和现场生产单元制定了8项标准化管理达标、创优考评办法，并明确了施工单位标准化工地等自检自评验收制度。

（2）体系创新。指挥部补充制定了信用评价实施细则，出台了日常检查管理办法和综合考评管理办法，将标准化管理考核、信用评价和日常检查等系统纳入统一的考评体系，分季度、年度将考评结果与激励约束费挂钩，构建了项目激励约束考核新机制，形成了对标准化管理体系运行情况的检查、考核和评估制度体系。

（3）过程严格。指挥部依据招标文件、合同及指挥部标准化管理体系文件要求，结合激励约束考核办法、施工单位和监理单位信用评价办法、设计单位考核办法等，加强检查考核，按照“该做的要写到，写到的要做到，做到的要有效，做了的要有记录”的要求，加强对标准化推进工作的全过程指导、检查、督促、落实，及时发现和纠正推进中出现的问题，组织标准化管理工作的评估考核，促进标准化工作全面推进、纵深发展。

4. 现场生产单元考评

现场生产单元标准化管理绩效考评的目的是对施工或作业主体的素质、实施条件（工作环境、基础设施）的准备、实施过程的策划（施工方案、作业标准等）和过程管理体系（试验检验、制度落实措施等）进行评估，促其为全面实施现场管理标准化提供基础条件。对现场生产单元的考评，主要形式有标准化工地、标准化拌和站、标准化梁场考评等，先由参建单位自行组织开展；指挥部在参建单位考评的基础上，通过评比树立全线的现场作业单元样板，授予“××工程标准化工地”“××项目标准化试验室”等称号。标准化管理考评规划如表1-1-2所示。

标准化管理考评规划表　　表1-1-2

序号	考评项目名称	周　期	备　注
1	建设项目标准化管理	每年年末	指挥部自评
2	施工项目部管理达标	2014年8月	指挥部组织
3	监理项目部管理达标	2014年8月	指挥部组织
4	设计项目部管理达标	2014年8月	指挥部组织
5	优秀施工项目部	每半年	指挥部组织
6	优秀监理项目部	每半年	指挥部组织
7	优秀设计项目部配合组	每半年	指挥部组织
8	第三方检测单位达标	每半年	指挥部组织
9	优秀第三方检测单位	每半年	指挥部组织
10	标准化工地	按工程推进节点	施工单位自评，指挥部验收考评、推广
11	标准化拌和站、试验室	首次于2014年8月，后每年年底复评	施工单位自评，指挥部验收考评、推广
12	标准化预制场（混凝土梁及构件预制）	按工程推进节点	施工单位自评，指挥部验收考评、推广
13	标准化加工场（钢筋、钢构件加工）	按工程推进节点	施工单位自评，指挥部验收考评、推广

通过健全标准化管理考评体系制度，实现了标准化管理的自身管理闭环，标准化管理考评、项目管理检查评比和信用评价等有机的结合，既体现了标准化管理依托项目建设的要求，又充分提升了标准化管理考评的推进力度。

二、人员配备标准化

人员配备标准化工作明确了部门和岗位职责分工，制定了具体的岗位任职标准，并据此选配素质和能力达标的人员，确保了岗位设置满足管理要求，人员素质满足岗位要求。

（一）规范人员配置

1. 指挥部

指挥部领导层、工程管理部、质量安全部、计划财务部和综合部的组成人员多具较深的建设管理资历，其中高级技术职称人员超过50%。

2. 施工项目部

管理人员具备大跨度桥梁施工管理经验。技术人员具备斜拉桥、钢拱桥和深水基础施工经验。

中交二航局进场主要管理人员均有丰富的水中特大桥施工管理经验，16人具有高级工程师职称，7人具有一级建造师资格。项目部组织机构按总部、工区、架子队三级管理层次设置，设工程部、安质部、物设部、计财部、综合办、测量中心和中心试验室共7个职能部门。

中铁大桥局项目部建立了由集团公司领导担任项目经理的项目领导班子，领导班子其他成员也均有着丰富的大型复杂桥梁施工管理经验，在全局范围内选派有类似施工经验的技术、管理骨干担任各职能部门负责人，组建了满足现场需要的项目部各职能部门。

3. 监理项目部

总监理工程师年龄不超过55岁，本科及以上学历，桥梁工程专业，高级技术职称，5年及以上铁路工程监理经历，具有较高的技术水平和较强的组织管理能力，从事过斜拉桥（或200m及以上钢拱桥）监理工作，并有副总监及以上工作经历。总监、副总监均为国家注册监理工程师。安全负责人为国家注册安全工程师。专业监理工程师参加铁路行业规定的专门培训并经考核合格。监理员经过铁路行业培训。人员配备符合《建设监理规范》和《铁路监理规范》要求。

中铁第四勘察设计院监理项目部配备30人，满足投标承诺。其中专业监理工程师23人，占监理人员总数77%，满足招标文件要求。专业监理工程师中具备高级技术职称人员8人，满足招标文件要求。现场监理人员平均年龄为42.4岁，最大58岁，满足招标文件要求。

中国铁道科学研究院中铁大桥监理项目部配备36人，高级工程师不低于监理人员的20%；充分认识到沪苏通长江公铁大桥监理工作的复杂性和艰巨性，确保了进场主要监理人员具有长、大铁路桥梁监理经验，具备较深厚的桥梁专业理论知识，具有较强的责任感和良好职业道德。

4. 配合施工现场设计项目部

现场设计配合组人员专业齐全、业务能力强，负责人由中铁大桥院中层干部担任。

5. 第三方检测项目部

在招标文件中对第三方检测项目部管理和技术人员的专业资格、职称、工作年限、类似工程工作经验等进行了明确。项目经理具有中级或以上技术职称，至少有三项无损检测Ⅱ级及以上证书，8年以上类似项目管理经验，近5年至少担任过一座跨径300m以上钢梁桥钢梁检测项目经理。技术负责人具有中级或以上技术职称，持有UT、MT、RT中两项钢结构检测证书，近5年至少担任过一座跨径300m以上钢梁桥钢梁检测技术负责人职务。焊缝无损检测人员均取得相应资格。报告编制人员和签发人员持有相应探伤方法的Ⅱ级或以上资格。

（二）严格履约检查

1. 指挥部检查

指挥部建立了严格的日常检查及考核处理机制。

（1）领导重视

上场前约谈参建单位主管领导，要求按投标承诺到位主要管理人员；进场后进行履约检查，保证人员数量和岗位资格对应。

（2）严把更换关

对需要更换的主要管理人员，参建单位向指挥部报批。指挥部按照业绩、资格资质不低于合同要求进行审查，同时进行业务考核和试用期考察，合格后准予更换。

（3）过程考核

通过建设期间每期信用评价、综合考评、标准化管理考评等活动，检查管理和技术人员在岗率，确保管理人员配备到位。针对存在的人员变更不及时、变更人员资格不符合要求、变更人员资历低于被替换人员等问题，严格按合同约定和管理办法进行处理。

（4）强化作业队伍配置

重视对一线架子队的检查，将架子队纳入现场的常态管理。指挥部自开工后定期组织对施工单位架子队管理人员配置、作业人员能力、工资到位等情况进行检查，对施工项目部架子队管理实施了有效检查考核，如南岸公路连续梁分别配置钢结构、钢筋预应力施工、模板支架和混凝土浇筑养生作业队，配置了相应管理、技术、质检、安全、调度等管理人员。

2. 参建单位自查

中铁大桥局项目部严格执行履约承诺，按照年度、季度、月度对分包单位进行履约评价考核（图1-1-2），及时发现解决问题，主要检查人员按要求持证上岗、关

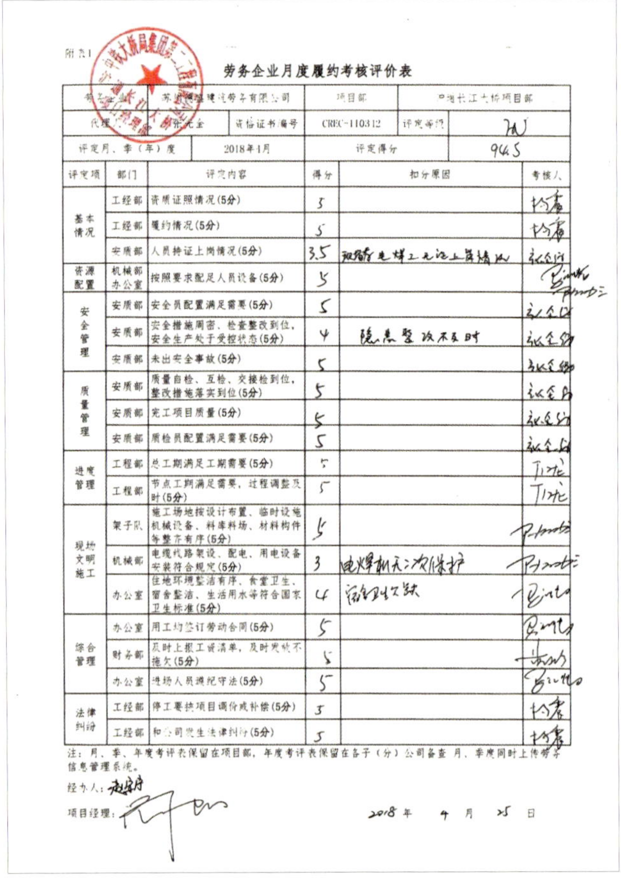

附表1

劳务企业月度履约考核评价表

劳务企业	苏州[illegible]建筑劳务有限公司	项目部	沪通长江大桥项目部
代理人	张元全	资格证书编号	CREC-110312
评定月、季（年）度	2018年4月	评定得分	96.5

评定项	部门	评定内容	得分	扣分原因	考核人
基本情况	工经部	资质证照情况(5分)	5		
	工经部	履约情况(5分)	5		
	安质部	人员持证上岗情况(5分)	3.5	[illegible]	
资源配置	机械部 办公室	按照要求配足人员设备(5分)	5		
安全管理	安质部	安全员配置满足需要(5分)	5		
	安质部	安全措施周密、检查整改到位，安全生产处于受控状态(5分)	4	隐患整改不及时	
	安质部	未出安全事故(5分)	5		
质量管理	安质部	质量自检、互检、交接检到位，整改措施落实到位(5分)	5		
	安质部	完工项目质量(5分)	5		
	安质部	质检员配置满足需要(5分)	5		
进度管理	工程部	总工期满足工期需要(5分)	5		
	工程部	节点工期满足需要，过程调整及时(5分)	5		
现场文明施工	架子队	施工场地按设计布置、临时设施机械设备、料库料场、材料构件等整齐有序(5分)	5		
	机械部	电缆线路架设、配电、用电设备安装符合规定(5分)	3	电焊机无二次保护	
	办公室	住地环境整洁有序、食堂卫生、宿舍整洁、生活用水等符合国家卫生标准(5分)	4	[illegible]	
综合管理	办公室	用工均签订劳动合同(5分)	5		
	财务部	及时上报工资清单，及时发放不拖欠(5分)	5		
	办公室	进场人员遵纪守法(5分)	5		
法律纠纷	工经部	停工要挟项目调价或补偿(5分)	5		
	工经部	和公司发生法律纠纷(5分)	5		

注：月、季、年度考评表保留在项目部，年度考评表保留在各子（分）公司备查 月、季度同时上传劳务信息管理系统。

经办人：

项目经理：

2018年4月25日

图 1-1-2　劳务队伍月度考核评价表

键管理人员和其他管理人员按承诺及时到位情况。

中交二航局对进场主要管理人员进行了资格报审，对少数投标人员因故不能进场履约的情况，秉持变更人员同级或以上原则，及时向监理、指挥部上报申请变更。特殊岗位的工作人员均持有相应的资格证明，进场后特种作业人员及时报监理批复。项目部对进场人员进行考核。

监理项目部每年进行4次季度综合考评前的自评检查，以人员配置是否满足投标承诺及岗位职责要求为检查的重点。对自查中发现的先进场后报审、主要监理骨干离场时未获指挥部批准、监理人员注册单位与服务单位不一致、个别人员缺少有效行业培训经历等问题，认真地进行整改，履行了合同约定，满足了现场工作需求。

（三）分层级开展培训学习

1. 系统开展专题培训

（1）指挥部组织管理和技术骨干培训

指挥部组织有针对性的人员培训，制订培训计划，进行培训考核。结合施工进展情况，指挥部于2014年5月至2017年底分阶段邀请各领域专家进行了标准化管理、信息化应用、质量安全法律法规、桥梁施工质量安全控制、钢沉井浮运及定位、高性能混凝土、水上作业安全管理、桥梁支座、伸缩缝技术、钢结构制造、架桥机监控、高强度螺栓施拧等15项专题培训，培训管理、技术人员达800人次。针对各工地试验室、拌和站，指挥部组织其负责人参加了中国铁路总公司组织的上岗资格培训。截至2015年底，6个工地试验室和11个拌和站（船）的22名负责人通过考试全部获得上岗资格证书。分期对全部58名试验室人员、65名拌和站管理及操作人员，进行了信息化管理业务和实际操作的培训与考核。试验室的试验工程师及试验员取得了由铁道部产品质量监督检验中心颁发的资格证书。计量员通过中国计量科学研究院的培训考试，取得了相应的资格证书。试验辅助人员经培训考核，合格后从事试验检测辅助工作。

同时，指挥部组织各施工项目部40人参加中国铁路总公司现场质量员、安全员和技术员的培训，均取得考试合格证书。

（2）施工项目部组织全员培训

施工单位项目部开展“全员大培训”活动，以“深化标准管理、提升素质、创造价值”为目标，重点针对一线工人开展分批分层级分阶段持续培训，实现从“‘要我标准’到‘我要标准’”的转变。2014年开工至2019年底，中铁大桥局项目部、各分部共计组织技术质量教育培训1020期，20161人次。为深入贯彻循环教育理念，提高作业人员素质，项目部除推行“看板管理”“背包管理”、班前十分钟讲话、班后总结、专题技能、交底培训，以及建立安全文化墙、标准质量样品展示区、安全体验区等教育方式外，还引入安全教育培训箱、VR安全教育等多媒体教育工具，结合现场施工工序转换，有针对性地进行培训教育，精准记录员工培训教育信息档案。通过VR镜头和画面走进虚拟施工现场，身临其境感受现场隐患，深刻领会施工生产的重要性，形成“电子教学＋虚拟体验、实践”的安全教育新模式，提高了安全教育培训质量。

图1-1-3　工地安全行为看板

（3）监理项目部组织监理培训

铁四院监理项目部结合工程的特点和难点，分批次、分专业对新进场的监理人员进行有关法律法规、监理规范、监理管理制度和监理规划、设计文件、施工方案、专业监理实施细则等知识培训。按计划对进场人员进行定期与不定期培训共计38次，进行施工安全、建设工程安全生产管理条例、特种设备安全管理、监理规范等建设工程法律法规培训近20次。

铁科院中铁大桥监理项目部制订年度培训计划，开展业务培训；除资深监理工程师主讲外，还聘请知名混凝土专家、钢梁制造等方面专家举办技术讲座。及时组织监理人员学习上级及建设指挥部发布的各类管理文件。进场后，所有监理人员在上岗前均经过统一培训，包括业务培训、各项监理规章制度学习等；三批次共 43 人参加指挥部进场考核，合格后上岗。

2. 着力做好岗位资格和工序作业培训

（1）特种人员培训

各施工项目部积极主动邀请安监、海事部门开展专项安全培训工作，邀请地方执业资格管理部门开展特种作业人员培训、考核和取证工作，确保全员培训后上岗，特种作业人员持证上岗（图 1–1–4），执业资格满足相关要求。

图 1–1–4　特种人员上岗证

中交二航局项目部做好特种作业人员进场时的资格审查工作，杜绝无证上岗作业现象。针对作业人员来自全国各地，存在取证或复审难的问题，项目部通过与地方安监局沟通，邀请特种作业人员培训机构到工地为作业人员培训取证，解决了取证或复审难等问题。

图 1–1–5　焊工实作技能培训

项目经理部 2014 年、2015 年先后开展三批次、总人数超过 250 多人的特种作业人员培训取证工作。对重点工位人员，即使有证也进行岗前考试。如在 336m 专用航道桥拱肋施工之前，对钢拱焊接作业人员进行考试。考试合格人员方允许进行电焊作业，对不合格人员及时进行清退。

大桥局项目部在特殊工种人员，包括电工、焊工、架子工、起重机械安装（拆卸）工、司索工、起重工等独立上岗作业前，按照国家《特种作业人员安全技术培训考核管理办法》及其他有关规定进行了与各工种相适应的、专门的安全技术理论学习和实际操作训练。相关人员经有资质的专业培训机构培训与考核合格后，取得相关行政管理机构核发的有效操作证件。

图 1-1-6　主塔施工培训

（2）技术质量安全操作技能培训

中铁大桥局项目部从四个方面强化技术质量安全操作技能培训：一是针对一线作业人员持续提高实操者的质量意识和操作技能。如钢筋直螺纹钢筋机械连接质量标准卡控培训，从人员的持证上岗、设备的维修保养、材料的进场验收、加工安装卡控技术标准、检查验收卡控要求等方面进行逐条逐项宣贯培训，并根据技术规范要求出题进行书面考试。考试合格者方可上岗操作。针对现场作业特点，编制了“施工安全准备工作”“承台表面处理”“模板安装”“主筋连接和钢筋绑扎”等 8 个工序的作业培训视频动画教材，对全体作业人员开展了作业安全、质量操作培训。二是推行“看板管理”“背包管理”，建立标准质量样品展示区。结合岗位要求，给技术员、质检员、安全员、试验员、测量员、物资人员等现场管理人员发放装有图纸、规范、检查工具等标准文件和工具的专用“背包”，以便他们在施工过程中及时发现及处理各类隐患。三是针对项目管理或技术人员，多措并举，提高人员素质。项目管理人员参加集团公司“青年桥梁知识竞赛”，定期参加集团公司讲坛学习等，提高整体业务水平。四是邀请相关行业专家，展开专题授课，培养专业业务带头人，如宣讲“鲁班奖创优要求”、宣贯质量安全法规、培训铁路内业资料编制和归档规则、教习高强度螺栓施拧要领等（图 1-1-7、图 1-1-8）。

中交二航局项目部紧贴施工实际情况，组织多种形式的培训，并建立培训台账，包括签到表、影像记录资料、书面资料，以备检查；组织安全风险教育培训 305 次，总共 6781 人次；组织各类铁路施工管理培训、质量和施工技术交底共 167 次，总共 5880 人次；邀请中铁大桥局桥科院的业内专家开展高强度螺栓检验、安装、施拧及焊缝质量检查、过程控制等专项培训，提高管理人员和操作人员的业务素质和操作技能；扎实推进现场实操演练，切实提高作业人员操作水平。

图 1-1-7　质量安全红线管理规定现场宣贯

图 1-1-8　安监局安全专家安全知识讲座

三、现场管理标准化

沪苏通长江公铁大桥开工伊始，指挥部就从安全文明工地建设、人员职业健康防护、规范安全防护设施三个方面，将安全文明管理标准逐条落实，打造不折不扣的平安工程、文明工程。在此基础上，以大力推行标准化工地创建活动为抓手，将现场布局和临时设施、施工组织和资源配置、现场检查等管理工作的内容和管理办法具体化、定量化，制定相应的统一标准并强力推行，全面实现规范管理。

（一）安全文明工地建设

大桥工地文明施工起点高，符合指挥部《文明工地建设标准》统一要求，人员着装相对统一，劳动保护用品佩戴符合要求，施工安全防护到位，施工场地整洁，平面布置及区划合理，质量安全警示、风险源公示、项目公示牌及材料设备标识齐全清晰、设置规范，抢险应急器材、物资准备和设置到位。

1. 临时工程建设

（1）指挥部统筹管理

依据《铁路建设项目现场管理规范》（铁建设〔2009〕198 号）和《铁路建设项目现场安全文明标志》（建技〔2009〕44 号）要求，指挥部在《施工技术管理办法》中对临时设施建设及考核有明确要求，包括工厂化应用设置合理，符合指导性施组要求，达到生产专业化、规模化、集约化和运输便捷化要求，具有与管理体系相匹配的信息化手段，明显有助于提高管理效率。指挥部及时对施工项目部大临规划进行审批，明确了临时工程的标准和规划原则，在2014年及时组织对各参建单位驻地、试验室、拌和站、预制场、施工便道、水上栈桥平台等临时设施验收，达到了“规范有序、整齐清洁、安全可控、环境和谐”的标准，且务求实际，不搞花架子形式主义。

（2）施工项目部建设

①布局合理

依据“集中布局、靠前指挥、功能完备、绿色环保”的原则和指挥部设定的标准，将项目驻地与主生产区布置相结合。项目部驻地按四合院式布置，内设办公楼、宿舍楼、食堂、澡堂，并预留绿化用地进行适当的园林景观设计，范围外邻近区域设置封闭体育馆、会议展示厅，实现员工办公生活集中、动静分离、环境优美的效果。

②提高效能

临建结构功能齐全、整洁有序，并综合考虑结构的使用率，如大桥局28号、29号墩沉井吸泥下沉施工完成后，将空压机平台改造成水上办公平台，同时将28号墩混凝土输送栈桥改造为施工通道，极大改善了水上办公环境。

③集中管理

主生产区包含中心料库、钢筋车间、钢结构车间、拌和站、预制场、预拼场六大功能分区，实现了一地多用、集中管理、材料场内倒运距离最短。

④保证通畅

通过硬化施工便道与起重码头、砂石料码头连接，实现大宗材料经水路进场、短驳后直接入库。硬化便道将项目驻地、主生产区与沿江公路衔接，保证陆路交通畅通。

（3）监理项目部建设

以统一管理、合理配备、有利于工作和生活相互独立的原则，按照投标承诺和监理规划设定的标准，设置办公区、试验检测区和生活服务区。临时房屋设施牢固，办公条件满足信息化工作要求，具备单独会议室，配备交通工具，测量仪器完备，试验检测间类别、面积、环境、设备仪器等硬件设施符合《铁路建设项目工程试验室管理标准》（TB 10442—2015）要求。

2. 人员职业健康防护

（1）着装及人员防护

设计、施工、监理和第三方检测单位所有参建人员实行统一着装上岗，挂牌分类

图 1-1-9　一标中交二航局驻地

管理，佩戴安全帽和胸牌。加强对进入施工现场人员安全防护用品佩戴情况的监管，严格要求进入施工现场必须戴好安全帽、进入水上施工区域必须穿好救生衣、高空作业必须系好安全带，把日常检查中发现的违规行为纳入综合考评扣分范围。

安全帽的颜色，指挥部为红色，监理、设计和第三方检测单位为蓝色，施工单位管理人员为白色，现场施工人员为黄色。安全帽的正前面标有“沪通长江大桥 ×× 单位”字样。要求所有管理、试验人员上岗工作和进入施工现场应佩戴胸牌。胸牌内容包括部门名称、姓名、职务（岗位）、编号，贴有照片。施工单位管理人员胸牌采用蓝色，其他单位采用红色。着装方面，工作服分夏季、春秋季和冬季款；要求施工作业人员佩戴与岗位工种相对应的安全防护用品。

（2）职工健康设施建设

指挥部和施工单位设置了职工活动室和羽毛球、乒乓球等活动场所，施工单位均设有篮球场，每年举行篮球、羽毛球、扑克牌、快步走等各项健康娱乐比赛活动。指挥部每年和沪宁城际公司共同举办通沪铁路各参建单位参加的篮球和羽毛球比赛，邀请南通铁办、张家港铁办等地方单位参加，丰富了职工业余生活。

图 1-1-10　安全驿站

每年对全体参建职工进行一次全面的体检。对高空作业、水下作业等有特殊要求的作业人员，除了要求进场时必须持有近期的体检报告或者医院出具的身体健康证明，还在体检时重点检查，从源头上把控参建人员职业健康。日常施工中，加强通风、降尘、个体防护等措施，严防职业病发生。

施工现场的明显位置设置安全驿站（图 1-1-10），站内配备急救药品、担架、饮水机和视频培训系统。加强班前安全交底、安全培训以及应急演练。

3. 安全防护设施配套建设

（1）安全防护设施配套建设的基本要求

①防护设施配套标准明晰

指挥部严格按照《铁路工程基本作业施工安全技术规程》（TB 10301—2009）、《铁路桥涵工程施工安全技术规程》（TB 10303—2009）等强制性规程规定，在《安全文明工地建设标准》中细化具体标准，配套底线不低于合同约定，同时体现先进性，对现场桩基承台基坑、高空作业、水上作业、水上平台、临时用电设施、施工码头资源配备等提出安全防护标准要求。

②严把逐级审查审核制度关

对一般工程的施工方案和专项安全方案涉及的安全配套设施，把好施工项目部和监理项目部审查审核关。重要工程的安全配套设施需经过指挥部的审查批复，乃至进行必要的专家论证。如在沉井、墩身模板设计时，要求综合配套作业操作平台和通道；在墩身施工四周重叠、交叉区域设置安全防护区域和安全防护通道。

③保证设备功能良好

起重机、架桥机、挂篮等大型设备配属，严格执行行业规定。结合“强基达标，提质增效”活动，强化基础设施安全建设，如要求主塔塔柱增设 4 部高性能、安全性好的电梯，上下游塔柱均设置标准宽度的电梯转换平台，内模爬模平台布置标准化，各项设施设备均按标准化施工的要求进行设计、制造和使用管理。

④严格落实

督促指导现场严格按照批准的方案实施，不打折扣、不缩水，真正使方案落地；通过对现场安全防护设施配套时的严格过程检查，随时纠正问题。如针对初期存在的平台搭设不稳固、墩身的通道附墙连接不牢固、防护栏杆高度不足、防坠网缺失等问题，通过文明工地建设标准落实，严格进行管控纠正，使其符合规定。

⑤严格检查验收

对设施配置严格验收，做到配套设施安全稳固、布设合理、便于施工及维护。

（2）施工项目部实施要点

施工单位项目部进场后按照指挥部要求和投标承诺，进行各类安全防护配套设施的标准化建设。

①高空防护到位

如图 1-1-11 所示，高空作业的临边防护由上、下两道横杆及栏杆柱组成，防护

图 1-1-11　高空安全防护

栏杆自上而下用密目安全立网封闭，栏杆根部设置挡脚板。操作平台采用标准直径和壁厚的钢管以扣件连接，台面满铺走行木板。上下立体重叠、交叉作业，通道上方以及可能坠物的处所，设置足以防止伤害的隔离棚挡护。

②支撑体系牢固

各类支架、预埋件、基础处理等进行标准化设置，采用安全可靠的贝雷梁结合支撑体系、插件式支撑体系，支架搭设预压到位。

③保证水上防护安全

水上作业按主管部门批准的方案设置安全防护措施和标志，并配备有效的通信设备。施工使用的船只，按规定设置航运标志，并配备救生、消防及靠绑设备，夜间有照明设备。

④基坑防护可靠

桥梁施工时基坑、沉井、泥浆池、浇筑后的钻孔桩四周设置护栏及明显的警示标志，架梁起重机的上侧平面通道及墩台顶，设置防护栏杆、上下踏梯、人行通道等安全设施。

⑤防火防雷到位

按照《消防法》和《建筑物工地防雷要求》，对工地、办公生活区配置消防器材，对拌和站、施工脚手架、吊装塔架、钢梁梁体、油库、料库、配电房（所）等可能引发雷击的设备、设施、建筑物，按照规定装设防雷设施，并定期检测接地电阻，防止雷击事故。

⑥规范设置标识标牌

为规范现场标识标牌设置，指挥部明确标准，各项目部进行了统一规划。

第一，安全警示明显。在全桥工地施工现场醒目位置设置工程概况图、施工标识牌、危险源公示牌、现场管理人员组织机构牌、入场须知牌、安全警示牌、安全生产牌、文明施工牌、消防保卫制度牌、施工现场总平面图、消防平面布置图等，并设置安全禁止、警告、警示、提示标志和安全宣传漫画等，对设置好的标识标牌安排专人维护，保持整洁。

图 1-1-12　安全走道

图 1-1-13　主塔防火措施

第二，宣传警示突出。在安全通道上设置齐全规整的安全警示标志标牌，并在施工栈桥设置安全质量管理看板，打造安全文化墙，营造浓厚的安全文化氛围。在生产、办公、生活区等醒目位置设置宣传栏（牌）和标语，在进入南北岸两项目部的工地入口设置施工项目部标识彩门。

第三，完善更新及时。指挥部和项目部管理人员随施工进展及时督促对重要标识标牌的内容进行完善更新，如更新危险源项目、人员变更情况、展示项目，切实使标牌布设起到推动创建平安工程、精品工程的作用。

（二）标准化工地创建

指挥部将创建标准化工地作为建设平安工程、示范工程、精品工程和名片工程的重要抓手，始终把标准化工地创建作为一项常规性、基础性的工作，坚持标准、完善思路、巩固成果，稳步推进标准化工地创建工作。

1. 完善标准化工地创建体系

（1）体系机构健全有力

指挥部成立标准化工地考评小组，常务副指挥长任组长，分管副指挥长任副组长，各部门负责人为成员。创建办公室设在质量安全部，按不同的施工节点，质量安全部主管工程师具体现场督导。各施工和监理项目部分别由第一管理者负责，成立创建活动小组，组织推动标准化工地创建活动。

（2）指导思想清晰统一

标准化工地创建以重要生产单元实体质量达标、规范作业和文明施工等为手段，积极落实环境与设施、资源配置、技术管理、试验检测、现场施工、安全管理以及标准化活动体系建设等各项工作，达到实现精品示范工程的目的，为全桥工程起到引领效果。标准化工地创建活动对施工主体的素质、实施条件、作业标准、过程管理体系、施工工艺、现场管理进行审查验证，改进完善，使参建人员明确目标，统一思想认识。

（3）阶段目标具体明确

根据大桥项目标准化实施总体规划，结合桥梁下部工程和上部工程的进展，在各类单项工程首件评估后，要求各项目部提报标准化工地创建规划，分不同时段进行考评，通过考评树立典型标准化工地样板。

2. 标准化工地创建主要内容

标准化工地创建立足于现场安全质量管控，包括主要资源合理配置，管理、技术以及作业标准的科学制定和有效落地，各项保障支撑条件全面到位等内容。从而促成现场安全可控，实体效果明显提升。

（1）方案科学合理

通过超前谋划和全盘考虑，狠抓各项方案编制质量，根据标准化工地建设要求，结合建设任务，利用四化支撑手段，深度优化传统工艺。依托参建单位相关领域资深专家，做好方案可行性评估及比选，合理配置建设资源。

（2）安全防护到位

防护设施、作业通道布设规范，临电设施符合标准，压力气瓶规范存放，消防设施完备。

（3）人员配备合理

架子队队长、技术负责人、技术员、安全员、质检员、试验员、领工员、工班长等齐全，支架安装工、钢筋工、模板工、混凝土工、预应力张拉工等作业工人满足需要，均通过岗前培训和安全技术交底。

（4）过程控制到位

技术标准执行和现场技术管理方面，施工方案审批手续齐全完善，作业指导书编制实用合理，实施顺畅良好，三级技术交底制度落实到位，试验测量工作规范，检测项目内容频次符合设计图和验收标准要求。

（5）实体验收合格

实体验收方面，各项指标符合设计图和强制性标准要求。

（6）标准化相关活动有序开展

进行质量安全专题活动，设立各类标准化创建宣传牌、工艺流程图等。

3. 严格进行标准化工地考评

（1）现场项目部考评工作

由标准化工地领导小组成员和各部门专业工程师组成现场考评组，以实体质量达标、规范作业和安全文明施工等为基本要求，如实按照指挥部文件规定的考评表项目对各专业工程打分。应用现场测量试验设备、仪器、工具，对实体质量进行必需的测试。仔细核查管理、技术和验收内业资料是否全面合格。核查各种安全保障设施是否完全符合标准。实地考察管理、技术和作业人员通过标准化创建实现素质能力提升的情况、现场标准化创建实施效果。对施工项目部自评和监理项目部复评评分均达到 90 分者，由施工项目部向指挥部提出申请进行最终评定。

（2）建设指挥部考评工作

确定授予被考评工地“标准化工地”荣誉称号，指挥部下发文件，对通过标准化工地考评的工地进行命名授牌，发挥示范带头、典型引路作用。

四、过程控制标准化

（一）强化施工组织管理

1. 深入推进施工组织标准化

围绕保安全、保质量，打造精品工程的目标，在指挥部指导性施工组织设计的基础上，施工单位编制实施性施工组织设计，落实标准化管理和标准化作业；充分运用“四化”手段，积极推广应用先进技术，创新工法、工装、工艺，以工法定工装，以工装保工艺，以工艺保质量。

从临时工程开始，按照标准化管理要求进行设计和报批，“先批后建、先验后用”。钻孔桩分标段、分孔径进行工程试桩，取得大孔径、超长桩在细砂地质中施工参数后，制定标准化钻孔桩施工的工艺工法。规范和统一钻孔桩施工场地布置，采用泥浆分离器收集钻渣，保证工地排水畅通。

墩身模板由地方钢结构工厂统一制造，指挥部组织验收，合格后投入施工。

钢沉井和钢梁全部在地方钢结构工厂加工制造，监理单位驻场监理，第三方检测单位驻场检测，指挥部加强日常检查。

推行首件评审制度。钻孔桩、承台、墩身、节段梁预制、连续梁施工、节段梁架设、钢梁杆件制造、预拼装和涂装、主塔施工、钢梁架设、桥面系施工等所有分部工程全面施工前，推行首件工程制。施工单位积极创新工艺工法，针对沉井深水封底混凝土、井点降水、墩身模板接缝、主塔混凝土一次泵送到顶、钢梁架设流程优化、斜拉索同步张拉等进行创新和研究，编制标准化作业指导书。指挥部组织进行首件工程验收和专家评审，从工艺工法和外观质量等方面对首件工程进行检查评定，通过后方可全面开始组织施工，以保证工程质量。

2. 纵深推进施工工序、工艺的标准化

坚持全过程控制理念，在各重点工序的施工中始终坚持标准化的纵深拓宽管理，体现在施工方面即工序划分合理、作业有序衔接、先进设备普遍应用、成品质量精度高、成本节省、实际操作便捷，不拘泥于现有标准束缚，根据实际情况适度提高量化标准，使质量有效提升，全面保证安全及环保。

如在主塔高黏抗裂混凝土结构施工过程中从以下三个方面推进标准化：一是及时组织调研论证新型混凝土内掺抗黏剂量化标准，制定有效的新材料标准；二是在集料环节制定高于现行验收标准的量化指标，选择粒形更为圆顺的粗集料，减少了高塔泵送阻力，有效消除了堵管、爆管隐患；三是选择新型的泵送剂并对外加剂拌和设备进行精准计量改造，确定材料和设备投料误差限制固化标准，把各项新要求贯穿于施工控制全过程，确保了 330m 主塔混凝土高标准完工。

在主桥大节段钢桁梁的制造过程中，突出延伸特色：一是把好原材料关，针对使用量最多的 Q370qE 钢，在前期质量波动的情况下，要求部分厂家将正火处理工艺调整为先进的 TMCP 控轧控冷工艺，保证了进场钢梁材质；二是保证焊接连接质量，全力推进先进机器人全自动埋弧焊工艺，精准确定电流、电压、焊速及焊层的量化指标，保证了焊接质量，大大提高了一次检验合格率；三是对关键的 2000MPa 级斜拉索高强钢丝从源头上检查盘条原材料高碳钢坯生产过程中热处理工艺的缺陷，积极督促责任方确定新的热处理工艺标准，确保了大批量生产的钢丝质量。

在公路钢桥面沥青铺装过程中做好以下三方面工作：一是把好新型热固性 EA 环氧沥青进场验收检查关，采用大容量、高精度拌和机，保证环氧树脂、基质沥青、固化剂等配料工艺的有效衔接；二是确保环氧沥青层施工固化所需温度，采用密闭栅栏挡风设施确保在低温条件下的防风保温，有效减少 EA 热固性拌和物热量散失；三是采用一体化智能碾压高精度先进设备，使摊铺、整平、碾压等工序形成有效衔接，在过程中直接检查控制层厚、温度、坡度、压实指标，确保了 EA 环氧沥青层按设计要求及时有效成型。

3. 科研和专家团队技术支撑

构建由科研单位、大学、设计单位、施工单位、检测单位和相关工厂等单位专家学者组成的专家库。指挥部和施工单位不定期召开专项设计、施工组织设计、专项施工工艺、首件工程专家咨询会及评审会，邀请相关专家，为大桥施工提供技术咨询和支撑。以 2000MPa 钢丝新材料为例，指挥部组织科研和专家团队严格落实了 30t 科研、200t 试生产、800t 小批量生产的研制全过程，确保了该国产产品的品质。进入钢丝实质生产阶段，又聘请专业第三方检测机构与监理同步进行抽查。过程中，根据抽查结果，随时要求项目部和生产厂家调整自检项目及自检频率，最终确保了无任何不合格产品进入沪苏通长江公铁大桥项目。

4. 严格执行分级审查

实施性施工组织设计由施工单位负责编制，施工单位集团公司组织审核，监理单位组织审查，指挥部审批。重要的实施性施工组织设计由指挥部组织专家评审。涉及特殊设计、计算、温控、监测等专业性强的方案，由施工单位委托有资质的设计公司或单位编制。

5. 实行动态管理

（1）实行日、周、月、季滚动体系管理

指挥部根据年度实施性施工组织设计，下达分季度形象进度计划；施工单位根据指挥部下达的进度计划，分解到月、周和日计划，调配资源，组织施工。指挥部每半月召开一次生产例会（2017 年调整为每月召开一次），检查实施性施工组织设计落实情况，发现问题及时协调处理，确保月度目标的实现。每年年底，指挥部根据当年实施性施工组织设计完成情况，组织编制第二年实施性施工组织设计。

（2）加强检查考核

施工单位项目部和监理单位在日常检查中重点检查现场是否按照实施性施工组织设计中的施工方案组织施工，资源配置是否到位，节点工期是否满足要求等，发现问题及时组织研究处理；涉及方案重大调整时重新编制调整方案报批；对于资源配置不满足现场施工需要的，及时配置资源。

指挥部重点检查施工、监理单位是否对实施性施工进行日常检查，发现问题是否及时组织优化调整。重难点工程施组由指挥部组织设计、施工单位、监理单位研究后优化调整；必要时，由指挥部组织相关专家进行详细论证。指挥部在施工、监理单位季度及年度综合考评检查中，把施工组织设计列为重点检查内容。

对于重点工程，如主航道桥沉井、承台、主塔和钢梁架设等的施工组织设计，指挥部编制分阶段节点目标，对重要分项分部工程节点目标采用红、黄、绿牌进行考核，必要时组织大干 120 天劳动竞赛，促进现场施工。

（3）成立现场工作组进行重点督导

在 28 号墩主塔和 29 号墩沉井、主塔施工中，指挥部成立现场工作组，重点督促实施性施工组织设计实施，随时根据工程实际进展，对两个主墩的施组做出前瞻性调整，控制项目有条不紊地推进。

6. 信息化施工组织管控

结合指挥部研发的 BIM 管理系统，形象展示当前施工组织计划与实际进度对比分析情况（图 1–1–14），直观显示生产动态信息，便于指挥部和各参建单位进行施工组织动态调整和管理。同时，采用物联网技术对钢梁杆件进行综合管理（图 1–1–15）。在 BIM 管理系统中，实时录入钢梁杆件验收、发运、到达以及安装等信息，可实现对钢梁加工制造进度和后续加工计划调整安排的全局把握，保证钢梁架设顺利进行。

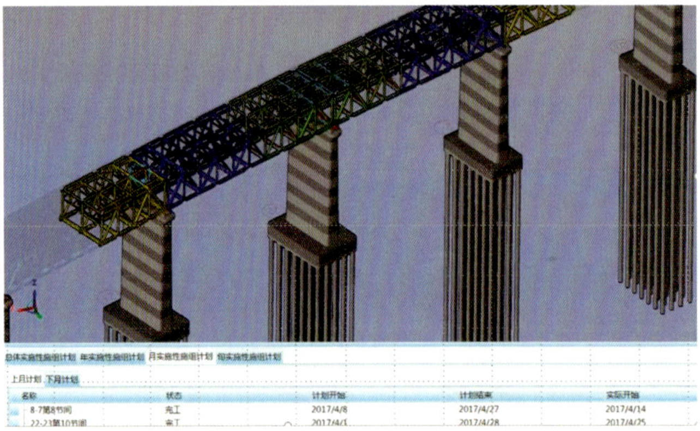

图 1–1–14　BIM 管理系统形象进度展示

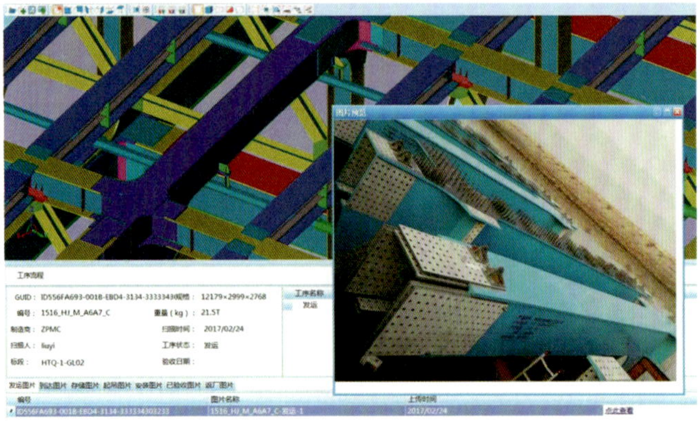

图 1–1–15　钢梁杆件物联网技术应用

（二）严把施工作业源头关

参建各方按照行业标准规程、施工图设计文件，结合大桥工程创优总体目标，充分合理利用各种资源，达到源头控制最佳效果。

1. 施工方案、作业标准编制

（1）指挥部管理重点

①严把关键工点施工方案关

针对复杂的超深钻孔桩、深水大截面沉井基础、大体积承台、超高桥塔高性能混凝土、大节段钢桁梁制造、钢拱桥桥面拱肋合龙、节段梁预制架设、公路连续梁施工等重难点工程，要求施工项目部通过必要的先行先试，提交出较为成熟的施工方案，通过必需的评审后实施。

②督促指导编制施工作业指导书

结合现场各类资源配置和外部环境条件，严格按照强制性标准，按照施工方案内容，由施工项目部分别编制出科学合理的钻孔桩、沉井、承台、塔柱、钢梁、节段梁架设、混凝土梁施工等作业指导书；经过监理项目部审核批准后，由施工项目部发布。

③规范试验检测测量实操标准编制

按照强制性标准、规程、施工图要求，对施工、监理和第三方检测项目部编制的试验操作、测量、计量管理、混凝土生产的作业指导书等认真检查，如督促桩基检测和三家钢结构第三方检测单位编制出桩基检测、高强度螺栓施拧、材料射线、焊接超声、焊接射线、焊接磁粉、焊接相控阵、涂装等55份操作卡；重要的无损检测作业指导书经过指挥部邀请行业内资深专家的相应评审，由检测项目部发布执行。

④强化落实监理细则

两监理项目部重要的监理细则，如钢梁制造监理细则、钢梁安装监理细则等，由指挥部组织讨论审查，对细则依据、具体实施等提出定量要求。

（2）施工单位项目部实施流程

①理解设计图及强制性标准要求

在施工前审核设计文件，发现问题及时与设计、监理等部门沟通，达成统一认识；对各项新施工标准流程认真领会，严格按照设计文件、相关规范编制施工方案，同时根据分部分项工程技术难度、规模、安全风险等级、工期等要素，按照《危险性较大的分部分项工程安全管理办法》（建质〔2009〕87号）等文件要求，编制分部分项工程安全专项施工方案46份。

②落实施工方案分级报批评审制度

方案执行过程中要求现场精准执行到位，同时借助首件制的手段，逐步积累工艺改进措施，进行完善修改。截至2019年底，共计完成各类施工方案编制485份。

③落实到作业层

经过评审发布的施工方案，均转化成为详细的施工工艺、作业指导书，内容涵盖深化设计图和样板展示，尤其是对结构质量的关键环节和控制方法，通过大量的专业节点施工图来仔细说明具体的施工方法，指导工人严格按图操作。

④务求结合实际

从根本上杜绝“报批方案与实际施工两张皮”现象。技术方案编制过程中，项目部组织多次内部讨论评审，并邀请一线作业班组长和作业人员参与，结合他们的意见进行方案编制，使其具有可操作性。

⑤不断完善提高

施工过程中，根据现场情况对施工方案进行动态调整，在相关工艺摸索成熟后，迅速组织作业指导书修订、报送监理批复，将相关工艺成果固化，并反复交底至作业层。

（3）监理项目部控制要点

①审查有章可循

监理项目部高度重视对方案、作业标准的审核，专门制定施工方案和作业指导书监理审核管理办法，认真审查；还按照监理项目部职责要求，做好施工作业指导书的审批。

②严格进行审查

要求方案作业标准编制满足“五性”（确定性、实用性、必要性、协调性、全面性），对重要的方案提请施工项目部上报建设指挥部审批。通过对设计图、标准和方案的充分领会，同时编制出相应监理细则并向监理人员交底。

③监理细则详细具体

随着对方案理解的不断深入或施工方案的调整，不定期对分部工程监理实施细则进行修订，使监理工程师的过程控制有据可依。在监理大纲基础上，分别编制出70项监理细则，用于指导现场具体监理操作。

2. 严格落实现场技术交底

（1）指挥部总体要求

依据指挥部《施工技术管理办法》，在设计单位对施工单位将设计意图和关键控制要点交到位后，严格要求落实现场三级交底。三级交底应有清晰的流程卡控，同时建立明晰的台账。

①项目部总工对项目部管理技术人员进行整体设计意图和重难点等交底。

②工区技术主管对一线技术人员和管理分项交底，侧重于工艺流程、质量标准、安全注意事项等。

③一线技术人员对作业人员跟班交底，将具体操作和安全施工要点落实到一线作业工人。

（2）施工项目部现场交底

以监理项目部批准后的施工方案和作业指导书为基础编制交底材料，明确工艺措施、质量控制流程、质量标准。交底的同时做好交底资料签认，并收集交底影像资料。

①开工前由项目技术负责人负责组织对有关人员就工程概况、数量、特点、技术标准、技术要点、设计意图、工期、重难点、施工方案、工艺、设备物资供应、安全质量措施等进行施工技术交底。

②施工阶段由各工点施工负责人就分项、分部工程对有关人员进行施工技术交底，内容为工程名称、结构尺寸、施工数量、工艺要求、工艺流程、质量标准、安全注意事项；对工艺复杂的工序结合现场示范指导进行交底。

③在施工中进行技术交底，主要采取“三工教学”，即工前讲解、工中指导、工后讲评的程序，反复地进行技术交底；由技术人员或现场负责人（工班长）负责实施。

（3）监理项目部现场交底

分为督促、指导、检查施工单位认真进行现场技术交底和对监理实施细则的内部交底工作两部分。

①施工技术交底及时、全面、明确，并突出要点，详细说明怎么做、执行什么标准、其技术要求如何，对施工工艺和质量标准等分项具体说明；所有的技术交底中均包含与交底内容相关的安全措施和操作注意事项。

②在分部工程施工前，依据所审批的施工方案、施工图、技术规范和制定的监理实施细则，由总监召集工点专业监理和相关监理人员进行技术交底，有针对性地展开讨论，加深监理人员对施工方案和监理实施细则的理解，明确分部工程管控重点。

3. 严控进场材料设备质量

（1）建设指挥部全面控制

按照《铁路建设项目物资设备管理办法》（铁建设〔2012〕216号）和指挥部《工程质量管理办法》《工地试验室拌和站管理办法》《第三方检测管理办法》等规定要

求，进行进场材料设备质量把控。

①建立控制体系

实行严格的逐级控制体系，分为施工自检、监理复检和指挥部抽检三个层面。施工项目部严格按照验收标准和图纸设计要求进行自检，监理项目部按验收标准做平行检验和见证试验，指挥部对全桥进场地材进行抽检。

②检测关口提前

要求施工、监理等单位试验室把检测关口提前至砂石料源地，水泥、粉煤灰、外加剂生产厂。

③采购过程重点管控

对钢材、水泥、减水剂、矿渣粉、粉煤灰、钢绞线、钢丝索、锚具、桥梁钢板、防腐涂装材料等，加大施工单位自购物资管控力度，定期对物资设备供应商延伸开展信用评价考核。检查、督促施工、监理单位对进场物资设备按有关规定进行质量检验检测、验收等相关工作。

④做好甲供物资设备管理

对桥梁支座、桥梁防水层材料、钢梁检测车、桥梁伸缩调节器等，与中国铁路物资总公司一道制定了《沪通长江大桥建设工程驻厂监造办法》。甲供物资设备名录随中国铁路总公司最新文件规定及时进行了相应调整。

（2）施工项目部严格自检

①认真进行材料验收工作

首先检查确认各类材料质量保证文件齐全、真实、合格，并与到场实物进行核对，确保材料由指定的厂家发出，质量保证文件与实物一致；随后进行材料的外观验收。

②实施驻厂监督制

原材料由项目部派驻厂家的相关人员试验检测合格后，方可放行发货。例如在粉煤灰发货前，驻厂人员严格监督运输船舶的船号、装载数量、发船时间、到工地时间。

③做好大型机械设备进场管理

施工项目部对多家具备资质和满足要求的设备供应商进行比选，择优确定选用后，组织机械、工程、质检、安全等相关部门人员到设备所在地进行进场前的检查验收，对于检查验收中发现的问题即刻向供应商提出书面整改要求，经再次验收合格后设备方准予发运至项目部。设备到达现场后，再由机械、质检等部门进行进场后的实物验收，主要是点收零部件数量是否与清单一致、外观是否有缺陷、结构是否有变形。

④做好大型机械设备的安装、取证

项目部请具有相应安装资质的单位编制大型机械设备的安装方案（包含试吊方案），并进行项目部内部评审。在大型机械设备安装前，由相关部门对设备安装人员进行资质审核，并对其进行大型设备安装技术交底和安全交底，同时报当地特种设备安全检验部门，进行特种设备安装告知。

（3）监理项目部强化监督

①制定办法明确规矩

监理项目部按照指挥部《质量管理办法》和项目部《工程质量和原材料检测试验制度》具体要求，严格控制物资设备进场流程环节，全面了解和掌握进场原材料、构配件、成品、半成品质量安全状况。

②坚持“先检测、后使用”的原则

按规定频率进行平行检验和见证检验，坚持进场材料全部见证取样，落实每个工序流程的工作标准和职责。

③严格执行进场确认

将所有进场厂家检测报告、进场复验报告汇总，制成物资进场验收质量证明文件样板，报监理项目部和建设指挥部审核。有效规避了原材料、构配件进场错检、漏检的风险。

（三）严格施工过程控制

通过严格执行各项标准规程、认真进行测量试验检测和应用多种检查控制手段实现质量安全目标，实现科学的过程控制。

1. 认真执行作业标准

指挥部在现场检查时，把作业标准执行到位与否作为重要检查内容，通过严格的质量流程控制，现场施工及监理项目部明确要点，确保作业标准执行到位。

（1）施工单位项目部强化要点控制

对常规工序精炼作业标准，将关键要素编列成简单易记的要点，对一线操作工人反复培训，强化熟练掌握；针对重点分项工程桩基、混凝土、预应力、高强度螺栓等工程施工，归纳总结出若干“不准”原则，确保要点控制到位。

①桩基础施工“六不准原则”

钢护筒插打后未经过竣工测量，不准开工；钻机就位后未检查设备状态、底座状态、钻杆位置，不准钻进；未按照配合比配制泥浆，未定期检查泥浆指标，不准继续钻进；成孔后未立即复核孔径、孔深、倾斜度、沉渣等参数，不准提钻；混凝土拔球与导管拆除未由专人复核，不准进行；单根桩完成后未做到场清料尽，不准继续施工。

②混凝土施工“五不准原则”

钢筋上口定位筋不卡，检查不合格，不准浇筑；模板内清洁不干净，不准浇筑；模板螺栓孔未堵严，不准浇筑；模板下口未堵严，不准浇筑；泵管未固定稳固，不准浇筑。

③预应力施工“五不准原则”

预应力产品无合格证，不准进场；预应力钢绞线下料不准使用电焊和气焊切割；所穿预应力筋之间不准发生缠绕或扭结；预应力波纹管破损，不准使用；预应力张拉设备未定期进行校验，不准使用。

④高强度螺栓“七不准”原则

高强度螺栓检测未合格，不准使用；电动扳手未标定，不准施拧；工具螺栓不准代替高强度螺栓施拧；高强度螺栓以长代短或以短代长，不准施拧；螺母、垫片非工作面代替工作面，不准施拧；高强度螺栓未进行拧紧、初拧等画线，不准施拧；扭矩检查扳手不满足规范要求，不准检查。

（2）监理项目部严格监控

①强化工序验收

只有在结构、测量、试验和安全监理检查签认后，才认为工序验收合格。严格执行上道工序验收不合格，不得进入下道工序施工的禁令。

②严格把关

监理人员坚持做到“五勤四到”，即眼勤、腿勤、手勤、嘴勤、笔勤，现场问题要看到、对问题要说到、本职工作要做到、问题要汇报到。

③做到“四不放过”

不按批准的施工方案施工不放过、不使用合格材料的不放过、不按工艺规程操作的不放过、不按程序报验的不放过。

2. 充分发挥检测试验作用

按照强制性标准、施工图和指挥部管理办法规定，在试验检测资源配置、过程控制等方面，参建各方严格按照行业标准进行管理，现场检测试验人员规范作业。

（1）建设检测试验体系

①施工单位自控检测试验体系

主要承担原材料、混凝土、钢梁制造安装等项目的常规检测检验工作，针对使用频次较多的高性能自密实混凝土、高精度钢梁制造等引入了混凝土黏度测试、钢梁桥面板超声波、相控阵等先进检测手段。

②监理单位为旁控的复检复验体系

按照强制性标准要求，进行复检见证试验检测以及现场对原材料的交叉复检工作。交叉复检由两家监理项目部分别代表指挥部进行，及时发现问题、予以解决。通过合同的约定，对钢梁制造安装增加原材料、焊接、高强度螺栓力学性能和现场施拧等方面定量检测。

③第三方检测单位抽检

指挥部委托5家第三方专业单位完成相应抽检试验工作，对全部桩基进行无损检测，为钢梁制造原材料、焊缝、高强度螺栓原材料与施拧、钢拱桥吊索钢丝、斜拉索钢丝、斜拉索锚具等的检测，配备行业内先进的检测设备、仪器、工具，对原材料和成品按照合同内容数量频次约定进行试验检测。

（2）施工项目部严格检测试验

①严格常规检测试验

检测试验人员技能水平达标，设备仪器完好，计量合格，操作规范，按照验收标准和设计图要求的检测项目内容和频次进行检测工作，发现不合格项目和材料有偏于不保险倾向性趋势（如砂含泥量、级配范围接近限值）时，及时反馈作业工点，启动相应预警对策措施，将不合格的材料纳入质量闭合管理台账。

②委托试验有保障

对高新材料，如膨胀剂、防水材料等，选择委托区域内实力雄厚、信誉好的试验室进行检测，确保过程检验指标齐全，符合验收标准要求。特殊材料（如超细水泥、黏度改性剂等）的检测项目则委托国内顶尖专业部门或高等院校进行检测。

③重点项目有对比

强化重难点工程试验项目对比。针对水下混凝土等重要材料，反复进行试验对比摸索，采用新材料，浇筑试验块体，积极对工艺进行验证，对原材料控制和混凝土工作性能指标提供第一手资料，保证了浇筑任务的完成。

（3）监理项目部严格把关

①严格把关

根据《铁路混凝土工程施工质量验收标准》（TB 10424—2010）、《铁路混凝土》（TB/T 3275—2011）等标准和指挥部要求，由监理工地试验室对混凝土工程所使用的原材料，混凝土工程中墩身、墩柱、公路梁、桥面板、槽形梁、湿接缝的混凝土制作了同条件试件进行平检或见证检测。其他超出工地试验室检测能力的项目均委托母体检测单位完成。对检测项目不合格的，及时要求进行整改。

②突出延伸检测

对检验标准没有规定的钢梁、高强度螺栓、防水材料等试验检测工作，委托检测实力雄厚的社会专业检测公司进行检测试验，因而能够及时发现大体积沉井制造、钢梁制造、高强度螺栓性能、防水材料等的焊缝缺陷和材料质量问题，为工程质量起到了较好的保驾护航的作用。

（4）第三方检测做好补充控制

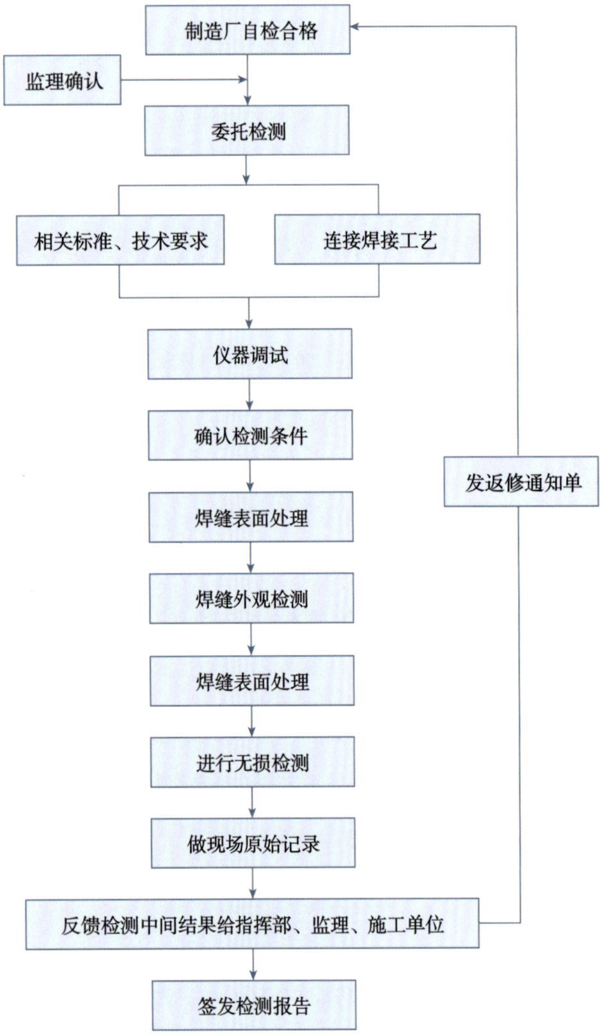

图 1-1-16　铁科监理项目部钢梁厂现场检测工作流程

指挥部委托的第三方检测单位作为最后一道检验关口，对重要的桩基、钢梁制造及现场安装履行着重要的试验检测职能，采用先进的设备、仪器、工具，科学合理的操作方法，切实起到了把关的效果。

①重点部位重点监控

发挥人员的积极主动性和先进设备特点，尽最大可能发现问题和缺陷，对钢梁重点部位采用超声波、磁粉、射线、相控阵等检测手段检测出重要焊缝的裂纹、未融合、未焊透、夹杂、气孔、熔深不足等多种缺陷，同时检测出数处钢材、焊接试板、涂料和涂层厚度不合格，及时督促返修；严格检测缆索厂进场钢丝项目。

②注重预防及改进

当好指挥部的参谋助手，发挥检测工程师专业知识经验丰富的特点，对桩基施工、钢梁制造、高强度螺栓施拧存在的问题，如混凝土不密实、焊接电流电压焊速工艺规定执行超出范围。气保焊防风措施欠缺。高强度螺栓超拧或欠拧等，及时向指挥部反映，并协助进行整改；协助指挥部分析 2000MPa 钢丝材料性能指标，及时对不安全趋势提出合理意见。

3. 严格落实现场质量安全问题整改

（1）施工项目部严格自查管理

①落实质量安全检查制度

各项目部组织周、月和季度专项检查；对监理、建设指挥部、质监站和国家铁路局等单位检查提出的问题高度重视，第一时间组织进行原因分析、制定整改措施，并落实责任人及时完成整改。集中组织工程部、质量部、试验室、测量中心等部门定期召集质量情况分析会。

针对施工过程中实际或潜在的不合格因素制定纠正和预防措施，经审批后组织实施。质量部负责对实施效果进行验证，确保工程质量始终处于受控状态。

②加强质量通病整治

整改过程中认真落实现场责任制，强化一线管理技术人员各级责任，消除通病惯性问题产生的根源。建立长效机制，真正通过完善制度解决问题，防止质量问题波动反弹。

（2）监理项目部严格检查控制

坚持抓早抓小、落实落细，以纠错改错、预警提醒为主要手段。

①突出主体责任落实

按照强制性标准，以底线思维、红线管理为原则，促使施工项目部现场责任到人，岗位到人，过程到人，监理旁站到位，盯控到位，把关到位。

②突出及时纠错

紧盯现场施工作业，针对作业中未构成严重隐患的小毛病、小问题（如安全临边防护、设备进场报验、钢筋加工绑扎方面的问题）以及因责任心缺乏造成的外观缺陷等，发现一起纠正一起，实现“抓早抓小、动辄则咎”的良性纠错机制。

③突出日常检查提醒

实施纠错必须当面或以会议纪要、下发监理工程师通知单等形式告知施工项目部，明确不规范施工行为、纠错措施等。对反复重现的不规范行为进行公开点名曝光，形成人人敬畏规范和标准、人人遵守规范和标准的良好氛围。

④突出量化管理

建立施工现场质量安全问题库分类统计，及时督促整改闭合，让日常检查常态化监督有据可依。

（3）建设指挥部严格抽查督促

①及时发现问题

指挥部按照《安全生产管理办法》《工程质量管理办法》《日常检查管理办法》等制度要求，通过每月例行的各种检查和专项检查工作，查找出现场存在的各类质量安全问题缺陷，督促监理项目部、施工项目部和第三方检测项目部等分门别类建立起所有工地质量安全问题库，包括原材料质量、实体质量、资源投入、过程控制、环境条件及管理行为等方面问题。

②重视分析原因

督促现场责任方做好原因分析工作，特别是主观原因，如现场人员不按标准施工、不履行检查责任、违章作业等突出问题，查透问题原因，追究管理原因，并严格按照《日常检查管理办法》给予相应处罚；对客观原因，如大风、暴雨等造成的实体质量安全隐患问题，也从管控环节中把原因分析透彻，为下一步整改提供依据。

③落实整改预防

督促各项目部落实问题整改的“五定原则”，坚持定整改责任人、定整改措施、定整改完成时间、定整改完成人、定整改验收人。整改结果经施工、监理项目部按照标准验收，指挥部实地验证，真正对问题实现闭环处置，将缺陷消灭在过程之中。督促参建单位积极采取措施，防止问题再次发生。

第二章 管理亮点

一、完善制度，延伸标准化管理范围

按照项目标准化的总体规划，标准化管理范围涉及指挥部、施工项目部、监理项目部、设计配合组、第三方检测项目部。根据合同的性质，指挥部与某些重点协作单位没有直接的合同关系，如钢梁制造单位、某些物资和原材料供应单位等。为加强对此类单位的管理，指挥部做了积极尝试，将标准化管理同步延伸至相关单位，确保了相关单位的各种生产管理环节均满足标准化管理要求，确保进场的半成品或原材料始终符合设计、规范以及施组进度要求。

（一）钢梁加工制造管理的探索和突破

建立了钢梁加工制造管理体系，对专业化、工厂化模式的管理进行了有效探索和突破。指挥部牵头组织参建单位编制并组织专家审定了《钢桁梁标准化管理手册》《钢梁制造监理实施细则》（2015 年 11 月）和《桥梁钢结构第三方检测实施细则》（2015 年 4 月），其中施工项目部的管理手册涵盖了“钢梁制造标准化管理办法”“钢梁监造管理实施细则”“制造厂标准化考评综合管理考评劳动竞赛”三方面内容，与监理、检测细则一起形成了对桥梁钢结构制造的管理制度保证体系。

（二）强化物资设备管理

出台管控物资合格供应商信用评价制度，强化对物资设备质量、供应、服务等的管理。

1. 建设指挥部评价

对供应商组织机构、物资供应、产品质量、现场服务和廉洁情况等进行考核评价。建设指挥部于 2015 年 3 月发布了《物资设备供应商信用评价办法》（沪通桥指〔2015〕9 号），成立了以指挥长任组长、常务副指挥长任常务副组长、副指挥长为副组长、相关部门为成员单位的物资设备供应商信用评价领导小组。信用评价考核采取平时检查和集中考评相结合的方式进行，每半年为一个考核期。通过开展物资设备供应商信用评价考核，使物资设备供应商供应组织能力、服务意识得到了很大的提升，也促进了施工、监理单位物资供应管理工作。

2. 施工项目部评价

施工项目部相应成立了以项目经理任组长、常务副经理任常务副组长、物资分管领导为副组长、相关部门为成员单位的物资设备供应商信用评价领导小组，协助指挥部开展信用评价工作。严格执行指挥部组织制定的《物资设备供应商信用评价办法》，重点对供应商的组织机构、物资供应、产品质量、现场服务等履约情况进行综合评价，考评桥梁支座、水泥、粉煤灰、碎石、减水剂、矿渣粉、锚具、钢绞线、油漆等多家供应商。根据供应商信用评价的结果，对优秀供应商加以奖励，授予荣誉称号、颁发奖状奖牌。对合格供应商加以鼓励，指出不足之处，要求加以改正。对连续两个或累计三个评价期内评价为不合格等级的供应商，终止其合同。对出现重大不良行为或两次较大不良行为的供应商立即终止合同，对造成损失的追究经济和法律责任。同时还对存在不良行为记录的供应商按原中国铁路总公司相关规定报原中国铁路总公司有关部门进行定期暂停采购、列入黑名单等处罚。

二、特色活动，巩固标准化施工业务基础

通过建立标准化管理机构、明确人员配置、严格履约检查、构建专家团队、分级开展培训，人员配备标准化得到了全方位的落实，参建各方岗位职责分工、岗位任职标准均对应相应素质和能力达标的人员，人员素质满足岗位要求。在此基础上，对重点工序的一线操作人员组织各种形式的比武或竞赛，以期增加员工对项目的认同感和自豪感，使员工对项目的热爱、对工作质量的重视升华至自觉层面。

（一）指挥部组织

指挥部通过组织参建单位交叉检查、关键工序现场观摩等方式促进施工水平的提升，组织焊接比武、起重工业务比赛等技术竞赛，整体提高了操作和工艺水平。指挥部与江苏省总工会、扬州市总工会、南通市总工会和张家港市总工会在 2016 年 9 月 27 日至 28 日组织了全桥 6 家钢梁制造厂的优秀焊工进行桥梁制造焊接技能竞赛，有

效地提高了大桥的钢梁制造质量。指挥部组织施工、监理单位管理人员到通沪铁路、连盐铁路项目标准化示范工点学习参观。

（二）施工项目部组织

中铁大桥局项目部坚持走出去，虚心学习先进管理经验。2017 年，项目部主要领导带队，先后到集团公司参建的其他项目和股份公司承建的项目上观摩，学习各类标准化管理先进经验。

通过组织各类竞赛活动，项目部督促员工树立学习意识，弘扬工匠精神，专心做好本职工作。如开展了“钢筋直螺纹加工大比武”“焊工技能竞赛”“船员技能竞赛”等活动。鼓励员工积极参加“青工三级安全技术交底”“群安员技能大赛”“起重司机技能大赛”等活动。

通过各类比赛，激发了员工钻研业务的积极性和动力，切实提高了业务技能。如 2016 年 12 月 1 日，项目部联合张家港海事局在南岸码头和桥区附近水面开展了一场船员技能竞赛。通过竞赛，进一步提高了船员工作技能，从而保障了水上施工安全的应急能力。

图 1-2-1　焊工技能竞赛表彰大会

为弘扬大桥工匠精神，项目部举办了2016年焊工职业技能竞赛。竞赛围绕16mm钢板平、立位对接焊及理论知识进行，邀请了焊接方面的专家现场考评，获得前五名的选手代表项目部参加了江苏省总工会、建设指挥部举办的沪苏通长江公铁大桥焊工职业技能竞赛（图1-2-2）。

中交二航局项目部也开展了多种形式的关键工序现场观摩和技能比武，整体提高一线作业人员操作水平。

图1-2-2 船员技能竞赛

图1-2-3 焊工职业技能竞赛

三、首件评估，指导标准化管理实施方向

指挥部选择关键工序，开展工艺工法验证。通过严格的考核评定，总结提升，形成成果，然后要求施工单位开始推广应用并举一反三，在其他工序中选择关键，参照指挥部首件制度，在施工现场进行首件演练，然后再根据效果推广应用。由此通过抓住指挥部选择的关键少数工序，达到了全部重点工序流程得到标准控制的目的。

指挥部控制的首件评估包含四个环节内容。

1. 确定评估流程

选取全线或管段内最先施工、最具代表性且有一定规模的单元工程，起示范引导作用。

首件工程的实施，符合指挥部开工条件要求，充分体现安全文明工地建设的规范化和资源配备的科学化；符合工程质量安全管理要求，以严谨的作业操作、严格的过程管控实现标准化管理的核心目标。

项目首件工程，由指挥部组织实施。其中“悬臂浇筑连续梁”首件由原中国铁路总公司工程管理中心进行评估，其他首件由指挥部组织评估；各标段的首件工程，由施工单位组织实施，指挥部组织评估或督导。

2. 确定评估内容

首件评估包括对各参建单位首件工程的标准化管理进行检查评估和对各首件工程的“质量记录”“资源配置”“实体质量”进行检查评估。

3. 做好首件规划

项目首件评估拟评估工程项目规划如表1-2-1所示。施工单位依据标段工程特点，制订标段首件评估规划。

项目首件评估规划表　　表1-2-1

序号	首件工程名称	评估时间	评估单位
1	桥梁基础、承台施工	2014.5	监理、指挥部
2	桥梁混凝土墩身施工	2015.3	指挥部
3	节段箱梁预制	2015.4	指挥部
4	钢梁杆件、节段制造	2015.4	指挥部
5	钢梁杆件涂装	2015.5	指挥部
6	112m、336m钢桁梁拼装	2015.6	指挥部
7	悬臂浇筑连续梁	2015.7	工程管理中心
8	节段箱梁架设	2015.10	指挥部
9	主塔混凝土施工	2016.4	指挥部
10	桥面混凝土构件预制安装	2016.4	指挥部
11	主航道桥钢梁节段安装	2018.5	指挥部
12	主航道桥铁路桥面UHPC铺装	2019.9	指挥部

4. 积极推广应用评估制度

指挥部首件评估通过后，及时进行总结。评估结果由指挥部以制度形式下发，在后续施工中强制性执行。施工项目部分层级将首件成果在全桥推广执行。同时，施工项目部在其他非指挥部确定的施工工序中，应用首件评估制度，通过典型示范活动，引导作业队制订作业标准，从而将过程控制覆盖到项目建设所有工序，持续贯彻“过程控制标准化”的理念，以熟练的工艺和规范化作业保证工程质量和施工安全。

四、应用四化支撑手段，提升标准化管理水平

指挥部在《标准化建设总体规划》中明确提出“四化”实施推进要求，在全桥工地拓展应用范围及途径，达成管理手段到管理目标的实现。项目建设期间始终坚持以

“四化”为手段，加大先进成熟建造技术应用推广，持续提高风险防控和质量保证能力，提升作业功效。

（一）发挥机械化优势，提升施工工效

在临时设施建设和主体结构施工的资源配置中，配齐配足各类必需的机械设备，通过采用先进的机械施工，替代传统的人工作业，降低劳动强度，减少各类风险，实现工效提升，保证工程质量和施工安全。

1. 指挥部加强管理

按照《铁路桥梁施工机械配置指导意见》（铁建设〔2010〕125 号）、标准化管理规划总体目标、大桥工程指导性施工组织要求，对设备配置严格要求。

（1）保证设备满足施组要求。审批施工项目部施组方案时，关注所列机械设备种类、性能、数量是否符合要求。

（2）确保进场设备履行投标承诺。

（3）引导新设备应用。积极推广新型先进设备在现场使用，确保满足施工需要。本着“机械化换人、自动化减人”的思路，统筹要求各项目部配套运用好现场设备。

2. 合理配置常规设备

各施工项目部在设备选型上做到了经济合理、使用功能齐全。各种类型设备搭配合理，在功能规格上形成序列，满足了施工需求。

大桥局项目部根据实施性施工组织设计以及项目机械设备总需求计划，采用优先使用集团公司自有设备和租赁外部市场设备相结合的方式，保障项目机械设备和施工船舶按计划进场投入使用。累计投入机械设备（船舶）679 台套，配置起吊船、反循环钻机、混凝土输送泵、1800t 架梁吊机、架桥机、2700t·m 塔吊、挂篮、自动养生设备等。

二航局项目部根据总体施工布置及施工区域的水上水下地形地貌，按陆域引桥施工、水上正桥施工区域分布，配备回旋钻机、各种起吊设备、架桥机等，满足了施工需求。

3. 研发专项设备

（1）大节段钢梁架设

大节段钢梁架设采用整体吊装架设法施工。配套研发的 1800t 架梁吊机，对钢梁节段实施整节段悬臂吊装，既减少了现场水上施工环节，节省了工期及成本，也降低了钢梁架设对航道通航的影响。根据现场施工环境及条件，选用稳强 8 号 1800t 起重船（图 1-2-4）完成墩顶段吊装，各项性能参数均满足钢梁整体吊装要求。

（2）专用航道桥架设

图 1-2-4　稳强 8 号 1800t 起重船

通过安装索塔专用设备进行梁体和拱肋的安装，设备具有对施工数据实时采集分析和进行智能化判定的功能，指导工序施工，控制两主墩分别悬臂挂索拼装，顺利完成了主梁的合龙，体现出了创新特点。采用先进的拱肋转体设备，包括 6 台 450t 主提升千斤顶，3 台 200t 辅助提升千斤顶和一台总控，系统采用计算机集中控制，既可多台联动，也可以单台独立运行。

（3）高精尖设备优选

指挥部鼓励高性能、高精度和尖端设备的使用，并将之纳入对参建单位的考评中，以保证工程质量。

全桥钢梁制造中采用焊接机器人、智能测量设备、高精度数控机床、等离子切割机、大型胎架等设备；沉井施工中采用水下机器人和水下摄影设备检测质量；沉井姿态控制采用高精度卫星 GPS 定位系统；主墩施工应用目前国内行业领先的多卡爬模，支座灌浆采用全自动灌浆设备，钢梁焊接中应用先进的相控阵检测设备，高强度螺栓施拧采用数控检测设备等，优化了资源配置，提高了工效，保证了施工建造质量。

4. 优先采用先进设备，提升自动化水平

（1）钢梁制造设备

全桥钢梁制造采用先进的数控机床等设备、群控智能化焊接系统，用机械化、自动化、智能化手段控制钢梁单元件与组合部件的质量。

各钢梁厂为保证整体制造质量，在从原材料进场到成品产出的产品制造全周期采用了一系列高尖端设备。钢板进场后采用全自动的预处理线对钢板进行处理；预处理完成后采用空气等离子等高精度焰切设备进行切割下料；在板单元制造时采用全自动的焊接机器人；在杆件组焊时采用双丝悬臂焊接机器人；杆件栓孔钻制时采用先进的双龙门数控钻床；在行业首创的大节段钢梁制造中应用 API 激光跟踪测量系统；在杆件制造好、未钻孔前，由测量数据生成杆件数据模型，通过实测数据模型与杆件理论模型的拟合钻孔。

应用目前先进的抛丸基面处理设备、自动喷涂设备进行涂装体系的作业。

（2）钢筋笼加工设备

大桥局项目部配备了 1 套 HL2000C—12 数控钢筋笼滚焊机、1 套 G2W50 数控双向移动斜面式弯曲中心、1 台 KZ2L32 立式两机头数控钢筋弯曲中心、1 套 WG12D—2 数控钢筋弯箍机、1 台 KZQ150 全自动数控棒材剪切机。数控加工设备的使用，使加工出的产品长度标准、尺寸准确、加工精度高，满足工程各种要求，同时提高了效率，减少了用工数量，降低了劳动强度。

二航局项目部重视细节控制，对传统工艺进行改进，采用长线台座设备加工超百米深孔钢筋，在精度控制、生产效率方面上了一个台阶，有效地克服了大直径钢筋加长直螺纹加工的难题，确保了钢筋直螺纹套筒接头错开的有效连接。

（3）混凝土养护设备

大桥局项目部采用智能自动喷淋手段，做到梁体、墩身、塔柱等混凝土养生部位在养生期间的保湿养生，防止产生裂纹缺陷。二航局项目部墩身混凝土采取滴管自动养护系统，预制场采用自动喷淋系统，满足了高温期养生的需要。

（4）水上施工设备

由于桥址区处于长江河口段，为感潮河段，受径流和潮流双向水流作用，且水上交通流量大，日均船舶流量约 1200 艘次（约每分钟都有船从施工区域通过），最大通航船舶达 10 万吨级散货船，因此水上施工环境极其复杂。项目部根据工程计划，分阶段部署各类船舶，以确保水上施工安全和工程顺利推进。

项目全过程配备交通船 3 艘，保证每日一线人员上下班。

主航道桥主墩沉井最重达 11259t，船厂制造后整体浮运至墩位。为此项目部配备了 8 艘拖轮，共 27949kW（38000 马力）。主航道桥边墩和辅助墩钢沉井由分段船运至现场后，采用大桥局集团公司自有的“大桥海宇号”1000t 起重船吊装施工。

图 1-2-5　焊接设备

钢沉井着床后，水上沉井混凝土浇筑工作，前期由大桥局集团公司自有的“海天”系列混凝土拌和船参与施工。后期，在主墩附近建成的各 1 座 $2 \times 180m^3/h$ 大型水上平台拌和站加入主墩的混凝土生产，直至主塔等混凝土结构施工完毕。

主航道钢桁梁节段水上运输则配备 2 艘万吨

级自航运输船，2艘抛锚艇配合下锚、起锚，2艘拖轮供安全应急用，并另配1艘5000t级运输船作为备用。运输架设全过程中，海事部门部署不少于3艘督导船，与项目部自有的3艘交通船共同担负警戒任务。主航道桥墩顶钢梁节段架设时，专项配备了1800t水上大型浮吊。

主航道桥临时结构施工、物资运输等水上船舶，使用范围涵盖100t级船舶到1000t级浮吊。各种混凝土原材料运输船均根据工程进展随时调用。在混凝土浇筑高峰时段，如承台一次浇筑约2万m^3时，水泥、粉煤灰、沙石船舶均各自提前预定至少3艘在墩旁待命，随时根据浇筑进度补料。

专用航道桥施工重点为主墩基础，其水上施工涉及面有限，作业船舶可随时调用社会资源。其中，为保证钻孔桩钢护筒（重达60t）施工效率，项目部引入国内最先进的海力801多功能打桩船，使工效由原先的平均4根/天提高到13根/天，钢护筒垂直度控制在1/500以内，沉桩质量、安全和进度均得到很好的保证。

（二）发挥专业化优势，理顺施组安排

专业化是指围绕技术、人员、设备、协作四大要素对大桥施工全过程进行的专业化操作和专业化管理，两者相辅相成，缺一不可。指挥部鼓励利用专业化队伍，充分发挥其人员配置、专业技术、装备工具和管理优势。

1. 督促指导专业化实施

按照原中国铁路总公司标准化实施推进要求，指挥部积极促使施工项目部专业化施工。

（1）重点工序专业化

对关键工序、部位及重难点工程积极倡导鼓励使用专业化队伍。通过加强检查队伍素质和能力等手段，促使项目部加强专业化施工。

（2）检验检测专业化

关键试验、检测、监控工作专业化，充分发挥专业设备先进，业务素质高，检测、试验、监控体系完备的特点。

（3）全面推行专业化

结合大桥工程施工实际，要求现场配备

图1-2-6 钢筋笼加工工具

不同种类工程的专业化队伍。

2. 非土建产品专业化

大型结构中通常含有钢梁、拉索、沥青等主体结构所需的非土建类专业产品。指挥部从管理角度出发，根据项目新工艺（如双节段钢桁梁制造）、新材料（2000MPa级钢丝斜拉索）特殊要求，要求施工项目部对此类产品必须精选专业化厂家，在保证产品质量的同时，发挥专业优势，实现管理目标。

经过甄选，大桥局项目部钢梁部分（约 14 万 t）委托了中铁山海关桥梁集团有限公司、中铁九桥工程有限公司、武桥重工集团股份有限公司生产，二航局项目部钢梁部分则选配江苏中泰桥梁钢构股份有限公司、中铁宝桥集团有限公司、上海振华重工（集团）股份有限公司等专业厂家施工。大桥局主航道桥的新型 2000MPa 斜拉索委托中铁大桥（郑州）缆索有限公司和江苏法尔胜股份有限公司生产。铁路桥面的 UHPC 高性能混凝土铺装层由中铁大桥科学研究院有限公司实施，公路桥面的沥青铺装则委托了江苏交通工程集团公司实施。公路和铁路桥面的供电、照明及监控设备系统均委托了专业的江苏省内电气类公司施工。以上厂家，依托其专业优势，将过程控制做到精细、明确、严格、可追溯，切实落实了指挥部标准化延伸管理的要求，实现了与现场作业的无缝衔接，保证了工程节点如期推进。

3. 作业班组专业化

各施工项目部加强专业化队伍使用和建设，排查人员、设备、改装、准入条件、设备工况，发现问题及时解决，有效地保证了施工质量和过程安全。

（1）专业班组做专业化工作

及时选配专业化程度高、经验丰富的钻孔桩、钢板桩围堰、沉井、塔柱、架梁、高强度螺栓施拧等作业班组，如二航局项目部选择上海基础工程集团有限公司专业劳务队伍进行钢板桩围堰施工，钢板桩垂直度、线形符合要求，堵漏效果良好。两项目部引入的专业高强度螺栓施拧队具有几十年现场作业经验，顺利完成全桥 280 万套高强度螺栓施拧。大桥局项目部对水下施工专业性强的沉井工点，专门委托自动吸泥机专业班组施工，克服了种种困难，完成艰巨的施工任务。

（2）提高常规班组专业化水平

对常规施工组建钢筋、模板、混凝土、预制厂、综合施工等专业架子队，根据要求，设置专职管理人员，建立各项管理制度，理顺各种工作流程，明确岗位职责。

（3）加强对专业化队伍的管理

杜绝劳务作业、专业化承包施工不一包了事的情况。项目部和工区层级承担主要质量安全管理责任，开展安全及技术培训及交底，全方位进行专业化管理。各架子队通过专业化的管理，强化责任落实，注重协同配合，形成既分工明确、又高度协同的班组建设组织体系。

（4）加强培训考核工作

把大桥建设项目部标准化建设要求，延伸到每一专业化作业班组，做好相应培训考核，优胜劣汰，形成了以班组为主体，以专业促规范、以规范促创新、以创新出机制的工作模式，使班组建设各项工作逐步制度化、规范化，成为建桥主力军。

（三）拓宽工厂化范围，优化生产布局

1. 施工工厂化

指挥部充分利用桥位位于发达经济地域的有利条件，主体桥梁为钢结构的特点，着力推行工程施工的工厂化生产。

（1）完善布局

在审批施组时，按照兑标承诺要求，对各施工项目部车间化工厂布局进行严格核对检查。

（2）择优选用

通过监督施工项目部的委托钢梁结构加工招标，将厂家加工质量作为第一位的要素考虑，优中选优。

（3）突出高效

采用统一的工作标准和工作流程，对节段箱梁预制、混凝土构件、批量钢筋加工等，实行工厂化生产。充分利用机械设备的优势，减少技术管理人员、作业人员及辅助人员，提高劳动效率，降低生产成本。

（4）确保质量安全

通过工厂化手段，按照标准化的要求，建立完善的规章制度、明确的职责分工、专业的技术培训、统一的组织管理，应用先进的生产工艺、严格的检测手段，保证作业安全、规范、有序，保证产品质量和工程质量。

（5）促进文明施工

通过选用工厂化施工，有效保护工地周边环境，避免对外界产生干扰。

2. 现场车间化

指挥部督促参建项目部充分考虑原材料、半成品、成品的进场、加工、出场等工序，坚持最优化的平面布局、最大化的资源利用、最合理的流程保障，从强化基础构件的质量控制做起，大力推行钢筋集中加工、构件集中预制、混凝土集中拌和。改分散施工为集中施工，改野外施工为室内施工，改传统施工为工厂化施工，从劳动密集型向技术密集型转变。

（1）钢筋现场工厂加工

全桥工地设置钢筋加工厂四处。所有钻孔桩、沉井、承台、墩身、塔柱、混凝土梁、混凝土预制件的钢筋均在钢筋加工车间加工成型，经检验合格后运至现场安装。

①合理布设流水线

钢筋加工场合理规划原材料堆放区、钢筋加工区、半成品堆放区及废料区（图 1–2–7），配备了调直机、弯箍机、切断机及数控弯曲中心等设备，实现“机械化减人，自动化换人”。

图 1–2–7　钢筋笼长线法加工场地

②采用先进技术

采用胎架“长线法”进行超百米钢筋笼、混凝土梁钢筋制作，确保了钢筋加工尺寸的准确性；立柱钢筋均采用滚焊技术加工，提升钢筋笼焊接质量和加工精度。钢筋连接采用标准型和加长型直螺纹套筒方式，提高了质量。

③规范成品管理

车间布设了标准化的钢筋存放台座，实现钢筋“超市化”管理；各种类型钢筋堆放有序；对各类钢筋型号、规格、类型以及成型人、验收人、验收结果等信息进行统计，并制成二维码，实现钢筋加工过程管理可追踪。

图 1–2–8　预制厂

（2）混凝土预制构件现场预制厂加工

全桥工地设置两座高标准的预制厂（图 1–2–8），生产节段梁、槽形梁、公路桥面板、沉井盖板、梁面遮板、防护栏杆等。

①合理设置各加工区域

预制区搭设钢结构大棚，做到室内生产、室内养生，实现全天候作业，流水线生产，专业化施工，场地的临时设施建设以及设备、模板、附属材料的投入均相应减少，机械设备的设置形成规模化效应。

②采用先进装备技术

坚持技术先进性、科学合理性、经济适用性相结合的原则，通过配置液压式伸缩模板、附着式振动器等专业化设备，采用自动化养生、智能测温等技术，实现质量、工期、成本和社会效益信誉的预期目标。

③执行标准化作业流程

节段梁钢筋骨架在绑扎胎座上绑扎成型；外侧模及底模调整完成后，由20t龙门吊将钢筋骨架吊放至预制台座，然后安装内模、端模后，浇筑混凝土；待混凝土强度达到要求后拆除模板及养护，再由180t龙门吊吊运至存梁台座上存放。每个环节定人定岗，预制件批量生产通过开展首件总结和评估等制度认可。

（3）现浇混凝土站、船集中加工

全桥工地11个拌和站（船）的23台拌和机分别在岸上和水上生产了230万m^3高性能混凝土，质量稳定，计量超标率0.2%，处于铁路工程领先水平，满足了对混凝土供应的需求。

①布局合理

根据工点特征和工期要求，全桥在沿线设置四个岸上、一个筑岛、两个江中施工平台拌和站（图1-2-9），4艘水上混凝土拌和船，每个站（船）均配置相应材料存放上料、集料清晒、运输泵送等配套设施，与全桥混凝土需求相匹配。

②高起点建站

各站（船）主力拌和机大多以大容量HZS180型（每盘拌和3方混凝土）为主，能有效防止计量超标；集料仓全覆盖，外加剂库具保温防冻功能，胶凝材料罐体多为可储200t以上大体积罐体，各种仓罐待检与合格一一分开，材料与混凝土的检测设施齐全。

图1-2-9　水上搅拌站

③采用先进生产技术

拌和机设备配置先进工控软件和精确计量硬件系统，实时反映混凝土生产质量指标，最大限度减少生产误差；配套先进的混凝土液压泵布料机保证混凝土顺利输送。为确保夏季施工混凝土出机温度和入模温度，对各拌和站（船）配备了制冰机或冷水机组，并在混凝土泵管处安装喷淋系统。冬季施工时增加了拌和站水箱加热保温和混凝土泵管保温措施。

（四）推广信息化应用，丰富管理手段

沪苏通长江公铁大桥项目从六个方面对信息化进行了摸索，在确保了工程建设目标实现的前提下，为工程建设智能化总结出可借鉴的经验。

图 1-2-10　混凝土生产工厂

1. 试验室、拌和站信息化管理

指挥部在开工之初就高起点实施信息化工作，在贯彻执行《铁路工地混凝土拌和站标准化管理实施意见》（工管办函〔2013〕283 号）和《铁路工地试验室标准化管理实施意见》（工管办函〔2013〕284 号）的信息化管理要求基础上，按照《标准化总体规划》《工程质量管理办法》，继续提升拌和站、试验室信息化应用水平，将大桥工地试验室和拌和站管理系统统一纳入全路工程管理系统。

（1）工地试验室信息化管理

由 2014 年 3 月底开始对全桥 6 个试验室配置新型试验室管理系统，设置网络接入条件对全部 8 台混凝土压力试验机以及 16 台万能材料试验机安装同步信息采集终端（图 1-2-12），服务于现场检测试验管理工作。

①拓展信息化管理功能

目前通用功能涵盖了 98 类试验、450 份试验表格，涉及 500 多本国家标准和行业标准，且在不断同步更新，其中 2015 年 6 月后同步更新的信息化系统，已支持根据需要使用所有系统内表格，根据试验实际情况生成试验报告，对新建资料、报警机制、监理平行见证等功能进行了更新。

②强化报警整改功能作用

系统对试验结果不合格、设备故障、试验频次不足、仪器设备未按时检定、平检

见证数量不够、未按规定整改等问题均可发出报警提示，尤其是有助于对原材料和试件检测结果不达标的问题及时查明原因，加以解决，消除隐患。

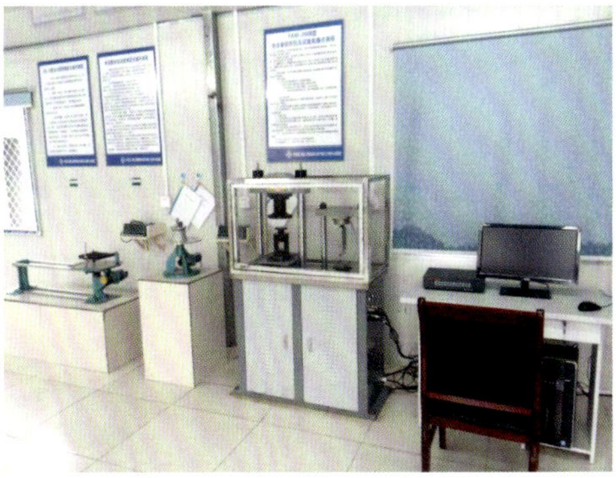

图 1-2-11　标准化试验室建设

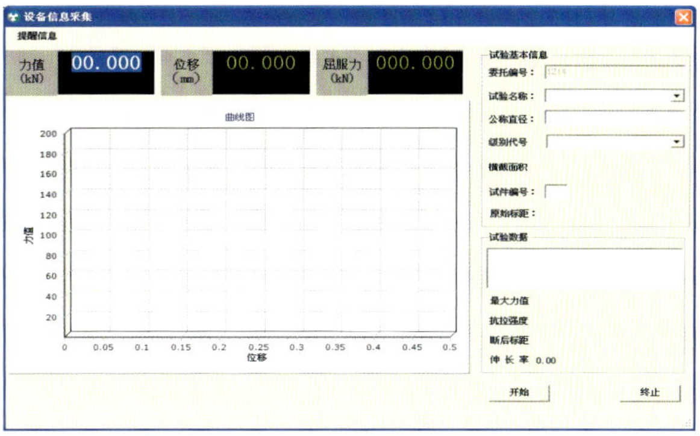

图 1-2-12　试验室信息采集界面

③强化管理功能

要求在试验室信息化商与施工单位的服务合同中明确了巡查、培训、售后服务、值班职责，及时更新标准，解决了江中远程传输中遇到的各种问题，督促解决信息传输滞后或中断、报警延迟等各项问题。

（2）拌和站信息化控制

全桥所有混凝土拌和站信息化管理平台在前期应用中吸收了宝兰、宁西等项目经验，并继续拓宽管理功能应用。

①增加管理控制模块

新增加设备管理、人员管理、信用评价、混凝土测试指标、物料盘点等功能的管理模块，控制手段多样化。

②强化实时监控

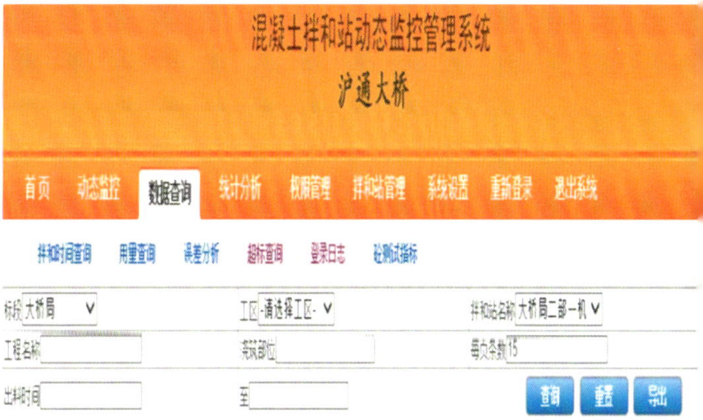

图 1-2-13　拌和站动态监控管理系统

结合新的信息化技术，及时解决了江中混凝土船舶定位不准、信号传输弱的难题，保证了数据传输和监控管理的即时性。

③强化超标管理

实现通过手机 App 查看实时数据，实现监控数据采集、自动传输、分析和管理；将各级超标纳入工序管理，应用网络信息化平台严格监控，全部做到了质量管理闭合处理。

2. 施工日志、监理日志电子化

按照原中国铁路总公司要求，指挥部自开工即开始大力推进工地电子施工日志管理系统（图 1–2–14）应用；各项目部积极推进铁路系统电子日志信息化填报工作，安排专人每日按时填写上传技术、质量与安全电子日志，积累第一手原始资料，规范现场管理，便于上级主管部门即时了解大桥建设信息。电子日志已成为铁路系统竣工资料的重要组成部分。

图 1–2–14　施工日志管理平台

（1）施工项目部日志填报

①记录真实、效率提升

各项目部技术、安全、质量施工日志等基础资料填写统一规范，上报资料及时准确，快速实现了施工现场信息追溯性、真实性；日志中重复记录内容全部由软件直接生成，大大提升了工作效率，实现了无纸化办公。

②便于追溯管理

电子施工日志由工点技术、质量、安全管理人员填写，工区技术负责人复核后方可上传、打印、归档。现场每个工点技术、质量、安全管理人员，每日根据现场填写当天具体施工作业内容、作业时间、作业人员数量（关键工序需写出作业人员姓名），各项施工作业采用的施工方法、具体施工措施以及作业效果等。

③对关键质量控制节点记载明确

工序检查、隐蔽工程检查及验收情况均填写验收结论，明确记录施工中遇到的重大技术问题、变更设计、主要工程材料代用等所采取的主要措施和效果。

（2）监理项目部日志填报

①即时性。电子日志管理信息系统以移动通信网络为基本传输通道，实现了人和现场事实最直接的绑定，能够实时形成日志，有效督促有关监理人员及时填写。

②真实性。真实准确记录天气、施工、人员、机械设备、原材料、旁站、见证、检查、过程控制等要素，印证监理实际情况，避免了事后补签现象，可作为第一手现场监理工作资料。

3. BIM 信息化技术应用

沪苏通长江公铁大桥是原中国铁路总公司 BIM 应用试点项目。指挥部在 2014 年即组织中铁二院、乌鲁木齐铁路局、中建交通等的路内外专家，多次举办了 BIM 技术在铁路工程中应用研究的讲座，多次与设计、施工单位进行研讨和应用需求的调研、分析，通过学习、借鉴以及吸取路内外有关单位的经验、教训，确定了以指挥部为主导的项目 BIM 试点方案。

（1）确立 BIM 应用研究组织机构

指挥部组织参建各方主要管理人员成立了 BIM 工作领导小组，召开了 BIM 工作启动会，确定了中铁大桥院、中交二航局、中铁大桥局、中建交通集团为 BIM 试点工作参研单位，铁科院作为咨询单位，确定以沪苏通长江公铁大桥全桥为对象开展 BIM 应用研究，明确各阶段工作内容及实施计划。

（2）构建基于 BIM 的信息化管理系统

指挥部组织各参研单位技术人员集中办公，全面开展沪苏通长江公铁大桥 BIM 应用研究工作，完成了全桥 BIM 建模工作和全桥模型检查工作，全面真实地反映桥梁结构设计情况，构建了 BIM 管理系统（图 1–2–15）。

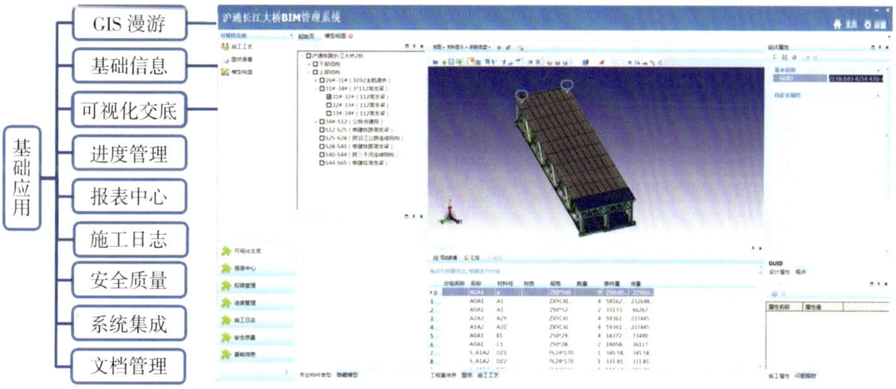

图 1–2–15　BIM 管理平台

（3）BIM 管理系统应用与改进

BIM 工作领导小组推动各参建单位在工程建设管理各环节积极应用 BIM 技术：运用 BIM 模型，发现设计中的错漏碰缺等问题，优化结构设计；施工单位在施工方案制定中应用 BIM 技术进行施工模拟，进行不同施工方案实施效果对比分析；所有钢结构产品都采用物联网跟踪系统进行工序状态的跟踪和反馈，实现了信息的实时采集、传输与应用；在管理平台中进行施工进度管理、三维模拟与技术交底、质量安全管理、图纸管理、施工监控等多方面技术应用，提升管理的效率。同时，为运维阶段提供数据支撑。

①优化结构设计、深化施工设计

如图 1-2-16、图 1-2-17 所示，利用主体结构模型校核二维图纸，查找错漏碰缺等设计缺陷，优化结构设计；建立施工 BIM 模型，结合主体结构模型，深化施工设计。提前规避错漏碰缺，大幅提升了按图施工的准确率、提升了变更相关工作开展的反应速度、提升了图纸多维度的查询深度、提升了进度跟踪及变更图纸管理等工作的效率。

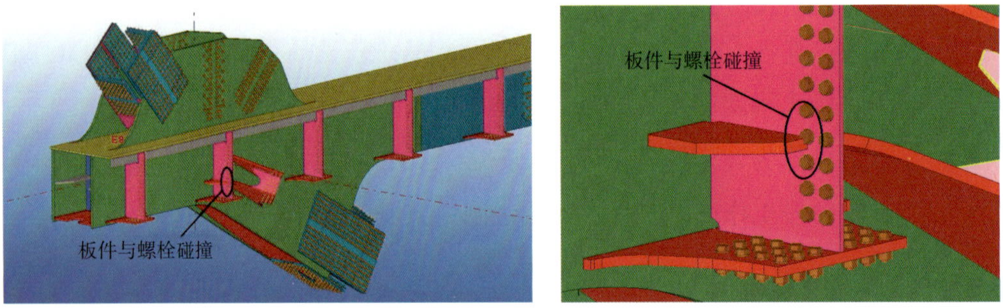

图 1-2-16　图纸碰撞识别

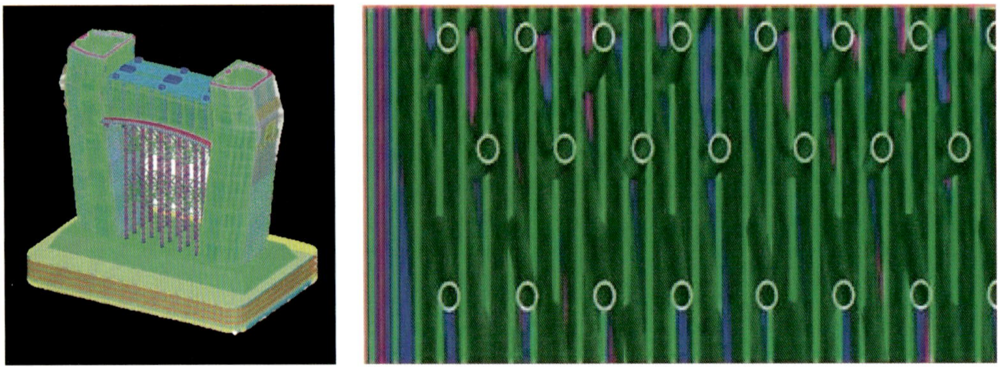

图 1-2-17　主塔下横梁预应力管道与钢筋碰撞分析

②施工模拟与可视化交底

可视化交底模块具备文件管理、二维与三维视图互相切换、复杂工序施工模拟等功能，便于学习施工工艺，实现可视化交底（图 1–2–18）以及施工方案比选。

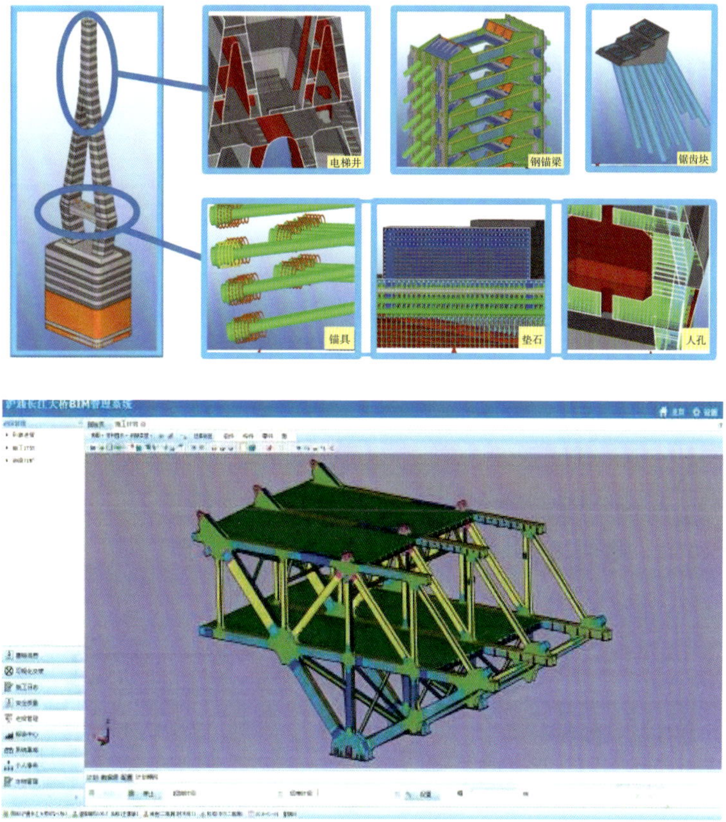

图 1–2–18　主塔可视化交底

③施工进度管理

进度管理（图 1–2–19）实现施工信息录入、现场照片上传、进度自动更新等功能，减少了现场施工人员的信息采集量，避免了相同信息重复填报。利用形象进度模块可通过三维形象进度直观地查看当前施工进展与预警、计划偏差分析与追踪、配套工作追踪等，提升计划编制效率和准确性，全面复核计划的科学性与可行性。通过项目工作的实时监控，有效提升了项目实体进度与配套工作进度监控、协同效率。将进度信息实时推送至相关责任人，减少了各业务人员反复查看进度计划文件的工作量，并且有效避免了不同岗位人员对进度理解的偏差。

④BIM 结合班前交底

通过任务推送功能，实现一线员工任务分配和三维技术交底图 1–2–18。将当日施工涉及到的三维模型、操作要点、安全质量注意事项等发送到一线施工人员手中，改变传统的面对面口头交底形式，大大提升施工交底效率、效果和信息传递的准确性，并实现交底信息留存。

图 1-2-19　施工进度管理

⑤安全防护设计

通过 BIM 模型，模拟施工现场，提前找出施工危险源，并对安全防护进行标准化设计（图 1-2-20）。

图 1-2-20　BIM 安全防护设计

沪苏通长江公铁大桥 BIM 管理系统各功能模块在试用中不断完善；随着需求的增加，功能模块不断地拓展。

4. 健康监测与施工监控系统

严格要求各施工项目部委托专业监控单位提供技术协助，完成相应的监测工作任务，保障施工过程中主体结构满足安全、质量、进度等方面需要。

（1）推进监控系统应用，提升施工管控水平

引入专业监控单位进行技术支持，研发了钢梁应力和线形实时监控系统、专用航道桥三拱肋竖向转体实时监控平台等相应监控模块。

通过对施工过程中主要受力断面的应力、主要变形点、主要构件受力的监测，确保施工过程中结构安全和稳定，为施工决策提供数据支持，确保成桥后的线形达到设计要求，结构的内力分布与设计基本吻合。

①钢梁应力实时监控系统

钢桁梁应力状态实时监控系统（图 1-2-21）能够自动采集钢梁应力数据，支持通过互联网随时查看；具备连续观测功能，并可在监测值超标时自动分级报警。

②专用航道桥三拱肋竖向转体实时监控平台

监控平台在转体施工过程中进行全程实时监控。

以三维动态施工场景为展示环境，实时展示转体过程中各个构件的状态；让拱

肋转动姿态和构件受力状态、转体施工的进度一览无余，保证了两侧各个拱肋转体的安全，如图 1-2-22~ 图 1-2-24 所示。

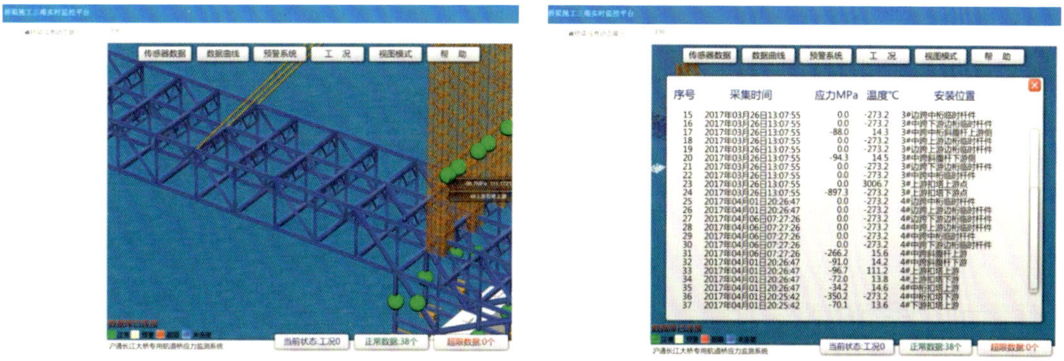

图 1-2-21 钢梁内力监控

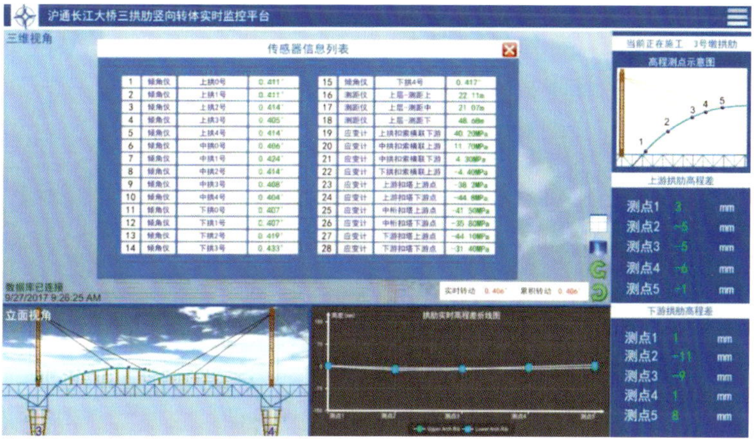

图 1-2-22 竖转刚启动时状态

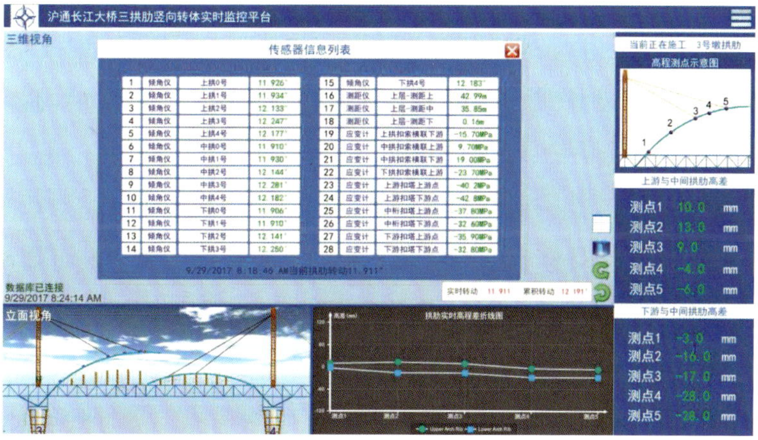

图 1-2-23 3 号墩侧半拱竖转就位时状态

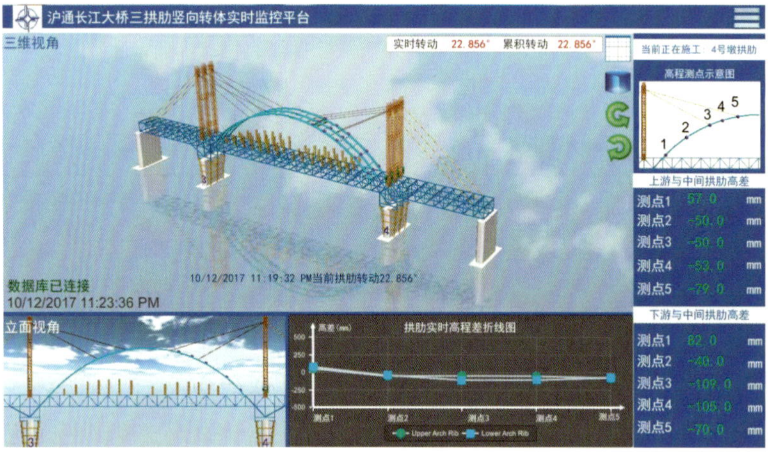

图 1-2-24 3 号、4 号墩两半拱肋均竖转就位时状态

③沉井吸泥下沉实时监测

对两个主墩的沉井基础进行准确动态定位，开发沉井三维几何姿态实时监测系统，为沉井下沉过程中的施工提供及时有效的预警和指导。

④大体积混凝土温控

对大体积混凝土施工进行温度测试和监控，有效控制混凝土内部最高温升及芯部与表层的温度差，避免大体积混凝土产生裂纹。

⑤主塔应力和线形监控

在主塔上布置应力测点，高塔施工全过程对主塔应力进行监控，确保塔柱线形、应力及倾斜度满足设计和规范要求并保证施工安全。

⑥公路连续梁挂篮悬臂施工监控

悬臂施工过程中，监控与施工同时同步测量，建立监测冗余纠错体系，保证测量数据真实可靠；做好关键工序加强监测的频率，尤其在支架拆除和体系转换阶段。

通过有效的监控措施，在施工阶段确保主梁线形与理论计算相近，保证各结构构件的安全；成桥后主梁的线形平顺逼近设计状态，结构内力分布合理，满足设计要求。

（2）开展健康监测研究，保障运营安全

指挥部组织中铁大桥院、上海铁路局工务处、南京桥工段、上海高铁段以及沪宁城际铁路公司等单位的管理技术人员多次进行研究讨论，制定了大桥健康监测方案，并对方案进行了反复完善、优化，组织专家评审。

按照修订后的健康监测方案，积极部署健康监测系统，实时监测大桥的安全性，掌握行车安全状态，预见性地开展维修管养。

5. 视频监控

指挥部按照工程管理信息平台的要求，要求各施工项目部对重要施工作业场景、设备工况与施工状况进行视频监控，及时掌握现场施工实际情况。

（1）数据场景实时监控

施工项目部在办公区，生活区，钢筋、钢结构车间，江边码头，主塔施工区域安装监控设备，全方位监控。分部项目经理通过办公室计算机可随时调取视频影像资料，实时监控现场施工进度，辅助进行安全管理。如施工中存在“三违”现象，可立即发现并通知现场人员进行整改。另外可将施工影像资料分工序导出、刻录光盘，留存宝贵的影像资料。

（2）主塔的精轧螺纹钢筋监控

针对28号墩2700t·m塔吊，项目部安装了智能监控系统，通过在主塔标高174.75m、195.5m处各安装1台摄像头，监控精轧螺纹钢后锚固情况。采用可以左右360度、上下180度旋转的星光级智能球型摄像机，具有22倍数字放大功能，能有效地对每个螺母进行局部放大。精轧螺纹钢后锚固点的监控频率为每半个月一次，在分部检查托架基础结构时进行监测。

（3）大型塔吊监控

在大型塔吊安装中使用了CX—JK1000型起重机安全监控管理系统，通过现场显示屏以图形及数据的形式实时显示起重机工作的各项参数信息，对于超载、超力矩、超幅等进行声光报警、文字提示，使起重机操作人员全面直观掌握设备的工作状态；通过现场视频监视器实时视频显示起重机吊钩下工作状态。

安全管理系统记录塔机工作参数、工作状态等信息，通过GPRS通讯方式传回监控管理平台，实现远程实时在线监管、监视、查询、统计和下载。

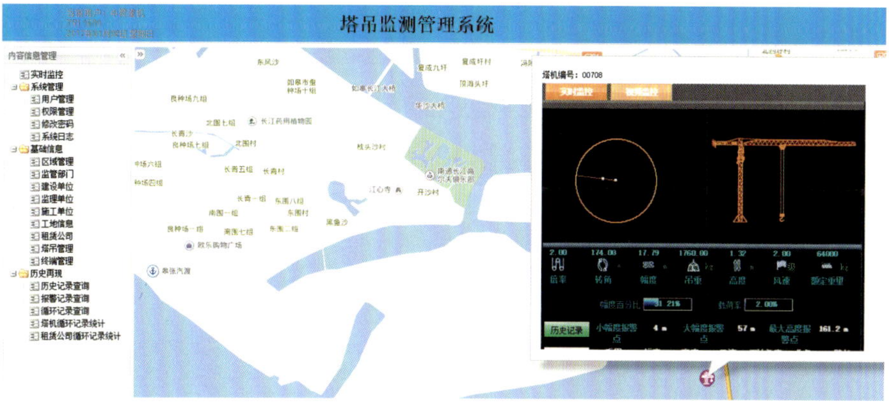

图1-2-25　塔吊监控管理系统

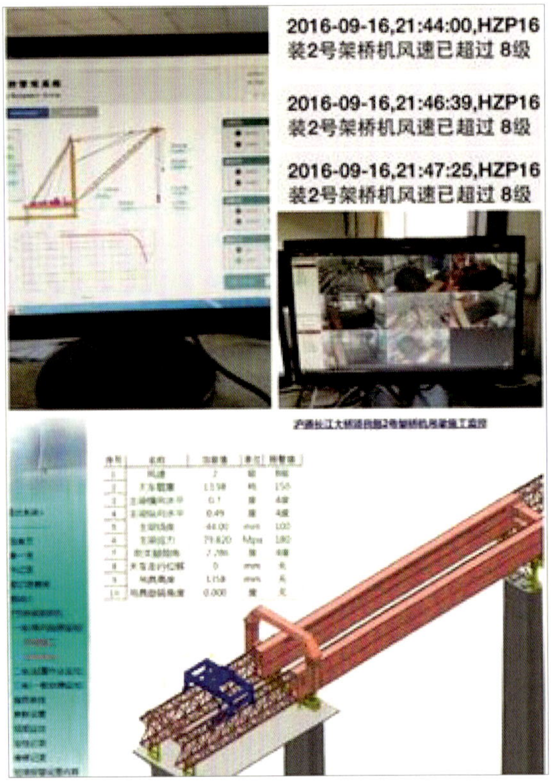

图 1-2-26　架桥机监控

6. 架桥机监控

指挥部组织各施工项目部开发研制功能完备的信息化监控系统，对桥面架桥机作业进行实时监控和指导（图 1-2-26），确保架梁安全、有序，质量可控。

2016 年 6 月，HTQ—1 标选取 WD75t 固定式桅杆起重机，HTQ—2 标选取 HZP1600 型节段梁架桥机，分别开始研发监控系统，系统具备实时场景和危险源报警的监控功能（图 1-2-26）。安全监控系统控制功能研发内容主要为：指纹开机登录，关键部件风险监控，分级报警、分级管理，视频实时采集、记录、传输，远程网络监控。

经过对架桥机安全监控系统的改进以及近 5 个月的研发和试运行，2016 年 11 月 5 日，指挥部特邀 5 位业内资深专家以及指挥部和施工、监理单位相关人员共 38 人召开架桥机远程安全监控系统评审会。专家一致认为两家施工单位所采用的架桥机远程安全监控系统符合《起重机械安全监控管理系统》（GB/T 28264—2012），能够实时监控设备的安全状况，及时发现设备施工中出现的问题，确保设备的安全性；部分功能达到国内领先水平，对同类设备具有推广意义。

在后续使用过程中，W75t 全旋转固定式桅杆吊机监控系统对现场疲劳驾驶、超速卸载、大风等不安全因素报警，HZP1600 型节段梁架桥机监控系统对现场超载、大风以及主梁水平度和挠度、前支腿倾角等方面的不安全因素报警，同时实时显示数据和设备状态，为及时消除不安全因素赢得时间，有效地保障了大型架梁作业全过程安全，达到了监控系统研发和应用的预期目标。

第三章　主要成果

一、创建标准化工地成效突出

（一）工作抓手明确具体

建设指挥部、各项目部通过总结标准化工地创建经验成果，完善精益化管理长效机制，促使标准化施工管理再上台阶；通过考评发现问题，找出薄弱环节，使目标导向和问题导向得到很好的结合，后续施工持续得到改善提高。

（二）工作流程顺畅合理

施工单位项目部让过程符合标准，提高管理精度，坚持质量策划、样板引路，即钢筋、混凝土、模板、预应力等工序标准以图表形式做成看板，放置在员工之家，方便作业人员学习、查看。而后通过“过程纠偏”，强化后台对前场的技术支持、资源保证等措施，定时定人，及时消除各类隐患，有效控制不合格品的产生，工序合格率达 100%。

（三）现场管理标准规范

通过创建，提升了管理效率，使工作标准更加清晰，完成时限、质量更加明确；源头控制、过程控制和实体验收内容更加具体，便于操作，安全文明施工进一步规范有序，管理、技术和作业标准得到了进一步充实完善。对钻孔桩、沉井、承台、墩身、节段梁、预制厂、钢桁梁架设推进标准化管理施工中好的经验做法及时进行了总结固化，推动后续工程的质量提升。

（四）目标考核具体细化

标准化工地创建考评项目逐渐具体，考核评分量化比重大，充分激励管理人员的主观能动性和创造性；资源配置、主体责任、保障条件等得到进一步落实，结合施工项目部配套的《阶段性综合考核目标奖励办法》《混凝土浇筑质量奖惩制度》等阶段性标准，考评项目操作性强，切实抓住了核心关键。

全项目已在沪苏通长江公铁大桥各个实体工程重要节点，对两个标段的3处桩基、1处沉井、3处墩身承台、2处简支梁钢桁梁、1处钢拱桥、2处公路支架现浇梁、2个节段梁场、2个钢梁架设生产单元、1个铁路桥面生产单元、1个公路桥面生产单元，由施工项目部及时进行了申报，按照流程进行考核评定，创建了18个标准化工地，覆盖全部关键分部工程。

二、发挥指导性施组设计纲领作用

（一）充分调研，保证科学性

指挥部组织大桥设计人员和相关单位有施工经验的工程技术人员，赴铜陵长江大桥施工工地进行调研，参考国内外其他深水、沉井、高塔等类似大桥施工技术和工程总结，分析沪苏通长江公铁大桥控制性工程和重难点工程，制定全桥施工组织关键线路，研究大桥沉井、主塔和钢梁等关键工程施工方案，编制指导性施工组织设计，保证其科学合理，能够发挥纲领性作用。

（二）及时报批，保证合规性

指挥部在项目开工后及时向原中国铁路总公司工程管理中心等上级单位上报指导性施工组织设计；于2014年5月得到了原中国铁路总公司工程管理中心对大桥指导性施工组织设计和开工报告的批复，保证大桥建设顺利展开。

（三）细化要素，体现前瞻性

指导性施组以安全质量为核心，按照先进性、系统性、纲领性要求，以“四化”手段为支撑，依靠科技创新，体现出标准化管理的关键要素。如沉井、钢梁及其专用钢材、2000MPa级钢丝、斜拉索等产品部署为工厂化加工制造，引入第三方检测等手段，保证施工质量；混凝土工厂、钢筋车间、混凝土预制构件、钢结构预拼等均部署在现场，采用车间化运作，保证现场功效；主桥钢梁厂内加工制造纳入BIM

等信息化管控手段，强化了指挥部对质量及进度的掌控能力；大型吊装设备如 1800t 架梁吊机、2700t · m 塔吊、HZP1600 型节段梁架桥机、WD75t 固定式桅杆起重机等应用信息化监控，保证设备安全，同时也提高了智能建桥水平；试验室和拌和站的信息化、电子日志的应用、BIM 应用试点均在施组中提前规划，并在后续现场检查、技术管理中得以应用，便捷了指挥部内外协调工作，保证了全项目建设正常运转。

（四）动态管理，强化系统性

以两个主桥工程控制点，沉井基础和主塔施工组织为例，指挥部根据实际情况，在编制 2017 年剩余工程指导性施工组织设计时，对全桥剩余工程和关键线路进行了认真梳理，对已经完成的工效和节点目标兑现情况进行详细分析总结，在已完工程施工总结的基础上，前瞻性地要求项目部 2017 年施工组织重点放在 28 号墩塔柱施工和 29 号墩沉井修复施工上，特别是针对 29 号墩提出了四大节点目标。

项目部根据 29 号墩沉井修复的百米深水、井壁结构复杂、场地狭小、工序繁多、无经验可循的施工特点，以合理组织人员、配置足够设备、超前筹划物资、逐步解决难题、确保重点安全等几方面为抓手，克服了恶劣复杂的施工环境和前所未有的技术难题，历时 543 天，实现了沉井修复“6.15”“6.30”“7.15”“9.10”等节点目标，圆满完成了基础处理施工。

针对 28 号墩，指挥部则提出施组重点关注内容：一方面注重自身进度控制，另一方面注重组织先行先试，对钢筋、预应力管道布置、模板、支架等存在的问题及时研究和优化，对施工组织、资源配置、温度控制和保温养护等及时进行总结和调整，为 29 号墩主塔最合理实施性施工组织设计打好基础。为此，项目部抓住施工的黄金季节，强化工作清单和管理责任矩阵，优化主塔施工工艺，创造出了中塔柱每天长高 1m 的施工记录，提前 7 天完成塔柱 21 节段施工计划，继而实现 2017 年底 28 号主墩中塔柱合龙的施工目标。同时项目部按照先行先试、总结提升的原则，及时总结出主塔施工标准化管理要点，优化管控措施和施工方案，为 29 号墩快速施工奠定了标准化基础。

再以 29 号墩塔梁快速施工情况为例。28 号墩自 2016 年 9 月 23 日开始进行主塔施工，29 号墩自 2017 年 12 月 23 日开始主塔施工，两墩工期差约 14 个月。指挥部要求在 2019 年 9 月底完成主桥钢梁中跨合龙。29 号墩如果采用常规方法施工，中跨合龙要到2020年3月，工期压力巨大。

指挥部在2018年剩余工程指导性施工组织设计编制时，要求项目部重点优化29号墩塔梁同步施工组织。大桥局项目部在28号墩先行先试的基础上，精心谋划，优化施工工艺和资源配置，实现29号墩快速化施工，保证了施工质量，提高了施工功效。由此29号墩按期完成了指挥部下达各项节点目标，仅2019年上半年即获得指挥部5张绿牌奖励，并于2019年6月26日顺利完成主塔封顶。指挥部发出贺信并颁发“奋战主塔，建功大桥”牌匾，中央电视台、新华社、人民日报、人民网、人民铁道网、江苏卫视、扬子晚报等多家新闻媒体进行了专题报道。

三、采用先进设备，提高工程质量和效率

（一）钻孔桩工程采用先进成桩设备

（1）使用国内最先进的海力801多功能打桩船，利用其稳定性好，移桩便捷，吊桩便利，沉桩精度高等特点，确保了钢护筒沉桩质量、安全和进度。

（2）普遍使用先进的反循环钻机和一体化泥浆制作循环设备，结果所施工的120m超深钻孔沉渣少、位置准、经济性好。

（3）使用KTY—3000A型液压动力头钻机。该钻机能够适应各种复杂地质条件下的大直径桩孔施工，具有成孔快、成本低、孔壁整齐、孔口稳定、操作安全、自动化程度高的特点。

（二）吊装工程采用大型可靠设备

1. 沉井施工

在江中沉井、承台施工中，使用千吨级自航起重船对大型钢沉井、钢围堰进行整体吊装，减少了施工环节，提高了施工精度，大大缩短了施工周期，有利于安全控制，较好贯彻了施工组织方案。

2. 节段梁架设

采用先进的机电液一体化构造的HZP1600节段梁架桥机，将工厂化预制产品在工地上有效地安装为大跨度的上部桥梁，如图1–3–2所示。

图 1-3-1　沉井施工

图 1-3-2　节段梁架设

3. 简支钢梁架设

全桥普遍使用了技术较为成熟的 75t 桥吊、全回转的槽形梁、桥面板安装吊机，顺利地完成了全部简支钢梁及其上槽形梁和桥面板的安装施工。新研制的 75t × 30m 全回转桥面吊机，起重机在两种桥型站位架设切换中操作便捷、快速，整机控制方便，维护简单。

（三）沉井工程采用大型先进设备

使用大功率的吸泥设备（图 1-3-3），配合水下机器人、水下探测设备，保证施工质量和进度。使用的最大吸泥深度可达 130m 以上的气举反循环潜水挖泥机，与传统吸泥机相比，吸泥下沉功效可提高 2 倍。

图 1-3-3　吸泥设备

（四）主塔工程采用先进设备

1. 选用优质模板

外模采用 SKE100plus 系统液压爬模（图 1-3-4），具有安装简便、可调节能力强的特点；同时该套设备具有爬升同步性好、抗风等级高的优点。其面板结构在单个主塔施工中可倒用 55 次，属于绿色工程的新技术应用。

2. 科学配备塔吊

配备了大、中、小三类塔式起重机用于主塔施工起重吊装作业。其中大塔式 2700t · m 塔吊安装在主塔肢体上，满足了约 100t 钢锚梁整体吊装要求和斜拉索安装要求，同时创新了工法：首次在主塔塔肢上（约 200m 高空）安装塔吊，不仅安全完成了任务，同时经受了台风的考验。

图 1-3-4　主塔爬模设备

3. 混凝土超高泵送设备

选用了 HTB9035CH—5M 拖式混凝土输送泵（图 1-3-6）承担主塔混凝土的输送任务。经对混凝土输送泵各性能参数进行调试，始终保持其处于最佳状态，保证主塔 C60 混凝土输送 330m 高度，一泵到顶。

图 1-3-5　主塔塔吊

图 1-3-6　高塔泵送设备

（五）主航道桥架梁采用自主研发设备

主航道桥大节段钢桁梁架设，采用大桥局项目部自主研发的1800t架梁吊机，进行对称悬臂架设。架梁吊机采用四主桁结构，各个组件采用模块化结构，可拆分成2台架梁吊机。该项设备是国内同类型施工中最大吊重的架桥机，是千米级大跨度钢桁梁斜拉桥的作业“利器”。

四、发挥专业化优势，充分利用社会资源

（一）选择综合实力工厂专业加工

对钢沉井、钢围堰、钢管桩、钢护筒、沉井锚碇等结构产品，委托声誉好、质量优的专业化厂家进行生产。如二航局项目部钢护筒与钢管桩用量近3万t，选择宁波三鼎钢管工程有限公司等优质厂家负责生产。钢板送至卷管厂后，利用其拥有的大型自动卷管机卷制成型。专用航道桥3号、4号主墩承台采用双壁钢围堰施工，钢围堰平面尺寸58.1m×28.1m，围堰高29.1m，重约1800t，加工委托距离桥位约500m的江苏蛟龙重工集团制作，方便了运输，减少了安全风险，保证了任务的按时完成。

（二）水上施工专业化管理维护

按照质量第一、方便生产的原则，专用航道桥、简支钢梁等主线的钢梁制造任务委托行业内知名的中铁宝桥集团有限公司、上海振华重工（集团）股份有限公司、江苏中泰桥梁钢构股份有限公司、武桥重工集团股份有限公司等历史悠久的桥梁厂承担。主航道桥钢桁梁（141877t钢桁梁）及钢锚梁选择在业内知名的中铁山海关桥梁集团有限公司和中铁九桥工程有限公司两家实力雄厚钢梁场进行工厂化生产。

施工项目部委托专业船舶公司承担应急抢险船舶值班任务，委托地方保安公司进行水上交通航行和施工水域治安维护，保证了现场外部良好的施工环境，及时消除了各方面的干扰。对水面施工条件评估和施工水域通航条件确认等任务，委托交通运输部和江苏省的相关专业院所承担，充分发挥其专业优势。

1. 签订海事监管维护协议

大桥局项目部与专业化水上应急救援、警戒维护单位签订了《沪通长江大桥水域

施工海事监管维护协议》，由其派遣两艘维护艇和一艘应急拖轮于桥区施工水域 24 小时值守，负责施工水域通航秩序维护及主桥墩 28 号、29 号沉井施工附近水域的抢险救援。委托张家港市金城港口服务有限公司负责主航道桥的警戒维护和应急管理；委托长江南京航道局负责施工区域的航标设置、调整与维护。

2. 水上船舶管理专业化

大桥局项目部委托其集团公司船舶分公司于项目部设立船舶管理部，负责项目施工船舶进场准入和勘验，参与施工船舶的月度安全检查，协助编制施工船舶施工方案并监督方案落实，对桥区施工船舶锚泊定位作业进行指导，编制施工船舶专项应急预案及预防措施，协调警戒船进行航道通航维护，协助桥区海事、航道等单位的沟通、协调工作。

3. 专业化单位保证通航条件

二航局项目部与南通海事局、广汇船舶服务公司等联动协调，清理施工水域，包括对影响通航和施工作业安全的非施工船舶进行清理，保证正常施工；对施工水域范围界定，清除杂物，为大型水上吊装作业、水底电底铺设等涉水作业进行交通管制或封航，发布航行通（警）告，保证吊装作业安全。

五、推广工厂化施工，实现由“场”变“厂”

（一）沉井制造选用大型船厂

主航道桥所需的 6 个大体积钢沉井（30040t）由社会化的大型造船厂制造，充分利用其船坞场地资源，发挥其组装、调运和焊接方面的专业优势。工厂化加工不仅确保了钢结构加工质量、消除施工安全隐患，而且在减轻劳动强度、节省人力的同时节省焊接费用 35% 左右。同时，船厂也为钢沉井的整体制造、拼装、浮运提供了条件。

（二）钢梁及钢锚梁等选用钢梁制造厂

按照质量第一、方便生产的原则，专用航道桥、简支钢梁等主线的钢梁制造任务委托行业内知名的中铁宝桥集团有限公司、上海振华重工（集团）股份有限公司、江苏中泰桥梁钢构股份有限公司、武桥重工集团股份有限公司等历史悠久的桥梁厂承担。主航道桥钢桁梁（141877t 钢桁梁）及钢锚梁选择在业内知名的中铁山海关桥梁集团有限公司和中铁九桥工程有限公司两家实力雄厚钢梁场进行工厂化生产。

图 1-3-7　钢沉井出坞

图 1-3-8　山桥钢梁厂如皋基地

六、信息化促进整体质量全面提升

指挥部主导切实抓好建设项目管理信息系统的完善和使用，参建各项目部以“互联网+”为突破，实现常规施工与信息化手段的充分跨界融合，使得复杂结构简单化，烦琐信息系统化，预警信息即时化，数据查询统计便捷化，促进了整体质量的全面提升。

（1）严格落实原中国铁路总公司工程管理中心对所有试验室、拌和站实施信息化管理的要求，进一步提升试验室、拌和站标准化管理水平，保证试验检测结果及时准确。

（2）拌和站超标率低于千分之三，从而实现了混凝土从理论配合比到施工配合比的顺利过渡，根本上消除了混凝土因配合比参数偏离而出现的质量不稳定问题。

（3）自开工伊始，大力推行电子施工日志管理系统。项目部技术、安全、质量施工日志等基础资料填写统一规范，上报资料及时准确，快速实现了施工现场信息追溯性、真实性；日志中重复记录内容全部由软件直接生成，减少对管理时间的占用，提升了工作效率。

（4）由指挥部为总体牵头单位的 BIM 研究和探索，提升了项目管控水平，获得中国安装协会等 4 个大奖，提升了项目的社会知名度。

（5）指挥部重视对施工过程中重要结构姿态、受力、稳定、沉降变形等要素的监测工作，针对大桥特点研发了钢梁应力和线形实时监控系统、主桥钢桁梁架设监控体系等监控模块，由专业监控单位做技术协助，保障施工过程中主体结构的质量、进度。

（6）施工项目部在办公区、生活区、钢筋和钢结构车间、江边码头、主塔和主梁、公路和铁路桥面施工区域以及重点机械设备（如 2700t·m 塔吊、1600t 节段梁架桥机）安装监控设备，全方位监控，助力24h全天候安全管理。

（7）指挥部对大桥健康监测方案高度重视，反复完善、优化，超前部署健康监测系统，为实时监测大桥的安全性、保障列车（及汽车）行车安全提供前提条件，实现了与沪宁城际铁路公司、上海铁路局工务处等接收单位的顺利交接，也为大桥预见性地开展维修管养奠定了基础。

七、优化钢梁制造管理体系

沪苏通长江公铁大桥项目建立了钢梁加工制造管理体系，对专业化、工厂化模式的管理进行了有效探索和突破。

（一）指挥部要求

1. 文明工地建设延伸至钢梁制造厂区

大桥建设钢梁加工规模大、周期长、要求高。按照原中国铁路总公司《铁路施工企业信誉评价办法》中项目部标准化达标和创优两步走的要求，指挥部制定的《工程质量管理办法》《综合考评管理办法》《驻厂监造管理办法》，将六家钢梁厂服务于沪苏通长江公铁大桥的钢梁生产，纳入统一的管理考核范围，强化厂区内的文明工地建设。

2. 建立保障体系

督导各项目部建立钢梁厂安全文明施工保证体系与管理体系，细化监造细则，按照指挥部《安全文明施工管理办法》的要求，落实施工和监理等各层级的管理责任，确保文明生产达标。

3. 加强检查考核

指挥部除巡检外，每季度不少于一次对各钢梁厂文明生产情况进行一次检查，对存在的物料堆放杂乱、成品标识不清、车间环境温度不达标、动火用电安全防护缺陷及时要求进行了整改，使沪苏通长江公铁大桥钢梁加工区文明化程度始终处于较高水平。

（二）施工项目部实施

各项目部为确保文明生产与施工，按照指挥部《安全文明工地建设标准》，成立领导小组，指派专人负责钢梁厂文明生产具体措施落实。

1. 加强材料控制

各加工厂针对不同材质钢板，采用红、黄、绿等分色标识，并喷涂不同颜色的车间底漆，从源头上杜绝了混用的隐患；为沪苏通长江公铁大桥钢梁加工专门规划了原材存放区、杆件划线区、钻孔加工区、拼板区和组装区等工序区划。

2. 明确相关要求

在各区域设置工艺流程图和质量控制看板，使作业人员和管理人员能随时了解质量控制要求。

3. 加强安全防护

安全防护及用电、用气、动火管理严格标准，防火设施完备。

经过指挥部的标准化管理延伸，钢梁制造厂内的文明施工水准逐步提高。钢梁制造厂在项目前期建立了安全文明施工保证体系与管理体系。在项目开始阶段，加强了施工现场组织管理，保障施工优质、快速、高效进行。过程中，为了实现文明施工的目标，施工单位项目分部成立领导小组，指派专人负责现场施工措施落实，确保施工现场符合《安全文明施工管理办法》的要求。加强宣传活动，统一思想，使钢梁制造厂干部职工认识到安全文明施工是企业形象和队伍素质的反映，是安全生产的保证，是工程优良快速施工的前提，增强了安全文明施工和加强现场管理的自觉性。

图 1-3-9　标准化钢梁制造车间

图 1-3-10　标准化分类存放

八、深入践行工艺、工序标准化

（一）主航道桥主墩沉井

1. 制造过程严格贯彻硬件的标准化

参建单位充分利用自动化下料切割设备、1600t 龙门吊机、液压平板车等大型设备和既有船厂的船坞场地等现有条件，显著提升了巨型钢沉井工业化建造水平，为整体浮运定位施工奠定了基础条件。

2. 创新浮运定位工艺

应用了部分井孔内增压助浮工艺，保障了钢沉井整体制造、浮运工艺目标的实现。钢沉井定位创新出“大直径钢管桩 + 混凝土重力锚”的工艺，配合使用 350t 连续千斤顶的收揽系统，使得沉井精确快速定位。

3. 混凝土模板标准化制造

模板相互连接处采用统一孔径和孔距的工艺，一套模板通用性能覆盖主墩变截面的施工。模板、支架一体化设计、制造。

4. 创新检测工艺

沉井吸泥与下沉形成了一整套的标准操作。沉井终沉后，通过多波速声呐技术、水下机器人深水拍摄技术、海床式静力触探技术与传统的测量绳量测技术的综合应用，形成了深水沉井基底检测创新工艺，有效指导了后续吸泥及封底施工。

（二）主航道桥主塔 28 号墩

1. 增加资源配置

下横梁钢筋工人按每天两班配置，人数较主塔标准节段加倍，同时增加交通船及 1000t 的甲板驳船。混凝土生产在水上拌和站和 1 艘拌和船的基础上，再增加 1 艘海天 4 号拌和船以及 2 台布料机，通过科学配置，有效缩短了关键线路施工工期。

2. 优化工序

对钢筋、波纹管安装相互干扰问题超前谋划，优化设计，提出改进工艺，极大减少现场调整工作量。将横梁区进人洞等部分的钢筋改为后场整体加工。对大临设施中结构复杂和主要受力构件，严格检查流程并于混凝土浇筑期间同步监测，确保安全。混凝土浇筑前编制联合检查验收表，列出混凝土、预应力及钢管脚手支架等关键工序 13 项共 60 余条检查清单，明确检查责任人。

（三）29 号墩水下混凝土浇筑

1. 配置足够有效的设备资源

为提高沉井北侧施工效率，经过反复研讨，除现有浮吊之外，项目部在不影响沉井内部施工的前提下，在沉井内部分别增加安装了 480t · m、450t · m 两台动臂塔吊，缓解北侧吊机资源紧张的现象，有效提高了管柱和防撞混凝土施工功效。

2. 通过试验比对解决难题

针对水下封底混凝土，项目部分别对不离散混凝土、掺黏度改性剂混凝土以及现有混凝土配比的试配调整进行研究。明确了原混凝土配比微调和水泥净浆拔球工艺，并开展模拟灌注试验。结合原材料质量控制、混凝土生产过程控制及灌注速度工艺优化等多方面措施，确保了水下混凝土灌注质量，实现了 20 万 m^3 水下混凝土浇筑任务按计划完成。

（四）主航道桥钢桁梁架设

1. 发挥 1800t 架梁吊机作用

应用 1800t 架梁吊机进行对称悬臂拼装，架梁吊机采取四主桁、高底盘的结构设计，采取分离长短扁担（三吊点）设计，以解决三桁起升同步性控制问题，确保了梁体提升过程中的稳定性。通过在吊机前中支点设置恒反力千斤顶，进一步均衡吊机站位节段三桁局部受力。采用可翻转支腿的设计，解决了吊机支腿与锚拉板的空间冲突，同时为斜拉索挂设让出空间。

2. 解决抗风稳定性问题

通过在塔梁之间指定位置设置垫块，形成临时纵向约束即抗风牛腿，限制塔梁之间的相对位移，并抵抗横向风荷载产生的扭矩，解决了大悬臂架设施工的横向抗风稳定性问题。塔梁之间的抗风牛腿同时作为钢梁纵向位移的调整手段，为钢梁高精度主动合龙提供了技术条件。

3. 创新超长超重斜拉索安装工艺

针对中长索梁端安装工序中锚头牵引力大与锚拉板底部空间受限的矛盾，研究制造梁端反压装置，形成配套工艺，保证了梁端挂索的顺利施工。同时在 28 号墩斜拉索施工的基础上，创新塔端同步张拉系统，即通过智能设备同步控制 12 根斜拉索一次性张拉到位，避免二次调索，有效减少了主塔、钢梁线形姿态测量频次，使得每轮次架梁周期可缩短 2 天。

4. 科学合理规划平行作业施工

指挥部组织设计施工及监控单位充分讨论，在 29 号墩上部结构施工方面研究出塔梁同步施工、钢梁拼接工序衔接优化、合龙顺序优化、公路桥面板安装时机优化等多个工序优化措施，使得 29 号墩钢梁架设工期节省近 6 个月。

5. 测量部门全程跟踪

同步施工期间，从控制点原始误差控制、高程控制点投递控制、塔柱平面控制点投递控制、桥塔偏位实时观测、桥塔位移的实时高精度测量五个方面同步对主塔线形进行监控。采用天顶投点法和塔顶控制点加密法相结合的办法进行塔柱平面控制，有效控制了塔梁同步施工过程中塔柱线形。

（五）南引桥合建段公路连续梁

1. 资源配置标准化

人员方面，配置四个作业队，分别完成支架钢结构制造和拆除、钢筋加工、模板及扣件支架安装、混凝土浇筑和预应力施工。为加强公路连续梁一线管理力量，工点配置以生产副经理为首的架子队领导团队 5 人。设备配置方面，根据施工需要科学设置墩旁塔吊、汽车吊机、砂箱预压反力座、HBT90 地泵、28m 布料机、收浆抹面机具、大循环智能压浆机、钢绞线穿束机、各型配套千斤顶、自动喷淋养护架等，确保施工标准、高效。

2. 过程控制标准化

支架由专业钢结构工厂在车间内预制，保证了加工进度与焊缝质量。支架中的斜腿构件、横向联结系按 20% 比例进行无损检测；为验证钢管立柱柱脚植筋工艺的可靠性进行了拉拔验证；为保证扣件支架搭设垂直度、纵横间距准确，对支架杆件实行了带线检查。

3. 做好人员规范化管控

针对日常施工过程中各部位、各工序所出现的问题，由技术人员向作业层下达施工过程检查问题记录表，作业层管理人员签收确认并逐项整改，以确保各项问题无遗漏并及时整改。同时认真执行“一日一清”制度，针对每日巡查中发现的问题及时上会讨论，当日逐条销项，并由施工单位项目部根据销项执行力度进行班组考核，及时淘汰部分不能适应标准化管理要求的作业班组。

（六）钢梁制造

1. 做好杆件制造任务分解

为了确保焊接质量，控制焊接变形，保证几何精度，杆件的制造采用如下工艺原则：焊接边缘全部采用精密加工；外露边缘全部采用精密切割；为控制箱梁断面尺寸，

图 1-3-11　上海振华钢桁梁主梁试拼装

对内模隔板四周机加工处理；采用单元制造法；针对焊接变形问题采用分级控制和预先控制；在满足制孔条件的情况下，全面采用后孔法。

2. 控制好关键焊接工序

焊接箱内焊缝时，杆件摆放要平，进行适当的约束，并采用线能量较小的 CO_2 气体保护焊；在箱体内焊接完成后，对箱体做预涂装处理，合格后，装焊顶板单元；在专用的焊接平台上焊接四道棱角焊缝，严格控制构件的支撑状态和约束状态对焊接变形的影响。

3. 全面达到组装精度要求

在专用划线平台上首先检测上弦杆的各种几何精度，利用最小二乘法原理划出节点中心线和纵向基准线，以此为基准再划出整体钻孔模具的对向线和横梁单元的组装位置线；组装横梁单元时，不但需要精确对线，同时要考察横梁单元与箱体的垂直关系；横梁单元在钻孔时，由于受空间位置的影响，采用摇臂钻床进行钻孔，制孔后对杆件进行全面的检查，包括几何精度、孔群精度、外观等全部合格后方可参加试装。

（七）北引桥混凝土结构预制

在北岸现场建设预制场，共布置四条预制生产线，包括一条节段梁预制生产线、两条槽形梁节段生产线、一条桥面板预制生产线。

1. 基础设施满足标准化要求

制梁台座、存梁台座承载力满足要求，数量满足施工要求；节段梁模板整体采用液压系统，模板面板全部采用不锈钢板。节段梁模板有外模及内模 2 套，底模 4 套，底模采用轨道滑行，可以交替使用。

2. 钢筋模板严格按标准制作安装

梁体钢筋严格按照钢筋加工大样图加工，并分类存放；组装完备的钢筋胎架，形成尺寸精准的骨架，精心组装各类节段梁、槽形梁和桥面板等各部位钢筋，使用自动液压系统确保模板各种尺寸准确无误。

图 1-3-12　主航道桥钢梁中跨合龙

3. 混凝土浇筑养生合理衔接

采用大容量料斗卸料入模，配备高频附着式振捣器进行振捣，混凝土顶面采用铝合金刮尺刮平后人工二次精细收面。采用智能控制自动喷淋养生设施，混凝土保湿养护时间不少于 14d，根据试验结果和规范要求，确保梁体静置存放时间达标。

（八）钻孔桩钢筋笼制作

1. 钢筋笼采用长线法制作工艺

台座长度根据钻孔桩长度进行控制，单个台座的胎架按 2m 间距布置，胎架采用角钢和 12mm 厚度钢板制作。钢筋定位架安装固定时用全站仪或经纬仪控制轴线，用水准仪控制水平标高，保证钢筋定位架轴线在同一水平面和同一条线上。为了保证钢筋笼制作时上下端面的齐平，在台座的一端设置挡板，并用型钢支撑牢固。

2. 钢筋配料尺寸确保标准

钢筋下料前，检查钢筋待加工的端部是否有弯曲，出现弯曲时调直。钢筋下料时，采用砂轮机切平，严禁采用气割或热加工方法。钢筋端面确保平整且与钢筋轴线垂直，无马蹄形或扭曲。为保证主筋配料长度准确性，砂轮机端头均设挡板，每根钢筋均切断 2cm。每截钢筋均按照钢筋下料图进行配料。

3. 丝头加工有序衔接

钻孔桩基础主筋均为 $\phi 25$，采用套筒连接，套筒规格为 $\phi 25$。丝头螺纹滚轧加工工艺流程依次为钢筋端面平头、滚轧直螺纹加工、标准丝头质量检查、装保护帽、加长丝安装锁母及套筒。

4. 钢筋连接牢固到位

首先检查直螺纹牙是否完好无损、清洁，如发现杂物或锈蚀时用铁刷清除干净，完毕后检查钢筋丝头是否和连接套规格一致，然后用扳手或管钳将直螺纹连接套与一端钢筋拧到位，再将另一端钢筋与连接套拧到位。

（九）混凝土拌和生产

1. 抓好原材料标准化管控

物资部门杜绝不合格的原材料入场，试验检测部门严格试验把关流程，从源头把关，原材料分区存放，合格仓和待检仓放置告示牌。铲车堆料时严禁超过堆高线，防止不同规格材料混仓。及时清理原料仓地面上的废料和粉尘，防止原材料受到二次污染。定期检查原材料仓的防雨和排水设施，发现漏雨和积水的情况及时处理。

2. 定期进行拌和站计量系统校准维护

按照国家和行业规定对拌和站的电子秤和砝码每周定期检定，保证拌和站自动计量系统的电子秤和校核用的砝码处于有效合格检定期内。按照规定对自动计量系统进行使用量程校核、全量程校核及动态精度校核并做好校核记录，经过监理、计量员签字确认后存档。

3. 严格首盘鉴定流程

试验员按照混凝土出厂检验要求对混凝土出机性能进行检测，如出机温度、含气量、坍落度等，并保留混凝土试件。在检测和试件制取过程中，观察混凝土和易性、流动性等性能，并根据需要进行调整，同时记录调整依据和调整结果。

4. 规范处理计量超标

出现原材料波动超标时，操作人员暂停生产，通知信息化管理员和设备维修人员，查明原因、排除故障后再继续生产。对出现超标的混凝土严格按照《沪通长江大桥工地混凝土拌和站（船）信息化实施细则》相关规定处理。

（十）承台施工质量控制

为确保承台施工质量，采取诸多有效措施，提高了承台施工质量精细化控制水平。

1. 采用降低地下水位先进的工艺

针对施工区域承台埋深及水文地质特点，采用管井降水措施和轻型井点降水措施，把地下水降到承台底标高以下，为基坑开挖施工创造条件；并在基坑开挖面喷射混凝土护坡，确保了基坑边坡的稳固。

2. 推广垫层两次浇筑工艺

为防止承台底部漏浆，将承台垫层分两次浇筑，第二层垫层浇筑厚度 5cm，作为承台模板安装的基准，有效解决了承台底部漏浆和烂根的质量通病问题。

3. 提升承台浇筑整体性工艺效果

为防止承台模板对拉螺杆孔眼处漏浆，在模板孔眼处用锥形螺母外接对拉螺杆，对拉杆施加一定的预应力。设置劲性骨架定位墩身预埋钢筋，有效保证了预埋钢筋的位置准确性。

第二篇　强化质量安全管理
建设“精品大桥”

概述

沪苏通长江公铁大桥建设项目实行指挥部、设计、监理和施工单位四位一体的质量安全控制保证体系，牢固树立精品工程、平安工程的理念，全力打造精品工程。坚持以工程质量安全为核心，始终把大桥质量安全工作放在首位。按照依法合规、落实各级主体责任、严格工地质量安全标准、创新管理模式手段的指导思想，遵循源头把关、过程控制、严格验收的质量管理程序，坚持全员、全方位、全过程加强质量安全日常管理工作，全面提升项目质量安全管控能力和水平。工程质量全部符合设计文件和强制性标准要求，实现检验批、分项、分部工程施工质量验收合格率达 100%，单位工程一次验收合格率 100%，工程竣工达到设计速度目标值要求。

第一章　构建并落实质量安全保证体系

参建各方建造精品工程目标同向、思想统一、制度健全、职责明确，质量安全保证体系正常运转。

一、参建各方的管理职责

建设指挥部、施工项目部、监理项目部等内设质量安全机构符合有关规定和投标承诺，制度体系健全、职责明确，各施工、监理、检测项目部均与指挥部签订了安全质量承诺书，按要求制定了工作程序和内部工作标准，严格执行质量安全管理制度及考核办法。

（一）指挥部

1. 制定制度、健全体系

执行国家法律法规及中国铁路总公司、工程管理中心等有关的建设工程质量安全管理规定，组织制定大桥工程建设质量安全目标、制度，督促参建各方健全质量安全管理体系。

2. 审查管理文件

组织审核项目质量安全管理计划（或施工组织设计）等文件，组织审查参建单位的质量安全管理文件。

3. 组织各类检查

开展全桥质量安全检查，定期组织质量安全管理专题会议，协调布置质量安全管理工作。

4. 开展信用评价工作

由指挥部依照评价办法定期组织检查，审查日常检查结果和不良行为记录，审定施工单位得分情况，确定评价结果并报送中国铁路总公司有关部门。

（二）监理项目部

1. 明确监理质量安全责任

总监作为第一管理者，按照目标一致、分工协作、措施有力、全员参与的指导思想，履行好现场质量安全监理的工作职责。

2. 制定制度细则

建立了完整的质量安全监理的各项制度细则，如铁科院中铁大桥监理项目部以质量安全为中心，制定 30 大项 47 小项管理制度以及 37 份监理细则，用以指导规范现场质量安全监理工作。

3. 严格执行工作标准

以打造平安工地和工程质量精品为目的，以严格检查督促为手段，以测量检测试验为保证，严格过程控制，确保各项标准要求真正落地。

（三）施工项目部

1. 明确安全质量管理责任

各施工项目部均成立了安全生产和质量管理领导小组。项目经理为组长，是安全质量管理的第一责任人；项目部全体成员、分部负责人全部签订了《安全生产责任状》，以“分级管理、分层负责、预控预防、服务监督”为指导，以创新务实的态度做好各项安全质量管理工作。

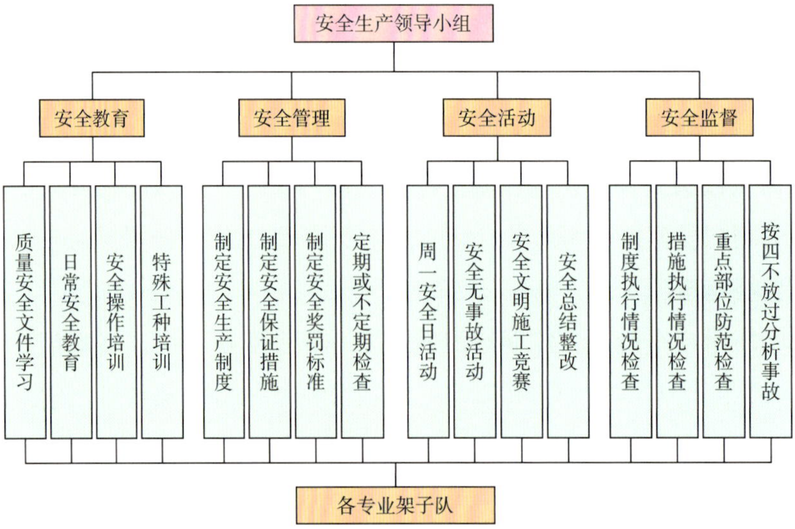

图 2-1-1　大桥局项目部安全保证体系图

2. 健全安全质量管理制度

制定安全质量管理目标、安全质量管理组织机构及职责、安全质量管理人员配备以及施工现场安全质量控制、教育和培训、安全投入等各类规章制度，制订了专项应急预案。

3. 明晰具体专职职责

安全质量管理部门配备足额人员，专职管理工地安全质量及环境保护事宜，坚持全员、全专业、全方位、全时段对安全质量体系运行管理制度、标准和规定的执行情况进行监督、检查，保证质量安全体系有效运转，实行质量安全管理“一票否决权”，督促安全隐患和质量问题整改，实行闭合销号处理。

4. 确保安全生产资金投入

各施工项目部按照《企业安全生产费用提取和使用管理办法》（财企〔2012〕16号）制订年度、季度、月度安全生产费用计划并经审批后实施，在财务专项列支，并按月统计实际安全生产费用，保证现场安全设施投入，做到安全设施与主体工程“同时设计、同时施工、同时投入使用”。

二、严格过程控制，提升管控水平

各参建单位严格按照法律法规、行业标准和各项制度，落实各级组织和人员岗位责任制，全面提升质量安全管控水平。

（一）明确任务目标

积极探索建立基于全生命周期的建设管理新模式，形成管理新格局。按照《铁路建设管理人员责任追究办法》（铁总建设〔2017〕286号）、《铁路建设项目质量安全红线管理规定》（铁总建设〔2017〕310号）、《关于铁路局集团公司提前介入铁路建设项目管理工作的指导意见》（铁总办〔2017〕320号）、《关于调整铁路建设管理体制和运行机制的通知》（铁总办〔2017〕337号）、《关于加强铁路建设工程质量管理的实施意见》（铁总建设〔2017〕328号）等五个指导性文件的要求，指挥部制定《质量安全红线细则》等文件，严格要求现场各参建方在质量安全管理工作中，按照文件要求进一步做好质量安全管控。

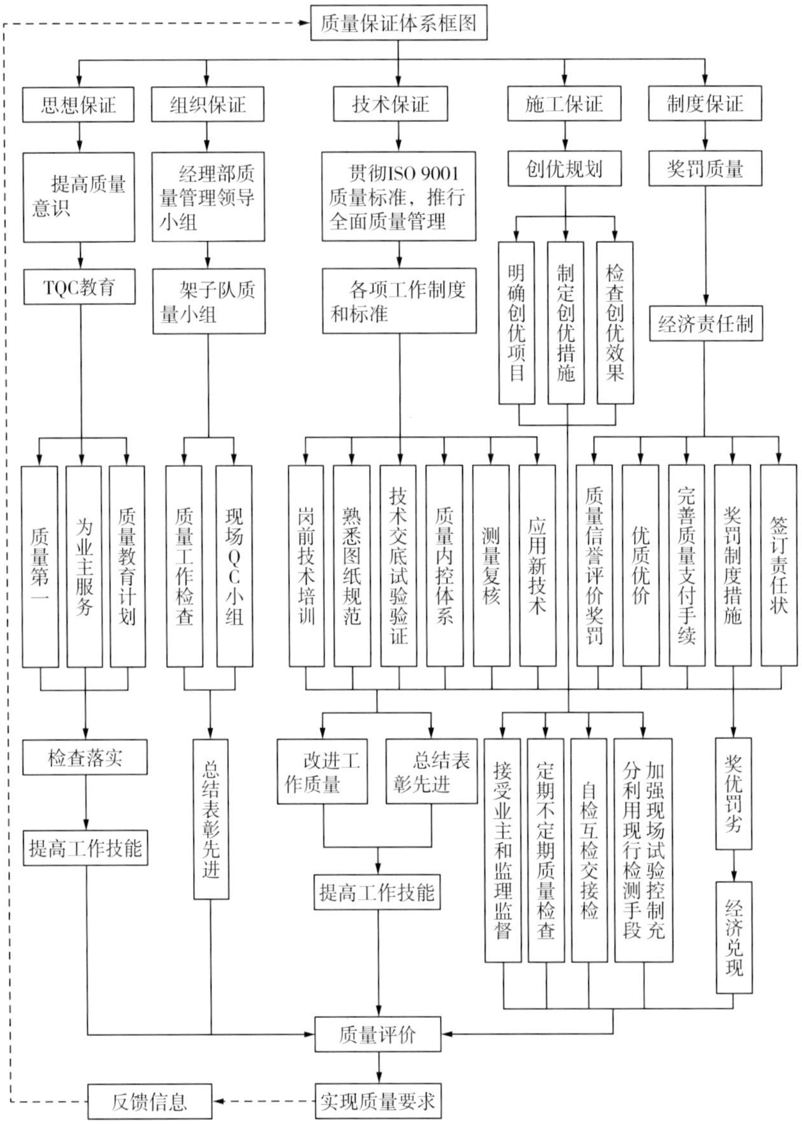

图 2-1-2　二航局项目部质量保证体系框图

（二）保证措施到位

1. 抓住工作重点

现场各类风险判识分类准确全面，防控安全风险措施到位，质量控制要点抓准控严。

2. 开展系列活动

开展诚信建设、文明工地建设、标准化示范工地建设、标准化项目部达标创优建设等活动，夯实质量安全管理基础。

3. 做好检查整改

发挥好现场检查的作用，建立问题库，对质量安全问题进行闭合管理，消除各类问题隐患，并根据问题采取预防措施。

4. 落实工程包保

重点工序严控，如主塔混凝土泵送、沉井封底时专业工程师常驻现场，对重点部位盯控。

5. 顺畅信息反馈

各施工项目部建立了质量信息反馈网络，质量管理工作程序化、标准化和信息化，各部门、作业队发现施工过程中存在的质量问题，能及时反馈，确保质量信息渠道畅通。

6. 完善培训交底

一线作业人员分工种培训，将不培训不上岗、考试不合格不上岗的要求落到实处。将技术、质量、作业标准落实到作业层、作业面，避免“包而不管”，解决好质量管理“最后作业点”问题。

（三）落实制度，履行职责

1. 抓好质量安全制度落实

领导包保、质量检查、工程影像存档、班组长责任等各项具体质量安全管理制度，在建设管理过程中认真落实执行。

2. 强化岗位管理职责

团队与个人的岗位职责具体；对质量安全具体目标任务完不成的，对质量安全工作管理不力的、懒散的有关管理技术人员，追究管理责任。

（四）发挥测量试验体系作用

参建项目部测量试验体系是内部质量安全管理体系的重要组成部分，是现场质量安全管理的具体量化手段。

1. 细化测量工作管理

按照《高速铁路工程测量规范》（TB 10601—2009）、指挥部《工程测量管理办法》等要求，进行控制测量、放样测量和竣工测量，现场测量工作达到精细化程度。

（1）仪器设备工况良好

仪器等级、精度、数量与合同承诺符合，特别是全站仪和卫星定位设备的工作性能完好，确保仪器功能等级满足现场高精度的测量要求。

（2）重点部位严密监控

定期对沉井、主塔、墩身等结构物开展沉降、防冲刷观测，对高风险大临工程稳定状况进行观测。

（3）及时纠正不规范行为

对在日常检查中存在的测量人员进场不及时，设备仪器不符合投标承诺、未做到定期检定和维护以及沉降冲刷观测频次不足等问题，及时进行整改。

2. 试验检测工作精益求精

（1）资质资格符合规定

要求全桥 6 个工地试验室均有母体明确授权；48 名试验人员履职资格达标，高、中、初级人员结构合理，土工、化学等专业齐全，全部持证上岗。

（2）做好仪器设备使用维护

仪器设备经过检定或校准，试验室检测间、办公室、养生、养护室等布局合理，全桥 16 台压力机、万能材料试验机运行均纳入中国铁路总公司信息化管理系统（图 2-1-3），力学试验数据实现同步上传。

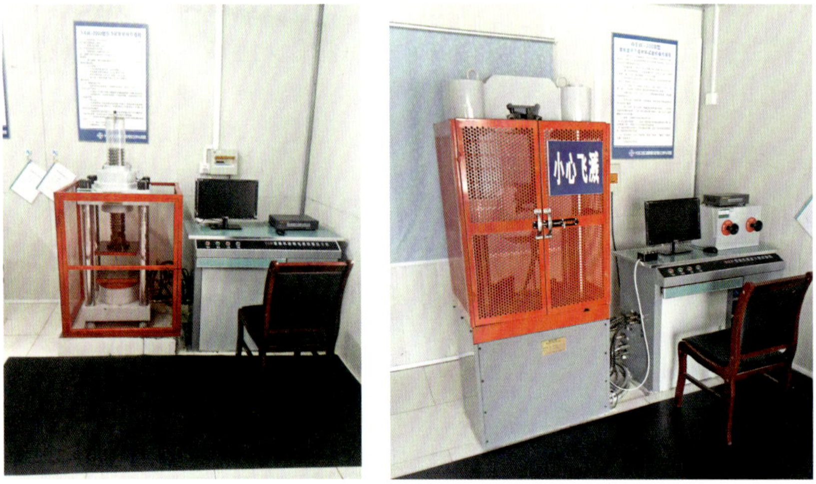

图 2-1-3　试验设备纳入中国铁路总公司信息化管理系统

（3）工作流程顺畅

强化各试验室对 11 座拌和站（船）混凝土生产质量控制的管理，每个拌和站（船）配备两名专职试验人员，监理试验室配备一名试验监理工程师，保证了全桥 230 万 m^3 高性能混凝土生产计量超标率在 0.30% 以下，处于领先水平。

（4）提高整体工作水准

指挥部通过每季度综合检查、各试验室能力比对试验，组织贯标专题讨论、业务观摩等活动，全面提高试验检测工作水准。对检查中发现的试验室计量认证不及时、人员流失、履职资格不达标、内业资料杂乱以及拌和站试验管理不到位相关问题，责任方均按要求进行了整改。

（五）充分发挥第三方检测作用

指挥部引入社会独立法人第三方检测单位，通过招标引入在行业内信誉好、技术强、承担过重难点复杂工程检测检验任务的社会独立法人第三方桩基、钢结构等优秀检测单位；如山东广信检测公司承担桩基检测，中钢集团郑州金属制品研究院、上海同纳工程质量检测公司和华中科大检测中心承担钢梁结构制造检测，南通产品质量检验所承担18200t的2000MPa级斜拉索钢丝抽检，安徽高速公路检测公司承担主桥斜拉索索力检测，苏交科集团检测认证有限公司承担专用航道桥吊索索力检测。同时延伸检测试验工作，委托三检单位承担以往建设项目所缺少的检测工作，如对Q500qE新型桥梁钢、42和35CrMo合金钢锚具、10.9s级高强度螺栓材质进行检验。

1. 制定管理办法

指挥部及时制定《第三方检测管理办法》，督促第三方检测单位快速进场，依法合规，及时承担对桩基和钢梁制造安装的试验检测任务。

2. 检测试验抽样全覆盖

对全桥3065根钻孔桩全部检测。对钢梁结构以焊接质量无损检测为重点，如各检测项目部完成钢梁无损超声检测（UT）61511m、射线照相检测（RT）4106m、磁粉检测（MT）35138m、相控阵检测（PA）3566m，一次检测合格率在98%以上；对26万t钢桥钢板性能、230万颗高强度螺栓施拧进行抽检；对焊材、涂料、焊接试板的力学性能测试、高强度螺栓材质、锚具、涂层、斜拉索钢丝、吊索钢丝等按合同约定进行抽检。

3. 坚持问题目标导向

及时发现焊缝裂纹、气孔、未熔合、未焊透，力学试板不合格，涂料氟含量缺少，涂层厚度不足，钢丝力学指标不达标，高强度螺栓扭矩系数不合格及施拧超、欠、漏等问题，对其他钢梁原材、锚具等按规定检测，就钢梁焊接、涂装、高强度螺栓施拧、钢丝生产管控提出合理化建议，督促完成整改，参与预防改进。

4. 加强重要结构检测

对全桥重要的沉井、架设后的钢梁线形尺寸及结构受力监控分别委托行业内技术水平高、经验丰富的专业科研院所承担监测监控任务，如铁道科学研究院、大桥局桥科院、大桥勘测设计院等单位进行现场监测，确保施工质量安全。

5. 重视关键环节检测

在不同的施工阶段分别委托专业院所承担混凝土连续梁线形高差、大体积混凝土温度、沉井下沉姿态、钢拱桥施工中临时支撑结构动态监测任务，为工序质量安全提供了保证。

三、严格全过程考核，强化约束激励机制

（一）指挥部考核

1. 标准明确

以信用评价办法，指挥部综合考评管理办法、标准化考评办法、物资设备供应商评价办法、日常检查办法等文件要求为依据进行各项考核。

2. 考核量化

考核涵盖质量安全管理各方面、各层次，既包括现场，也涉及内业资料；常规考核项打分累计，安全质量关键项实行一票否决。

3. 奖罚分明

指挥部在创优评先等考核时，对先进项目部、工区、班组和个人授牌、颁发奖金，对质量安全管理上做出优异成绩的人员给予了充分肯定和奖励，对考核不达标的项目部予以扣除激励约束费处罚。

图 2-1-4　物资供应商信用评价

（二）参建单位考核

（1）施工项目部制定了内部质量奖惩制度细则。将现场质量安全控制效果与激励约束机制结合起来，突出质量班组标杆建设和各类劳动竞赛，表彰先进，推荐质量安全管理工作中做出优异成绩的单位和个人参加地方、指挥部和上级部门先

进评选。

（2）监理项目部制定出质量安全考核办法。强化对质量安全监理工作效果的考评，在薪酬奖金发放上，向在质量安全管理上做出突出成绩的监理组和个人倾斜；对指挥部提出的工作中明显违规、有不良行为和履职不力的多名监理人员及时进行了清退更换。

（3）第三方检测单位标准化管理考评。第三方检测项目部每半年考评工作流程、内业资料、人员设备、现场检测质量、廉政建设等，同时按照各自母体检测公司制度，进行内部考核评标。对第三方检测项目部存在的工作标准掌握不严、检测程序不规范、消耗材料无台账、内业资料凌乱等问题，通过检查考核手段及时要求进行整改。

四、严格执行标准规范和施工图文件要求

要实现打造全寿命精品大桥工程目标，严格执行各类标准是控制施工质量安全的基本前提和基础。指挥部和各项目部重视增强参建人员质量安全意识，促使全体参建人员牢固树立安全至上、质量第一的指导思想，把严格执行大桥工程建设标准同建设平安精品工程紧密结合起来，同企业的发展、良好形象树立和个人的事业发展结合起来，通过卓有成效的质量安全管理工作，把强制性标准规程和施工图文件所列要求切实落实到现场各级技术质量管理之中，全方位贯穿于施工全过程。

图 2-1-5　管理人员贯标培训考试

（一）全面学习掌握标准

根据大桥建设涉及专业面广、标准规程门类多、实施标准难度大的实际情况，参建各方及时建立大桥施工、监理及监测试验标准体系，编制各类配套实施细则，开展技术管理人员和一线作业人员贯标培训与交底学习，确保其切实掌握相关标准。

认真学习法律、法规、行业标准。建设指挥部通过请进来、走出去，认真部署实施贯标学习培训工作。邀请业内专家讲授质量安全法律法规要点、验收标准内容；将贯标在培训工作中常态化，消除以往以习惯代替标准的惰性思维；做到凡是新进场员工，上至项目部负责人，下至作业队管理技术人员，均参加验标培训考核。如针对多数监理人员较少参加钢桥监理的实际情况，指挥部于 2015 年 7 月就新颁布《铁路钢桥制造规范》（Q/CR9211—2015）对监理团队进行了授课培训学习，在参训人员考试合格后方准予上岗。

（二）编制各类办法细则

结合大桥建设的具体特点，指挥部和参建项目部编制各种质量安全管理实施办法、细则，作为强制性验收标准规程的具体操作延伸，确保现场质量安全管理有据可依、执行标准明确；通过细化到监理细则和作业指导书中，使一线的监理、管理技术人员和作业人员准确无误地掌握，明确现场质量要求和安全标准，严格控制施工流程。

1. 建设指挥部管理办法齐全

指挥部根据现场实际，编制下发了涉及建设管理各阶段的各类现场管理标准。及时制定并印发了《工地试验室管理办法》《工地混凝土拌和站管理办法》《关于涂装施工质量管理规定》等管理规章制度。为确保钢梁安装质量控制，对验标未明确具体规定检查项目内容，制定印发了《高强度螺栓质量控制补充规定》等细则。积极鼓励现场项目部提高质量内控标准，制定相应的办法细则。

2. 施工项目部管理细则具体

施工单位项目部编制了满足国家、行业验收规范、检验评定标准和指挥部要求的管理办法和细则，使质量安全控制更具可操作性。

中交二航局项目部编制了《墩身通风孔安装控制细则》《墩身裂纹修补质量验收办法》《精轧螺纹预留孔洞封堵细则》等。由钢梁制造厂编制的《钢梁制造规则》，通过专家评审、由主管部门发布后，作为 112m 简支钢桁梁和专用航道桥制造验收的强制性技术规则，成为加工制造、安装依据。编制出的《高强度螺栓施拧质量管理办法》，为现场高强度螺栓施拧精细化、标准化作业及检查评定提供了制度保障。

中铁大桥局项目部对粉煤灰验收增加拌和试验和显微镜检查物理形态，对混凝土外加剂增加对胶凝材料的相容性试验，对集料提高针片状比例指标要求，对水泥要求提高熟料比例等量化要求，制定具体细则，切实提高混凝土质量。对主桥大节段钢梁拼装研究制定出合理的几何尺寸验收指标，确保了大节段拼装质量。

3. 监理项目部做到重点突出

铁四院监理项目部和铁科院中铁大桥监理项目部针对钢梁制造关键工程、UHPC新材料桥面铺装，通过调研搜集基础资料，结合大桥实际情况，分析研判工序控制重要环节，及时编制出专项工程监理细则，并报送指挥部审核、修改、在现场应用，针对过程中出现的问题及时修订，保证了在工序环节中较好地控制了各施工阶段的实体质量。

（三）全力抓好各类质量标准落实

指挥部把落实验标要求作为质量检查抓手，结合打击“三不行为”活动、红线管理活动、质量安全排查整治活动，细化以符合验标和强制性规程为核心的各项管理工作。

1. 建设指挥部严格要求

指挥部通过检查及专项活动严格要求标准执行到位。重点检查相应的人员、工艺、工法、设备、施工环境等要素条件的落实，坚决杜绝逾越质量安全红线，切实做到“三不”，即严禁使用不合格原材料、严禁违反设计和标准施工、严禁将不合格的工程交付到下一工序。始终将执行标准规范作为重点工作，严格按照施工图和验收标准要求对实体工程的验收。

2. 施工单位不断提升

施工单位项目部始终坚持“标准高一等、要求严一格”，通过作业层面认真严格执行各项标准规程，持续提升质量安全水平。

（1）提升源头管控。把好原材料进场标准关，将设计图文件和强制性标准要求在供货合同中一一注明；凡同一项目有多个标准的，各试验室均采用最严格标准，确保质量合格。

（2）按标准做好原材料、构配件检测。建立报检微信群，及时发布原材料进场信息，第一时间做好原材料检测；检测指标合格后，原材料方允许使用；不合格原材料由物资部负责按照规定程序组织清场退货。

（3）高标准把好各项工序质量关。项目部严格“三检制”（图 2-1-6），要求施工班组、现场工程技术人员、专职质检人员等严格落实项目各项质量卡控措施。对关键

图 2-1-6　严格执行“三检制”

工序或隐蔽工程要求做好的文字记录和影像记录，经三检层次检查合格后向监理工程师报检。

3. 监理单位严控把关

（1）对原材料、半成品、成品严格把关。要求施工单位进行现场验收时监理工程师检查确认；凡涉及结构安全和使用功能的材料，施工单位进行试验时，监理单位按规定进行平行检验或见证取样试验。

（2）对关键工序质量严格控制。对重点工序钢梁制造，尤其是大节段钢梁桁片与桥面板之间的焊缝质量重点把关，严格按照批准的钢桥制造规则确定的各项指标，进行必需的测量和试验，确保指标合格。

（3）对工序交接严格验收。各工序完成后经监理工程师检查验收，强调工序交接检查，不定期组织工点负责人交叉检查，相互提出各自工点施工的问题和建议。

（4）对隐蔽工程严格程序。隐蔽工程在隐蔽前及时进行验收，形成验收文件。钻孔桩、承台、墩身和上部混凝土梁体钢筋绑扎等均进行隐蔽工程验收。

（5）对检验批分项分部工程严格流程。现场实行分层次验收原则。检验批检验在施工单位组织检验评定的基础上，由专业监理工程师组织进行。分项工程验收在检验批合格的基础上，由专业监理工程师组织项目专业技术负责人等进行。分部工程验收在所含分项工程验收合格的基础上，由总监组织施工单位项目负责人进行。

（四）全面落实安全法规和标准

指挥部高度重视按安全法规和行业标准进行现场管控，特别是在人员作业、设备运行、安全设施、施工保障等方面，做到依法合规、遵章守纪、严格管理、不留死角。建设期间现场工地未发生过责任安全事故。

1. 始终坚持安全标准要求

（1）高度重视现场安全。把安全牢牢地放在讲政治、讲大局的层面，始终放在现场工作的第一位，对重要危险源及时公示（图 2-1-7）。

（2）规范基础设施管控。把行业对船舶航行、工地用电、设施配置的要求落实到位，把各类设施配置到位，日常维护工作做好，通过各类检查整改手段加以及时完善规范。

（3）严格执行强制规程。严格执行行业的各种强制性安全规程，用以指导作业，强化对“违章指挥、违规作业和违反劳动纪律”三违现象的整治。

（4）编制可操作性细则。编制出配套的安全管理办法细则、安全操作规程、安全监理细则等，作为现场安全工作的具体执行标准。

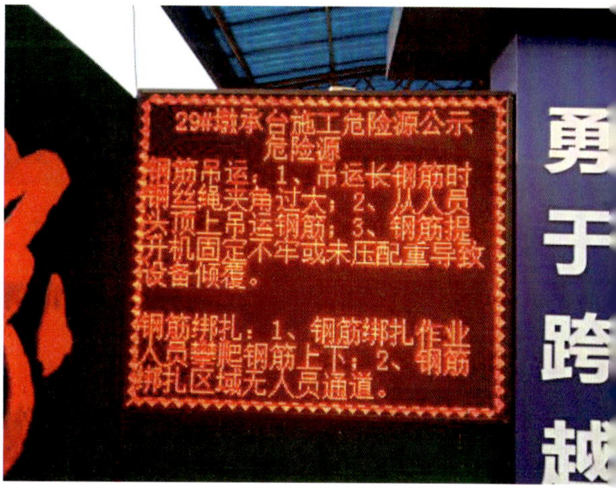

图 2-1-7　危险源公示

2. 现场严格进行管控落实

（1）落实特种作业要求。按国家法规，加强特种作业和特种设备的管理工作，做到特种作业人员 100% 持证上岗。特种设备安装使用维护符合现行标准要求。

（2）明确管理要点。用专检、巡检结合的手段验证执行安全标准的规范化程度。明确了现场的安全监控重点主要为起重吊装作业、高空作业、水上作业、防火防爆、安全用电和大型设备的管、用、养、修等工作。

（3）严格问题整改。对照标准彻查各类安全问题隐患。无论是设备设施问题，还是人员作业问题，出现问题即整改闭合，采取措施预防再次发生。

第二章　着力提升全过程质量管控水平

大桥参建各方依法对建设工程质量各负其责，实行质量终身负责制，高度重视施工全过程质量管理，提升源头控制，创新过程管理，严把实体工程质量验收关，开展各项质量管理活动，杜绝“三不行为”，取得了较好的效果，质量管理水平得到显著提升。

一、强化源头控制，提高原材料、构配件进场质量

大桥工程所用各种原材料和构配件数量大、品种多、新材料比例高，供货标准严，指挥部和参建项目部始终把严控质量作为最基本的要求，加强并细化对进场原材料、构配件的质量管控，为打造精品工程建立牢固基础。

（一）优选物资供应商

1. 建设指挥部从严管控

（1）严控混凝土原材料

督促指导项目物资和试验管理等人员到料源地对集料质量、生产加工和供货兑现能力等要素进行综合考察，在多家对比的基础上进行选择。选择供货业绩优良的水泥、粉煤灰、矿粉和外加剂供应商。

（2）择优选定钢梁原材料

选择业内知名、信用好的鞍山钢铁集团有限公司、武汉钢铁集团公司、江苏沙钢集团有限公司、南京钢铁股份有限公司、常州市特种涂料有限公司等大型厂家供应用于钢梁制造的各类钢材及涂装材料。

（3）做好管控物资招标工作

2015—2017 年，指挥部完成甲供物资公开招标采购 5 次，完成竞争谈判采购 2 次，完成了对支座、桥梁检查车、伸缩缝、轨道调节器、防水材料等的招标采购任

务。印发《物资设备管理办法》（沪通桥指〔2015〕8 号），明确对合格生产（供应）商的资格条件进行审查，对施工单位管控物资设备招标方案进行审批，对招标全过程监督。

（4）开展物资设备供应商评价

建设指挥部物资设备供应商信用评价领导小组组织召开信用评价专题会，审核项目部自评工作，以文件形式确定最终信用评价结果。

2. 施工项目部优中选优

（1）做好市场调查

对钢筋、水泥、粉煤灰、减水剂、钢绞线、锚具等管控物资调查周边资源分布，厂商生产供应能力、新材料研发能力和生产工艺，运输方便性、运距的经济性等，形成管理物资的市场调查报告。

（2）制定招标方案

根据市场调查报告，超前谋划，充分考虑管控物资的性能、外部资源、现场库容、周转储备、施工特性、运输要求、资金等综合因素，在招标文件中对拟招标物资的品名、规格型号、质量技术要求等做出约定；对拟投标人做出了相应履约能力与信誉的约定。

图 2-2-1　物资采购评标

（3）进行公开招标

分别在中国中铁鲁班电子商务平台和中国交建物资采购管理信息系统进行招标公告、网上下载招标文件、网上提交投标文件、网上开标、网上评标，由评标委员会最终推荐出供应商，并形成评标报告。项目部招标采购领导小组审核评标报告后，编制定标报告报集团公司审批，最终确定中标人，分别在平台进行公示。

（4）对物资设备供应商开展信用评价

按照建设指挥部《物资设备供应商信用评价办法》（图 2-2-2），在 2015 年上半年、下半年，2016 年上半年、下半年和 2017 年举行了 5 次供应商信用评价考核。由项目部物资设备供应商信用评价领导小组对供应商的组织机构、物资供应、产品质量、现场服务四个方面量化考核，评出优秀、合格、不合格供应商。

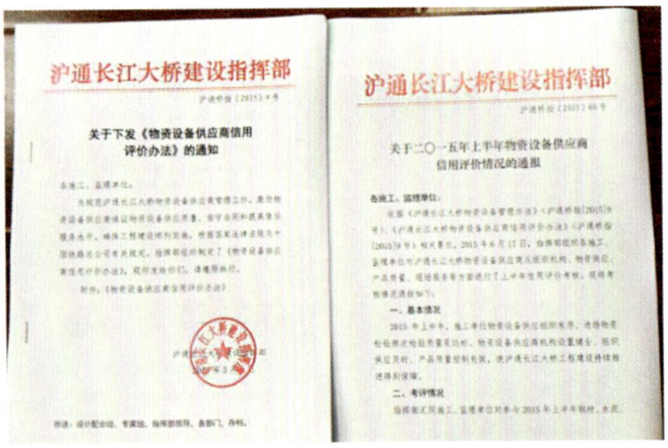

图 2-2-2　物资设备供应商信用评价办法

图 2-2-3　优秀供应商评价

（二）提高原材料、构配件进场质量

1. 适度提高检测验收标准

（1）加强源头产地验收

对砂石的验收提前到源头地点，重点解决细集料含有大于 10mm 的超标砾石和含泥量问题，对碎石厂要求采用反击锤式破碎机，保证集料粒型圆顺、级配合理、坚固程度更高。

（2）加强生产厂内控制

监控水泥厂水泥熟料掺量，督促其提高内控标准，将自检环节前移到厂内；对减水剂严控，督促厂家提高固体有效成分的掺量，切实保证减水保坍效果。

（3）全覆盖试验过程

中铁山桥检测数批 Q370qE 钢焊接影响区硬度及数批 Q500qE 屈强比指标不合格，及时责成厂家将 Q370qE 正火钢换成 TMCP 处理钢，将 Q500qE 由 TMCP 换成“TMCP+ 回火”处理，及时消除了隐患。

（4）增加检测

对全桥进场的高强度螺栓产品，委托第三方增加了验收标准未列的材质取样检查，如对力学和化学指标进行 25 次试验。指挥部专业人员多次到上海、宁波高强度螺栓厂对产品热处理、锻造、机加工、磷皂化环节全程监控。

2. 增强检测试验要求

（1）提升取样频次及部位

做到取样切实代表材料的真实状态，对集料重点抽查运输船中下部的样品，对胶材和外加剂等取样保持均匀性。

（2）前移检测关口

近年来市场出现的假冒伪劣粉煤灰，如“脱硫灰”“脱硝灰”等会在混凝土塑性阶段产生大量气体、用验收指标检测不出的粉煤灰也曾进入到工地，对混凝土拌和物性能指标和脱模后观感质量产生明显不利影响。指挥部要求各工地试验室将检测关口前移到发电厂及供货仓库，通过观察颜色、加水拌和、闻气味、用显微镜观察颗粒形状等前置手段判断是否是真正粉煤灰。

（三）严格清退控制

督促清退机制有效运行，建立明晰问题库台账，对清退材料的流向进行严格监督。从 2014 年 3 月开工到 2020 年 3 月期间，对于根据试验检测和查验所证明的不合格材料（如混凝土原材料中的粉煤灰相容性差、外加剂质量波动、集料级配不合格、含泥量超标以及钢筋屈强比不达标）及时果断全部清退；堵死熟人关、说情关和不当利益关。

二、提升施工过程控制水平

施工全过程控制是保证建成精品大桥的关键，指挥部督促参建项目部提升施工各环节管理工作水平，充分利用检查和激励约束手段抓工序质量、责任落实、重点部位施工盯控，切实保证管理有序。

（一）提升基础工作水平

1. 提高施工方案编制质量

施工项目部认真编制施工方案；通过严格的内部编、审、批的标准程序，报监理项目部审批。重要方案经建设指挥部审批后方可正式发布执行。

2. 提高作业指导书的可操作性

认真编制作业指导书，细化方案落实，保证现场操作。经监理项目部批准后，由施工方发布执行。

3. 逐级交底到施工作业层

交底重点是逐级交底，技术要求交底切实到位，对象为施工管理和质量检查人员；作业标准交底则对一线作业人员细致交底如何操作，明确实操标准和作业人员的应知应会能力。

4. 强化工艺试验与验证

对混凝土配合比、钻孔桩、墩身、主塔、挡砟墙、沉井封底等重要材料和结构，基于工地人员、机械设备、施工等条件，在施工前及时先行试验，总结出较为成熟工艺后进行规模施工。

（二）提升过程管控水平

1. 提高施工保障条件

高温期混凝土入模温度的控制，主要靠控制混凝土原材料的温度来实现，对拌和水采取加冰、风冷等措施，保证加碎冰或冷水机组降温措施到位，降低混凝土的出机温度；高温期养生采用自动喷淋养生设施。应对钢结构焊接时低温、刮风等不利条件，搭设标准防风保温棚、选择焊接时间段等措施创造焊接条件。

2. 采取“首件制”确定工艺参数

按专家评审确定的首件施工工艺各项指标进行综合评价，严格执行确定的工艺参数。如专业航道桥拱肋焊接，在焊前打磨、马板使用、焊前预热、焊接电流电压、焊接速度、焊接层数道数、气体保护、焊后保温、焊后打磨等方面严格执行焊接工艺规定要求；接焊自检一次合格率在98%以上。

3. 总结施工工序

工序实行“评价制”。每节主塔塔柱混凝土拆模后，项目部组织相关部门进行主塔质量后评价，对发现的质量问题及时整改，提出改进措施。

图 2-2-4　钢梁首件评估

4. 通过验收提升水平

指挥部督促施工单位自检、监理单位复检的双重验收机制运转，验收其测量、试验、观测等数据达标与否。同时制订主塔标准化工地等评定标准，确定资源配置、过程控制、实体质量等评价项目，通过量化打分考评，为后续工程提升创造条件。

5. 通过信息化提升质量

大桥局28号墩施工质量样品展示，依次对直螺纹加工、接地钢筋、预应力定位钢筋、爬锥预埋件、混凝土接缝环切处理等标准质量样品标注简要说明，在展示柜右下角粘贴二维码，将每个质量样品的图片和简要说明录入二维码信息平台，方便作业人员学习，实现主塔施工过程质量信息化手段的良好支持管理。

三、严格问题检查和整改提升

本着发现问题是质量提升的基础、解决问题是质量提升的途径这一管理思路，坚持月度现场综合检查、周检、专检及巡检制度，督促指导现场项目部落实好各项质量控制工作，抓好质量检查制度在现场的真正落实。

（一）全面查找工地问题

指挥部和参建其他单位实现全部工点部位覆盖，横向到边、纵向到底、空间占满，全面查找问题缺陷，对重点部位如钢梁、结构混凝土、结构钢筋等重点监控查找，对模板安装、节段梁拼装等侧重检查。

（二）深刻分析质量问题原因

1. 通过问题库梳理分析

作业人员责任心不强、落实作业标准不严；技术人员交底不到位，作业人员不掌握标准；检查验收人员放松标准；现场管理人员不足、缺位等问题，表现在实体，根源在各级管理层面。

图 2-2-5　钢桁梁加工质量检查

2. 利用专题会议分析研究

对指挥部月度生产分析会、调度会和各标段监理例会反映、提出的各类问题，认真查找各方面原因，对管理缺位造成问题进行严肃批评追责。

3. 召开专家会议分析研究

为根治现场发现的较大问题或屡次发现的问题，特别是技术层面问题造成实体缺陷的情况，把原因分析透彻，如 2015 年 4 月召开会议，邀请中铁建和中国中铁专家对墩身裂纹问题把脉、提出对策。

（三）持续消除缺陷、提升质量

1. 强化对问题的彻底销号闭合管理

要求责任方不能将缺陷问题带到下一工序。针对公路梁面裂纹缺陷、铁路梁面挡砟墙观感缺陷等，举一反三，全面排查整治，严格控制问题、缺陷，对实体工程严格验收，保证内业资料齐全完整。

2. 追究责任、落实约束措施

对管理不到位造成的问题，督促现场项目部严肃处理，该罚必罚，并举一反三，进行教育。如大桥局项目部针对节段梁湿接缝混凝土过程缺陷，处罚有关作业队、试验室多名人员。

3. 持续提升工程质量

积极运用科学的方法和工具，对质量问题进行现状调查、分析原因、确定主次因素、针对性制定对策，深入开展 QC 活动，使施工质量得以螺旋式上升。大桥局项目部《提高大型沉井封底灌注效率》课题荣获 2017 年度湖北省建设工程 QC 活动小组成果一等奖，二航局项目部《提高槽形梁及桥面板预制结构尺寸合格率》荣获 2017 年重庆市工程建设 QC 活动小组成果一等奖。

四、坚持开展质量控制专项管理活动

按照国家铁路局和原中国铁路总公司的要求，指挥部坚持红线管理工作，严格检查手段，采取预防措施，杜绝逾越红线问题的出现。

（一）“三不问题”专项治理活动

1. 宣传、贯彻和动员

按照《关于印发沪通长江大桥“三不问题质量行为”专项整治行动实施方案的通知》(沪通桥指〔2017〕32号)要求(图2-2-6)，列出“使用不合格材料、构配件和设备，不进行检验；不按设计图纸或技术标准施工；将不合格工程按合格工程验收”三项红线要求，对红线管理活动进行部署、动员安排，如图2-2-7所示。

图2-2-6　三不问题宣贯

图2-2-7　红线管理宣贯

2. 认真开展检查活动

检查范围做到横向到边、纵向到底、空间占满。检查出了混凝土强度不达标、结构表面裂纹多现、材料检测试验把关不严、不严格按照规定标准规程施工、内业资料杂乱无序、检验批放宽标准签认多项问题。

3. 进行彻底整改

对逾越红线的行为零容忍，对有关责任人进行了严肃的撤职、罚款等追责处理。对实体问题进行了及时整治。

（二）混凝土通病整治和质量管理提升活动

1. 开展整治工作

指挥部于2016年下半年下发《关于开展混凝土质量检查整治活动的通知》，以根治混凝土裂纹等表观缺陷为突破口，适时启动了混凝土施工缺陷的专项治理，以开展查资源配置、工艺工法、过程控制为抓手，重点解决现场人员质量意识淡薄、放松要求、作业粗放、各种保障条件措施不充分问题，有效地遏制了混凝土质量通病多现。

图 2-2-8　混凝土浇筑现场管理

2. 夯实质量管理基础

建设指挥部结合原中国铁路总公司“强基达标、提质增效”要求，自 2017 年 4 月至 2017 年 10 月在全桥混凝土工地启动了全面提升质量的专项活动，通过现场质量问题缺陷，分析问题原因，制订整改措施、对策、消除缺陷、提升实体质量、创建标准化工地、分析总结经验等诸环节，进行全面整治，使现场管理水准得到全面提升。

3. 认真进行活动总结

活动结束后，指挥部下发《关于开展全面提升混凝土施工质量活动总结的通报》（沪通桥指〔2017〕66 号），对活动取得的成绩和不足进行了总结，为下一阶段混凝土质量的常态化管控提出了细化质量控制的新要求，为后续建造优质混凝土工程创造了条件。

（三）质量安全红线管理活动

按照《铁路建设项目质量安全红线管理规定》（铁总建设〔2017〕310 号）等文件要求，指挥部成立以指挥长为组长，副指挥长为副组长的质量安全红线管理领导小组，组织开展活动。

1. 及时制定细则

制定了《沪通长江大桥建设项目质量安全红线管理实施细则》（沪通桥指〔2018〕13 号），定出“桥梁桩基出现Ⅲ、Ⅳ类桩和钢筋笼长度不足，钢梁结构构配件不合格，使用不合格电缆，现浇梁满堂支架、连续梁挂篮施工不进行专项设计，不按设计要求施工，监理人员不到位或现场随意签认，第三方检测数据虚假不实”等七条红线。

2. 确定责任承诺

指挥部与参建施工、监理和第三方检测项目部在 2018 年 3 月 8 日签订《质量安全管理红线承诺书》，进一步明确了参建项目部的红线管理控制责任。各项目部成立红线管理小组，积极营造出红线管理活动氛围，确保人人知红线、人人守红线、人人不碰红线。

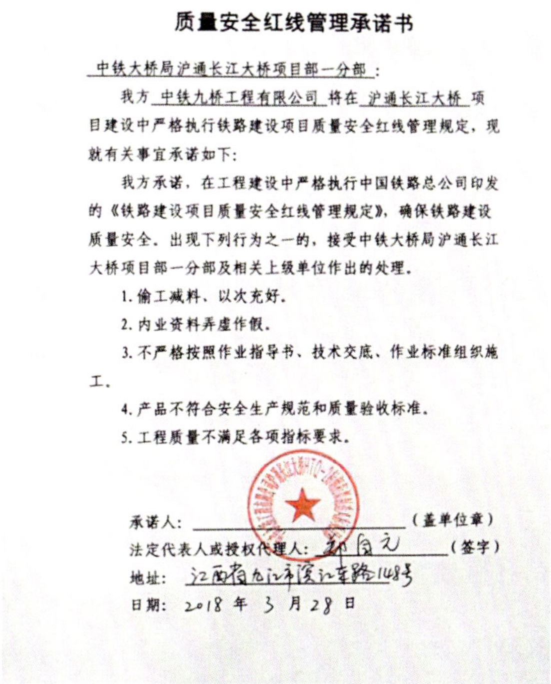

质量安全红线管理承诺书

中铁大桥局沪通长江大桥项目部一分部：

我方 中铁九桥工程有限公司 将在 沪通长江大桥 项目建设中严格执行铁路建设项目质量安全红线管理规定，现就有关事宜承诺如下：

我方承诺，在工程建设中严格执行中国铁路总公司印发的《铁路建设项目质量安全红线管理规定》，确保铁路建设质量安全。出现下列行为之一的，接受中铁大桥局沪通长江大桥项目部一分部及相关上级单位作出的处理。

1. 偷工减料、以次充好。
2. 内业资料弄虚作假。
3. 不严格按照作业指导书、技术交底、作业标准组织施工。
4. 产品不符合安全生产规范和质量验收标准。
5. 工程质量不满足各项指标要求。

承诺人：________（盖单位章）

法定代表人或授权代理人：[illegible]自元（签字）

地址：江西省九江市滨江东路148号

日期：2018年3月28日

图 2-2-9 质量管理承诺书

3. 积极部署响应

各项目部出台《项目质量安全红线管理实施方案》，开展活动。对现场发现的钢梁焊缝超声波一次检测不合格、监理人员检验批签认不规范等与红线相关联问题，及时按指挥部要求进行了彻底整改。

第三章 加强重点关键工程质量控制

指挥部自开工起，针对现场突出、普遍的质量缺陷问题开展了多次专项活动，创新工艺工法，对推动现场质量通病治理及重点部位质量提升、提高管理控制水平起到了明显的效果。

一、混凝土工程

（一）加强超长钻孔桩质量控制

1. 发现问题及时解决

2014 年开工起，针对超百米大直径深孔钻孔桩灌注困难、桩底沉渣厚度超限以及浇筑过程中堵管等问题，指挥部启动了水下混凝土灌注质量攻关活动，组织参建单位逐一分析质量问题解决方案，印发《关于加强沪通长江大桥钻孔桩质量控制的通知》，对难点问题及时安排整治处理。

2. 加强重点环节管控

通过研究泥浆制作和配比设计、桩底沉渣厚度量测工具、混凝土首封工法以及导管埋深关键工序的优化途径，提出一系列工艺改良和技术创新方案，有效地解决了沉渣厚度超限、封底难、灌注中断等难题。

3. 总结提炼先进工艺工法

通过实践探索、持续改进，施工单位项目部总结出了在首封、连续灌注、混凝土生产、故障处理等方面具有明显技术优势的成套灌注桩工艺工法，及时用于指导施工。经检测，全桥施工Ⅰ类桩占比 98.9%，无Ⅲ类桩。

（二）加强夏季混凝土施工控制

1. 落实各级职责

为有效保障夏季混凝土施工质量，提升参建单位的精品工程意识，2015 年 6 月，指挥部印发了《关于加强夏季混凝土养护工作的通知》，开展了夏季混凝土质量保障专项活动，要求参建单位项目部全面排查近期混凝土浇筑及养护过程中的质量隐患，根据指挥部指导意见，优化工艺、改进设备、强化监督检查及责任落实，特别是落实工区和作业队层级责任，严格执行过程检查签证及奖惩制度。

图 2-3-1　预制场自动喷淋养护

2. 严格控制混凝土入模温度

在夏季混凝土原材料存放阶段，通过覆盖篷布、洒水保湿达到料堆或罐体防晒降温的目的；在拌和阶段，通过配置掺冰设施快速冷却拌和用水，实时监测出机温度；在泵送阶段，使用浸湿土工布包裹混凝土输送泵管。

3. 研究新型养护手段

参建单位研究并使用了新型内掺养护剂，推广使用了先进的保湿养护复合覆盖材料，购置了新型自动化养护控制设备，该设备可根据不同环境气温和结构物表面湿润状况设置喷淋间隔时间（图 2-3-1），实现了养护周期内的全时段保湿控温，有效遏制了混凝土收缩开裂的趋势。

（三）解决沉井混凝土封底填充难题

受复杂水下环境条件影响，沉井封底混凝土堵管一度成为施工障碍。指挥部召集行业内专家进行会诊，反复试验后解决了难题。

1. 严控原材料质量

对集料、胶凝材料、外加剂，校验标提升一格进行内控，解决好了混凝土原材料问题，尤其是使集料粒型更加圆顺、外加剂减水效能更高，保证了 29 号墩的 20 万 m^3 水下混凝土的封底。

2. 进一步优化配比

在行业标准规程允许的范围内，集思广益，选择出适宜水平的水下自密实混凝土配合比，并严格要求现场技术试验部门在岸上进行实体灌注模拟试验，待试验成功后再用于现场。

3. 及时动态调整

在施工过程中加强观测，及时对混凝土配比动态调整，使混凝土动态指标维持在稳定状态，保证后续混凝土的成功封底和钢管填充。

（四）保证主塔施工质量

1. 优选混凝土集料

控制粗集料粒径上限为 20mm、级配合理、粒型保持圆顺，降低针片状比例，适度增大砂率和水泥浆体比例，为混凝土长距离输送创造有利条件。

2. 解决主塔混凝土输送问题

采用新型黏度改性材料替换部分胶凝材料，要求工地试验室严格检验材料细度、黏度比、流动度比等常规指标和三氧化硫、活性指数等指标，保证进场材料质量。及时解决了高塔混凝土泵送过程中的爆管问题。

3. 解决主塔混凝土开裂问题

采用具有降低混凝土内部峰值温度、减少温差、增加抗裂能力的新型抗裂剂材料，通过实地浇筑块试验，解决主塔高性能混凝土易出现裂纹的通病问题。

二、钢梁制造安装工程

（一）钢梁杆件制造精度达标提升

钢梁架设前期，因少量杆件制造尺寸误差超限、出现斜杆与弦杆配合间隙过大或插不进去的状况，过多使用拼接板、填板及硬弯火校，杆件返场现象增多。

1. 分析原因

主要为制造厂部分管理、技术人员质量意识不强，要求标准不高，随意对不达标的杆件及部件放行，驻厂监理把关意识不强，生产工艺设备落后等原因造成。

2. 认真整改

提高制造精度是正确的解决途径。指挥部通过下发质量问题整改单、开专题分析会等手段，通过加强驻厂监造和监理的管控力度，督促项目部对杆件超差问题进行全方位整改。

3. 使用先进设备仪器

鼓励采用先进的数控切割钻孔和自动激光测量设备等保证制造精度，使 2016 年后期杆件的装配精度有了明显提升，装配契合度完全符合要求。

通过采取措施整治和提升，使得杆件制造精度全部符合要求，后期出厂成品质量明显提升，及时配合满足了全桥简支钢梁和钢拱桥的安装需求。

图 2–3–2 API 激光跟踪测量系统

图 2–3–3 龙门式自动高速数控三维钻床

（二）整治钢梁焊接缺陷

在 2016 年至 2017 年期间，钢梁制造安装中焊缝夹渣、气泡、未融合、未焊透，外表焊瘤、咬边、余高超限等现象较多。指挥部及时开展焊接缺陷整治工作。

1. 严格整改问题

要求现场项目部落实好管理责任，严格执行焊接施作标准，施工、监理和第三方检测单位须严格检查，焊缝除无损检测检验合格外，外观须同时达标，主桥铁路桥面板焊接作业质量达不到标准的，坚决返修。

2. 提高操作人员水平

进行焊接人员实操考核，对达不到现场高难度焊接要求的，责成厂家进行更换，保证焊接作业人员技术水平能够满足钢梁制造的高质量要求。

3. 保证条件充分到位

气保焊防风设施完备、坡口打磨标准，严格执行焊接工艺中电流电压、焊道数量、预热保温等规定，加强中间过程控制。项目部切实做好常态化管控。

（三）钢梁焊接水平切实提高

钢梁焊接具有作业环境要求严、质量标准高的特点，需要克服全熔透焊缝多、焊接工艺复杂、施焊工位差等挑战和天气场地等不利因素的影响。

图 2-3-4　钢拱肋焊工考试

1. 选择最优作业人员

指挥部督促施工和监理方把好焊接人员进场关，进行焊前培训考核（图 2-3-4），选择出本厂焊接实操技术达标且最高水平焊工施焊。

2. 保证作业措施得当

采用焊前预热、焊时减少热输入、焊后石棉被保温、多层多道、窄焊道薄焊层的工艺施焊，保证对焊接防风、除湿、除锈的有效管控。

3. 提高减少质量缺陷能力

针对焊缝裂纹和焊缝热影响区硬度超标、焊接变形控制难的问题，通过优选经 TMCP 处理钢材和调整焊接热输入限值等要素，及时加以解决，确保构件焊接内在质量。

（四）大节段钢桁梁质量精心提升

主桥长 28m、宽 35m、高 20m 且重达 1800t 的全焊整节段钢梁为行业首创。通过抓住关键控制点，大节段钢桁梁质量得以持续提升。

（1）确保组拼部件全部符合标准。加强对杆件、桁片、桥面板组拼前的逐个验收，建立精测网，精密全站仪控制，通过厂内试拼装，确保其全部符合钢桥制造规范和制造规则要求。

（2）确保重点工序有效衔接。有效控制各接口错台错边误差，保证节点板的密贴；严格按工序流程要求组装冲钉及螺栓；确保焊接先后顺序无误。

（3）首拼后及时总结经验，助力进一步完善提升。如确定批量拼装时桁片、桥面板之间合理的焊缝收缩余量，及时进行动态修正，研究工装和工艺的改进，发现倾向性问题，为后续质量管控提供经验。

三、钢桥面铺装

（一）铁路钢桥面 UHPC 施工管控效果良好

在主航道桥和专用航道桥铁路桥面分别采用体现“四新”特色的 UHPC 超高性能

混凝土铺装，铺装质量全部符合设计图和验收标准要求。

（1）重视基础施工控制环节。对钢桥面环氧树脂富锌底漆涂装、磁环栓钉焊接、钢筋网布设、模板安装、施工缝留置等严格按图纸作业，保证过程控制完全到位。

（2）严格拌和物成品的控制。按照自流平混凝土标准控制拌和物扩展度。施工中确保设备动态配料计量精度完全符合要求。

（3）保证摊铺作业效果良好。现场使用带自动化电脑整平控制的全断面摊铺机，重点抓好高程、横坡、平整度及表观质量环节；经过多个环节严格把关控制，达到了无气泡、表面光洁平顺的效果。

（二）公路钢桥面质量良好

在公路钢桥面采用热拌环氧沥青混合料为近期推广的新路面结构层，实现了桥面钢板和SMA10改性沥青混合料平稳过渡的效果。

（1）精心把好环氧树脂沥青材料配比关。严格按照标准，在气温较高季节采用温拌，在气温较低季节采用高温热拌；在生产前对投料计量装置严格进行计量校准；将各种材料误差控制在规范允许的范围内。

（2）着力控制好材料摊铺碾压作业质量。对各类摊铺整平机械做到合理配置，严格以批准的试验段总结成果指导摊铺碾压，做到施工缝留置合理、各种工序衔接到位。

（3）确保施工现场环境完全满足需求。针对环氧沥青对低温环境反应敏感的特性，选择在晴天气温较高的时段作业。为防止风吹走碾压层的热量，施工时在作业段两侧设置挡风栅栏，起到了良好的控制效果。

第四章　全面把控安全风险

图 2-4-1　钢桁梁立拼

建设指挥部以建立健全安全责任体系为基础，以各类安全资源投入为保证，以发现查找问题为导向，以消除安全隐患、杜绝安全责任事故、打造平安工程为目标，按照《铁路建设工程安全风险管理暂行办法》（铁建设〔2010〕162 号）总体指导，实施事前控制和事中过程控制，应用先进技术规避和控制安全风险，提高安全管理信息化水平，对施工重大风险点，采用信息化监控、监测手段，建立信息化风险预警系统。

一、风险管理计划与识别评估

（一）制定风险管理计划

通过现场调查和总结以往经验等方法，明确工地存在风险的种类和范围，对工地安全风险进行科学识别与评估。指挥部确定主要领导负责、部门专业分工、分级管理等办法，提出安全风险存在的范围、辨识的方法和评估标准，结合大桥项目工程特点、自然条件和外部环境，制定出安全风险管理的具体实施计划。

（二）组织重大风险源识别

在前期设计院提交的风险报告得到评估后，指挥部指导督促施工及监理项目部完成全部现场风险源辨识，对各自负责的专业和管段范围内存在的安全风险进行识别，以动态分析为主线，采取专家解析法等方法，辨识出风险因素，填入安全风险源清单。在后期施工中，定期组织隐患排查，根据施工进度、工序和工艺变化情况及时更新重大风险源，实施动态管理。

二、风险源评估

（一）组织重大风险源评估

2014年上半年，建设指挥部邀请资深专家对设计单位提交的风险评估报告进行评审与验收，确定11项质量安全风险较大工程项目，其中水上作业、高空作业、架桥机移位、爬模爬升、大型吊装、下横梁施工、挂篮移位、节段梁架设为高等级危险源。在水上交通防护、吹填筑岛、大型浮运等较大风险工程实施前，指挥部邀请国家有关部委专家进行方案论证评估。邀请江苏省有关专家对主航道施工期安全防护、特大型钢沉井浮运等进行方案论证。委托专业院所对专用航道桥架梁安全方案进行评估。对辨识出的风险清单项目，估计风险发生概率以及在人员伤亡、经济损失、环境影响和工期延误四个方面影响的严重程度，按风险发生的概率划分为很可能、可能、偶然、不可能、很不可能5档，列出评价表。风险从低到高分为低度（如临时用电、消防等）、中度（如连续梁支架安全等）、高度（主塔爬模）和极高（起吊、架桥机作业）四个等级。如后果有多种，按产生最严重后果评价风险等级。

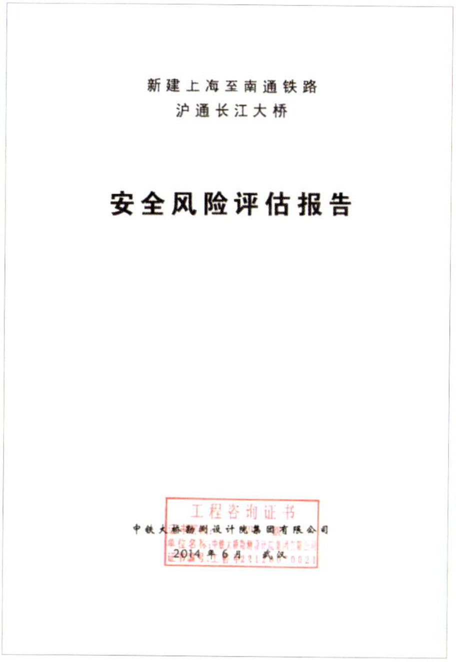
新建上海至南通铁路
沪通长江大桥

安全风险评估报告

中铁大桥勘测设计院集团有限公司
2014年6月　武汉

图2-4-2　安全风险评估报告

（二）开展施工风险评估

大桥局项目部根据设计单位编制《安全风险评估报告》（图2-4-2）内容，严格按照交通运输部颁布的《公路桥梁和隧道工程施工安全风险评估指南（试行）》（交质监发〔2011〕217号）规定开展具体评估工作。

1. 成立专项评估组

明确职责分工、评估对象和范围，收集相

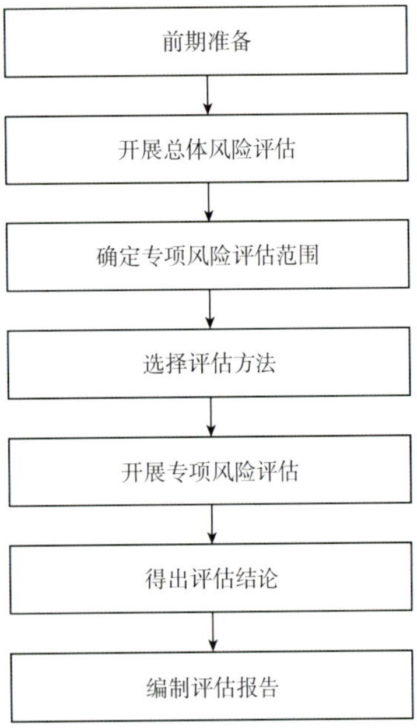

图 2-4-3　安全风险评估程序流程图

关法律和标准，了解同类工程事故情况，现场查勘地理、水文、气象条件，收集工程建设有关资料。

2. 开展总体风险评估

根据设计阶段风险评估、指挥部组织评估结果及类似工程安全事故案例，用定性和定量相结合的方法初步分析孕险环境与致险因子，估测施工中发生重大事故的可能性，确定总体风险等级。

3. 开展专项风险评估

按照施组确定的工法，分解施工作业程序；选择合适的评估方法，结合工序（单位）作业特点、环境条件、施工组织等致险因子，辨识施工作业活动中的典型事故类型；对风险源进行分析和估测，确定重大风险源及其风险等级，如 2018 年 4 月，项目部组织行业内专家对后期工程进行了安全风险评估，确定了具体管控目标和计划。

4. 确定风险控制措施

2017 年上半年以防止出现人身设备事故为目标，指挥部牵头对全桥 21 项高风险工点施工工艺、方法进行了梳理，督促现场及时补充完善了现场施工工艺和方法。按风险接受准则的规定，明确重大风险源监测、监控、预警措施及应急预案。

（三）开展通航安全风险评估示例

根据《中华人民共和国水上水下活动通航安全管理规定》（交通运输部令 2011 年第 5 号）和《中华人民共和国海事局水上水下活动通航安全影响论证与评估管理办法》（海通航〔2011〕262 号）有关规定和要求，向海事管理机构申请水上水下活动许可前进行通航安全评估。

1. 做好勘测等准备工作

中交二航局和中铁大桥局项目部分别主导，在施工前初步调查、勘查、测绘，对主航道、辅助航道和专用航道水上施工设备设施做出确认，为通航安全评估打好基础。

2. 选择业内权威评估单位

大桥局项目部委托交通运输部水运科学研究院对管内主桥及辅助航道进行通航安全评估工作，二航局项目部针对专用航道桥水上施工，委托江苏省水科院针对极高、高等级风险进行了专家评估论证工作。

3. 进行通航专业评估

报告编制单位成立评估组，通过对工程水域自然条件、通航环境、通航安全现状、工程设计方案、施工组织方案等方面的综合研究分析，就主墩基础和主塔、边辅墩、专用航道桥施工等对通航影响等问题专题研究，对极高、高风险评估论证，分别就主墩基础和主塔、边辅助墩、专用航道桥等涉水施工，提交了《通航安全评估报告》（图 2-4-4），列出相应安全保障措施等指导性意见，对新出现的风险及时进行了识别。

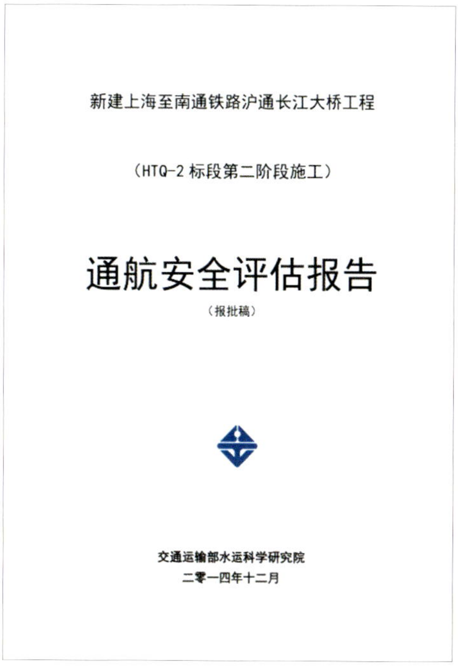
新建上海至南通铁路沪通长江大桥工程

（HTQ-2 标段第二阶段施工）

通航安全评估报告

（报批稿）

交通运输部水运科学研究院

二零一四年十二月

图 2-4-4　通航安全评估报告

三、提升风险管控基础工作水平

本着安全第一、预防为主、综合治理的安全管理方针，参建各方认真落实安全生产责任制，健全安全管理制度，保证安全资源投入，加强全员安全教育工作，保证安全管理保证体系正常运转，全面提高风险应对能力，实现工地无等级安全责任事故的目标。

（一）落实各项安全管理控制制度

1. 加强组织协调领导

按照管生产必须管安全、管业务必须管安全的原则，指挥部领导班子成员对沉井、主塔等高风险工点履行安全包保职责。

2. 落实关键工序带班制度

对确定的梁体架设等关键工序，落实施工项目部领导带班制度，对重大危险源实行动态管理。

3. 落实好重点工程（工序）方案审批制度

对风险工点或工序，均编制安全专项施工方案，按规定进行逐级审核批准，尔后予以实施。

图 2-4-5　严密的风险管控有效促进了安全生产

4. 完善安全事故应急预案和报告制度

编制应急预案、建立应急救援组织、配备救援器材、组织演练。按国家安全法规，指挥部、施工及监理项目部对事故做到报告及时、情况准确、程序合法、应对措施妥当。

5. 规范问题检查整改工作

把查管理、查体系、查现场、查实物有机结合起来，安全责任包保到人，规定了处理问题流程，即建立问题库、问责处理、限期整改、复查验证和资料上报流程。

6. 确保安全生产费的投入

督促各施工项目部按照《高速铁路工程建设安全生产费使用管理暂行办法》规定，规范 2% 安全费的使用，确保足额安全保障投入，为作业人员购买相关保险。

（二）细化安全风险控制和作业指导要求

1. 明确作业要求

编制好作业指导书和监理细则，采用能满足安全要求的工艺，明确作业和管控要求。

2. 落实安全专项交底

对危险性较大的工序进行安全专项交底，对作业班组再次进行风险告知教育，公示工地危险源，并在施工现场通道口设置安全风险告知牌，让施工人员熟悉存在的危害因素及防范措施。

3. 做好风险监测

风险处理措施实施后，对实施的过程和效果进行监控，分析存在的问题，评估可能产生的残留风险和新风险，并对不足之处加以完善，达到持续改进的目的。

（三）加强安全教育培训

1. 掌握应知应会的安全法律法规

认真学习贯彻强制性标准《铁路工程基本作业施工安全技术规程》（TB 10301—2009）、《铁路桥涵工程施工安全技术规程》（TB 10303—2009）、《铁路混凝土梁支架法现浇施工技术规程》（TB 10110—2011）、《建筑施工高处作业安全技术规范》（JGJ 80—2016）、《施工现场临时用电安全技术规程》（JGJ 46—2005）等的具体要求。

2. 安全教育培训全覆盖

对现场人员进行系统培训，各项目部均建立了岗位安全培训制度，对参与风险点施工的人员进行了针对性的岗位和风险防范培训，不允许未经培训或培训不合格者上岗作业。

3. 采取多种培训形式

鼓励现场项目部进行形式多样的安全培训，如大桥局项目部每日（微信和QQ群）安全知识学习，采用多媒体工具箱寓教于乐；开展违章随手拍活动等。

图 2-4-6　安全教育培训

四、严格验收，确保设备设施安全使用

指挥部强化对安全基础条件管控验收，对高风险重要工序各类安全保障措施细化检查，对安全风险较大工序（如钢沉井出坞、大型钢围堰整体吊装、沉井封底、大体积承台浇筑、节段梁架桥机安装和拆卸、连续梁支架、大节段钢

梁拼装）要求在安全停检点，按经指挥部确认的安全验收表格逐项检查，确认合格后再实施下道工序。

（一）建设指挥部督导验收工作

对各类架桥机、起重机、升降机、拌和站（船）防雷设施，严格按照行业规定督促施工方提请行业监管部门现场审验许可。指挥部要求施工项目部邀请专家，对风险较高节段梁架桥机使用状态做出安全评估，通过首架安全条件确认，对承载结构、机械系统、液压系统、电气系统、安全系统的功能进行验证。在沥青拌和站建设验收中，重点明确对罐体、动力设备层、基础、电气、防雷设施进行严格专项验收。

（二）施工项目部严格进行验收

基础设施建设时，坚持在方案报审、过程检查、完工验收各道程序中做好安全把控。投入使用前履行安全检查验收程序，确认基础设施投入使用前安全条件满足要求。混凝土拌和站基础、配料仓、皮带机、供排水系统、沉淀池、电力配置、消防设施等设施安全条件经全面验收合格后，方可投入使用。栈桥、码头、钢筋加工场、预制场等临时设施，应按照批复的安全专项方案建设；安全设施不完备的，不予验收和使用。

特种设备使用登记证

编号：起31苏FF00007(18)

按照《中华人民共和国特种设备安全法》的规定，依据特种设备安全技术规范要求，予以使用登记。

使用单位名称：中铁大桥局集团第四工程有限公司沪通长江大桥项目经理部

设备使用地点：三兴沿江公路北沪通大桥

设备种类：起重机　设备类别：塔式起重机

设备品种：普通塔式起重机　单位内编号：

设备代码：431010038201 1H402　产品编号：0230H402

注册代码：40403206832018020002

登记机关：南通市通州区行政审批局

发证日期：2018年02月01日

依据安全技术规范的要求，应当在定期检验确定的有效期和技术参数范围内使用。

图 2-4-7　特种设备登记证

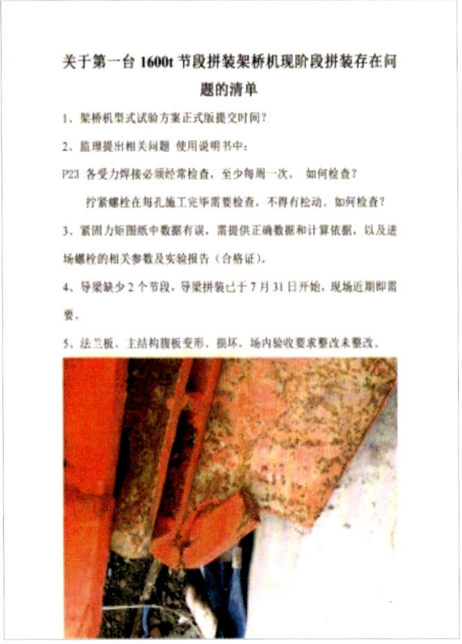

关于第一台1600t节段拼装架桥机现阶段拼装存在问题的清单

1、架桥机型式试验方案正式版提交时间？

2、监理提出相关问题 使用说明书中：

P23 各受力焊接必须经常检查，至少每周一次。 如何检查？

拧紧螺栓在每孔施工完毕需要检查，不得有松动。如何检查？

3、紧固力矩图纸中数据有误，需提供正确数据和计算依据，以及进场螺栓的相关参数及实验报告（合格证）。

4、导梁缺少2个节段，导梁拼装已于7月31日开始，现场近期即需要。

5、法兰板、主结构腹板变形、损坏，场内验收要求整改未整改。

图 2-4-8　架梁吊机检查

（三）提升大型设备使用安全管控水平

1. 明确作业人员岗位工作要求

架桥机作业人员应取得行业机构颁发的相应业务资格证书。根据培训记录和人员的实际经验选择作业人员，明确架桥机司机、指挥人员、吊装人员、安装人员、维护人员的职责和基本要求。

2. 强化管理人员的职责

项目部任命经过全面培训并有实践经验的管理人员负责大型设备的全面管理，对作业的有关事项进行审核，保证故障和事故的报告制度有效运行以及处理措施得当。管理人员应被赋予必要的权利，特别是紧急情况下，有权停止操作。

3. 建立定期检查维护制度

沪通长江大桥 HTQ-2 标

3*112 钢梁架梁吊机出厂验收检查通报

2016年5月25日由中铁大桥局沪通长江大桥项目部组织二分部、四公司及桥货公司对武桥重工改造的WD65t桅杆起重机进行出厂验收检查，现将检查情况通报如下：

一、存在问题

问题1：销子的托槽设置太随意，没有标准，部分没有焊接托槽。
整改要求：统一设计，重新安装。

问题2：油漆色差较大，部分油漆有起皮现象。
整改要求：油漆起皮处需从新处理，武桥重工处杆件需与桥货公司处吊臂颜色统一。

问题3：主梁节间板孔眼有气割、变形现象。
整改要求：有问题的节间板重新制作。

图 2-4-9　架桥机出厂检查

对新进场的1800t架桥吊机进行形式试验检验，对吊机实行动态监督管理，定期组织安全专项检查。确保对机械易损件的配备，确保吊机设计文件、制造单位资质文件、产品质量合格证明、使用维护说明等文件以及安装技术文件和检验资料齐全完整。

4. 建立大型设备健康档案

明确健康档案的具体内容及检查要求。全长120m，自重1017t的TP60节段梁架桥机，共架设箱梁18跨，共计190榀。检查人员定期进行专项检查、监测、记录，挑毛病、查隐患、摆问题、定措施，对发现的安全隐患及时采取应对措施，在吊装、过跨、横移、后退等高风险情况施工中，没有发生一起安全事故。

（四）重视支撑连接防护体系安全管理

1. 突出重点部位监控

重视对围堰、支架、基坑防护、钢梁架设固结等的安全保障，制定井点降水、围堰、公路梁支架等安全专项方案，召开专家评审会，邀请资深专家论证，为施工提供保证。

2. 建立专项检查验收体系

对大临结构支撑连接体系进行重点管理，通过专项设计、方案审批、结构进场安装验收、责任分解、日常检查等一系列规范管理流程，在结构投入使用前完成涵盖工区自检、子公司复检、项目部初验和监理项目部验收的多级验收。

3. 严格设施使用管控

严格照章操作、加强监测，如对专用航道桥钢拱支架、公路梁支架重点把关搭设质量，确保支点和垂直度满足要求，对扣塔、支架等在不利工况下进行应力监测和沉降位移观测。

五、提升现场安全过程管控水平

参建各方做好过程安全管控工作，查隐患、找原因、抓整治，开展行之有效的安全管理活动，营造平安工地。

（一）现场检查制度化

1. 按时完成上级部署的检查工作

指挥部认真组织每年的安全生产月活动，开展原中国铁路总公司、国家铁路局部署的专项安全检查活动。如现浇梁支架、大型设备检查等；又如 2017 年上半年对全桥工地的 85 台套涉及安全的设备设施组织的检查，重点检查了龙门吊、塔吊、桥面吊机等起重设备的管理责任人和设备使用维护规程；再如 2017 年 11 月开展的安全隐患大排查活动，对发现的管理责任缺位、制度不落实等缺陷问题及时要求进行整改，为整治工作提供了良好前提条件。

2. 做好例行综合检查工作

严格执行内部安全管理制度，以各项检查为手段，由指挥部领导带队、各部门参加，开展多种形式的安全检查，坚持月综合检查和日常巡检，检查安全专项方案、工序关键环节安全卡控措施落实情况、安全教育培训和应急演练组织、各项安全作业标准执行的情况。检查做到全覆盖，建立隐患问题库。

3. 做好专项检查工作

开展以防坠落为主题的专项检查，针对施工前期出现的工地临边防护缺失明显、支架脚手架搭设连接与方案不符、高空作业人员不佩戴安全绳卡等现象，组织监理进行普查，认真分析管理原因，提出整改要求，促进了后期安全管控水准全面提升。

（二）严查现场安全问题隐患

1. 严查安全管理体系

严格查处了部分项目部缺少严格的安全绩效和管理目标考核，安全管理人员数量缺少或配置不足、替换人员办理进场变更手续滞后以及特种作业人员人证不一、无证或证件失效等问题。

2. 严查船舶安全隐患

对查出的船员证书缺少、人员应急演练记录检查不全、人员乘船登记遗漏、乘员不穿救生衣、导航设施失效以及船上安全设施配备不足等问题，坚决杜绝再犯。

3. 确保现场安全基础设施到位

对支架支撑不牢、搭设杆件连接错误、安全通道未围护、防护栏杆高度不够、临边防护缺失或设置不标准不规范以及挂篮施工缺少标准的作业平台等问题立即要求整改。

（三）提升安全隐患整治水准

1. 全面落实安全责任

指挥部坚持对施工和监理项目部自控情况进行检查，加强对关键岗位的安全检查。如 2016 年结合《国家铁路局进一步开展铁路建设工程安全生产大排查的通知》要求，组织监理项目部对 23 位风险作业点监理人员、48 名风险作业点领班和技术人员、43 名风险作业区安全防护人员履职条件进行了核查；对 127 名一线作业人员应知应会安保知识的掌握情况进行了考察，对发现的 38 项问题全部整改到位。

2. 用好激励约束机制

本着安全管理“四不放过”原则，对所有查出的隐患都明确整改时限，对责任人和复查责任人逐一登记销号，闭合资料按时归档；并且举一反三，防止类似问题再次发生。对重大隐患挂牌督办。

3. 严格问题处理盯控

对现场发现的安全隐患，该停工的一定停工，该报告的一定报告。将发现的安全隐患用照片形式发至工作群，由项目部确定整改负责人，定时间、定措施督促施工项目部整改，整改完成后及时组织验收、上传照片，形成闭环管理销号。

（四）采取措施提升安全基础管理

1. 积极进行预控

落实方案交底、技术监控、旁站监控、警戒防护等预控。沉井基础、主塔塔柱、悬灌梁、支架现浇梁、节段拼装梁、钢梁架设等关键工序和环节，人防、技防、物防到位。

2. 严格设施安全水准

规范设置临边防护设施，特别是防护栏杆和防坠网做到了规范标准。连续梁 0 号块托架、直线段支架和挂篮等设施投入使用前严格技术交底，进行设施的合格签认。

图 2-4-10　交通船安全运输

3. 细化重点环节安全管理

对提升设备、液压爬模、施工船舶、架桥机、栈桥平台、施工用电、消防设施等方面隐患，通过增加设备设施准入、加强日常维护管理等手段有效消除。特别是对架梁设备，按照《架桥机安全规程》（GB 26469—2011）对设计、制造、安装、使用、维护、报废、检验等方面的基本安全要求，严格日常管理。

4. 加强工地防火防洪监管

要求工地、住地灭火器材完备，消防设施完好，防洪防汛应对安全措施得当。各项目部建设期严格按照安全制度标准管理，对工地违章用电动火、消防工具损坏后未及时补充、防洪物资不充足等问题及时进行了整改完善。

（五）充分应用信息智能化管控

建设指挥部着力推广信息化智能化监控新手段，并将其作为标准化工地的考核内容。

1. 重点部位实时监控

建立了主桥两个主墩施工场景的实时视频监控系统，使管理人员及时了解施工现状，发现安全管理薄弱的环节和问题隐患。对大型沉井下沉施工应用先进的 GPS、北斗实时测量系统，动态监测沉井的下沉关键作业过程，及时反馈纠偏的数据。

2. 架桥机设备监控

组织施工项目部对全桥架桥机配置新颖的，具备风险源采集、判断、传输、报警和应急处置功能的监控系统，在2016年全路率先应用架桥机监控信息管理系统的基础上，对全桥使用的1800t大节段钢梁、1600t节段梁和75t钢桁梁桥面吊机全部安装了信息化监控终端设施。相关设施采用感知、自动测量、捕获和远程信息传递系统，具有集载荷预警、姿态预警等自动化、智能化、信息化功能于一体的创新先进设备，可通过服务器接入互联网上的架桥机信息化监控系统。

3. 鼓励应用多种信息化手段

施工项目部设立电子显示屏，对危险源和防控措施滚动公示，提醒进场人员了解危险源和对应防控措施；安装用于作业人员管理的闸机门禁系统；建立VR安全体验区（图2-4-11）。在现场显眼位置张贴设施健康信息二维码，扫描二维码即可了解大型机械设备、大临设施基本信息、维修保养记录、检查记录等。

图2-4-11　VR安全体验

（六）提升应急反应能力

1. 重视应急演练工作

针对坠落、坍塌、船舶失控、水上救援、消防、防台、防汛、疏散等每年定期开展多次不同类型演练，提高了综合响应应对能力。

2. 建立顺畅沟通机制

各施工项目部与当地安委会、海事局、长航公安局等建立了长期沟通机制，定期邀请海事局、公安局、安委会等指导应急预案演练，形成属地联动、齐抓共管的良好局面。

3. 认真组织应急安全培训

二航局项目部每年特邀南通市消防协会专家对全体员工进行消防安全知识培训，大桥局项目部邀请张家港市海事局对水上船舶航行失控应对处置进行交底，通过培训提升了项目总体应急处置反应能力。

图2-4-12　水上施工应急安全训练

4. 及时进行总结

根据《生产安全事故应急演练评估规范》（AQ/T 9009—2015），各项目部演练结束后对演练效果进行评价总结，及时修订了应急预案，增强了在消防、台汛、坠落时的应急响应处置能力。

a）演练现场指挥宣布演练开始

b）船头发现火情，救火人员使用灭火器，拖轮使用喷水枪进行灭火

c）从火灾区域救出被困人员，并进行急救

图 2-4-13　安全演习

六、严格进行安全考核工作

指挥部对出现安全责任事故的，采取一票否决评优评先进。建设期间全桥工地未发生等级责任安全事故。

（一）指挥部考核工作

1. 考核安全体系制度

考核各现场项目部安全风险管理组织机构体系运转情况、相关管理制度完善情况和各级安全责任全面落实情况。

2. 考核风险管控过程

考核内容包括：（1）风险计划发布、实施是否符合指挥部文件规定和标段实际；（2）处置方法是否满足要求，处置措施是否实施并具体到人，实施效果是否满足安全管理要求；（3）是否按实际和要求形成清单，风险因素辨识是否全面，评价结果是否正确并按月更新；（4）是否定期召开会议对风险变化或残留风险进行研判，是否有相关会议记录或内容。

3. 采取多种考核方式

对各参建项目部安全风险管理的考核采用集中检查和日常检查、季度考评相结合的方式，主要包括：（1）现场安全管理措施是否到位；（2）是否存在较大安全隐患；（3）是否形成完整的自查问题库台账以及对本单位的考核是否认真实施；（4）问题库台账与考核内容是否相符。

4. 打分评定考核结果

分别在信用评价和综合考评表中纳入实际打分结果，并对安全管理成绩优异的项目部给予了奖励。

（二）现场项目部内部考核

1. 制定具体考核内容

各施工、监理单位对本单位相关人员和下属单位、部门进行严格考核。如中交二航局项目部将疏于管理、玩忽职守、失职渎职、发生险情或重大隐患以及不执行安全生产管理规定、不遵守安全操作规程、违章指挥、野蛮作业，安全技术措施不落实、未按规定配备安全防护设施或配备不足等列为考核条目。

2. 重视过程管控环节

如施工项目部在船舶管理方面将保证船机设备正常运转、日常例行维护、通信信号设施完美无缺、人员规范操作及乘船等列为过程控制要点环节，强调问题和目标导向。

3. 采用正面激励手段

大桥局项目部每月召开群安员及班组长专题会议，总结评比，找出当月安全管理工作不足，并对优秀班组长进行表彰和考核；每年针对存在的共性问题进行梳理，制订可行性解决措施，找出好的做法经验进行推广，评选各类安全集体和个人，树立先进典型。

第五章　切实发挥监理作用

根据《建设工程监理规范》（GB/T 50319—2013）、《铁路建设工程监理规范》（TB 10402—2007）、《公路工程施工监理规范》（JTG G10—2006）等强制性标准和合同履约及标准化管理要求，指挥部将监理工作纳入大桥工程统一的质量安全保证体系中，监理项目部依法合规地履行工作职责，开展了工作创新和标准化建设。

一、严格监理人员准入条件

人员素质达标，工作能力适应精品工程建造需要是基本要求。各监理项目部认真按照合同承诺配置人员，现场培训及时，机构设置合理。

（一）招标文件要求和监理机构设置

1. 明确招标文件要求

根据国家、行业、原中国铁路总公司规定和招标文件要求，监理一标不少于 30 名监理人员，监理二标不少于 36 名监理人员，监理团队人员履职资格满足要求，人员组成结构合理。

（1）人员资历满足要求

在建设指挥部与监理单位签订的委托合同中，对总监、副总监、质量负责人、安全负责人、监理组长、试验室主任、专业监理工程师等人员的资格、经历做出严格规定。如总监理工程师要求年龄不超过 55 岁，拥有高级技术职称，为依法在监理单位注册的注册监理工程师，具有较高技术水平和较强组织管理能力，从事过 200m 及以上钢拱桥（HTQJL—1 标）、钢桁（箱）梁斜拉桥（HTQJL—2 标）监理工作。

（2）保持骨干人员稳定

要求质量负责人、安全负责人、试验室主任、监理组长以及验工计价等关键岗位监理人员是监理单位工作不少于 8 年长期合同的员工。若确有人员需更换，必须提交接替者详细资料，且资格、资历不得低于被替换人员，并获得指挥部批准。指挥部在招标文件中还明确要求选定进场监理人员时，须具备较深厚桥梁专业理论知识，还须拥有较强的责任感、良好的职业道德且身体健康。

（3）具备一定专业水平

各专业监理工程师应具有铁路监理工作经验，具有注册监理工程师资格或具有铁路监理工程师培训合格证书。其他行业依法注册的监理工程师接受铁路监理业务培训且合格后，方可以专业监理工程师的身份参与铁路工程监理工作。专业监理工程师数量应占监理项目部人员 60% 以上。

图 2-5-1　北引桥墩身及箱梁施工

（4）保证监理设施配套

保证测量、试验、检测相关设备、仪器以及交通工具、办公通讯和信息化设施满足监理工作需要，做到了工作、生活与被监理单位相对独立。

2. 机构设置合理

监理项目部有统一的监理机构名称和编号，为结构合理、专业配套、素质较高、管理结构层次分明的工作团队，均设两个现场监理组、中心试验室、测量组、综合部，现场工地试验室的设置规划经指挥部组织验收合格后投入了使用。配置的钢结构、桥梁、测量、试验、安全等专业工程师资格符合要求，其中试验人员配置符合《铁路建设项目工程试验室管理标准》要求。此外，各监理项目部现场聘请多名业内资深顾问为监理工作提供技术支持。

（二）严格履约检查，确保人员到位

指挥部通过检查及督促整改，确保了各监理项目部人员的资格、数量等满足大桥工程监理工作需求。

1. 严格控制人员调整

在监理合同中明确了主要监理人员调整须事先报建设指挥部批准。未经同意擅自更换监理工程师的，扣除监理费用 10~100 万元 / 人不等，通过经济处罚措施限制监理单位不能随意更换人员。规定变更进场人员一般应提前 14 天向指挥部提出申请，对替换人员逢进必考，设定3个月考察期，经试用合格后正式批复准予上岗。

2. 严格日常出勤管理

对监理人员的在岗率、请休假审批权限做了严格规定，按照管理办法进行日常检查，对违者进行处罚。规定总监、副总监离开项目3天以上时，应报指挥部批准；监理组长和部门负责人离开项目3天以上时，应经总监批准并报指挥部备案；其他监理人员离开项目3天及以上时，应经直管领导批准并报总监备案。

（三）加强上岗培训工作

1. 建设指挥部系统培训

按照“人员全覆盖、专业全覆盖、过程全覆盖”的培训要求，自工程开工到工程竣工，及时有效地开展岗前、工程实施阶段培训工作。

（1）关键控制全面培训

从进场开始，指挥部即组织70名监理人员参加工程建设法律法规、强制性标准规程、桥梁专业应知应会、试验检测、新材料等各类培训教育，邀请业内专家先后开展“桥梁钢结构”“沪通长江大桥设计”“沉井设计与施工”“钢梁架设关键技术”“钢桥涂装质量控制”“桥梁安全控制”“工地试验室信息化”“工地混凝土拌和站信息化”“高强度螺栓施拧质量控制”“铁路标准化管理”“铁路工程建设信息系统”“BIM在我国铁路中的应用”等培训20余次。

（2）岗前培训考核到位

全部专业监理工程师和监理员在上岗前均经过统一培训，培训课时达到必需的标准，内容包括业务培训、监理各项规章制度学习等。全部参训人员均须通过建设指挥部严格闭卷考试合格后方准予上岗。后期更换人员，必须参加岗位专业培训考试，考试不合格的给予一次补考机会，通过考试后方可准予上岗，不合格不准予进场。

图2-5-2 主墩沉井吸泥下沉标准化施工

（3）多种形式培训并举，使效果达到最优

指挥部分期组织监理人员参加大桥建造技术、质量安全控制相关培训以及试验检测、工地观摩等多种形式活动。

2. 监理项目部全面培训

（1）业务培训内容充实

开展各类培训40多次，包括“高速铁路土建工程验标培训”“高性能混凝土培训”“高速铁路预制梁试验员培训”“试验员上岗证培训”“钻孔灌注桩、承台、墩身等下部结构施工质量与安全控制要点培训”“钢梁制造驻厂监理控制要点培训”“钢梁、预应力混凝土梁等上部结构施工质量与安全控制要点培训”“桥面工程施工监理质量与安全控制要点培训”“铁路总公司质量安全红线管理等文件学习”等。

（2）工作骨干带头授课

总监、副总监、质量负责人、安全负责人及监理组长等主要领导均轮流担任培训主讲，建立各业务口定期办班制度，结合所制定的重要管理制度、业务人员应具备的业务素质等内容，制订培训工作策划，编制培训课件。质量负责人认真策划、科学设置课程内容，合理选择培训方式。培训着力于现场问题的解决，把生产设备进场检验、原材料进厂检验、施工过程关键控制点的检查验收等一系列日常工作与质量安全管理制度紧密结合。

（3）采取多种形式强化培训

监理项目部安全培训、专业培训频次为每月不少于一次，综合业务培训频次为每季度不少于两次，主要内容包括技术标准、四新技术和新规定的学习以及监理经验和存在问题的交流等，并形成个人学习笔记和集体学习记录。对安全卡控重点反复培训，确保现场监理掌握培训内容。先后组织标准化管理、钢结构制造和拼装、沉井施工、钻孔桩施工、工程测量、超声波检测、施工安全、大体积混凝土施工、墩柱和塔柱施工、节段梁预制和架设、冬期和夏季施工控制、测距三角高程法和跨江水准测量、BIM管理系统操作、预应力施工控制要点、3×112m钢桁梁架设监理、沉井清基和封底控制要点等关键技术和监理要点的培训。

二、明确职责，认真履责

（一）工作职责具体

1. 准确把握现场工作依据

监理单位受指挥部委托，依据法律、法规以及有关技术标准、设计文件和建设工程承包合同、监理合同，代表指挥部对施工现场和施工过程的质量安全实施监管，并对工程质量安全承担监理责任。

行业标准规范方面，现场监理工作的依据是：国家、行业和原中国铁路总公司制定的有关基本建设的政策和法规，工程建设监理的各项规定，各项有关铁路工程建设的技术标准、规范、规程及管理办法。

项目技术管理文件包括：经批准的设计文件、指导性施组设计、季度和年度建设计划、变更设计等技术管理文件，指挥部有关本工程的文件、规定，建设、设计、施工和监理单位的联席会议纪要等。

2. 建立岗位责任制度

监理项目部按照投标承诺组建现场监理机构，代表监理单位履行合同职责；现场监理机构实行总监理工程师负责制。指挥部对监理规划和各项制定的制度进行严格审查，重点检查监理项目部将安全、质量责任分解到每个监理人员的情况以及内部对监理人员的管控情况；对监理工作出现真空地带、重点岗位监理弱化、人员配置不合格等情况及时督促进行了纠正。

（二）基本工作内容明确

1. 审批开工报告与施组方案

监理项目部严格按程序审批施工单位的开工报告、施组设计及有关方案，对条件不具备的工程不予批准；将开工报告作为质量评定和验工计价的重要依据之一，对未经批准开工的，一律不予验工计价。

2. 施工图现场核对交底和变更

指挥部重点检查监理项目部是否组织监理人员和施工单位对工点施工图设计文件进行现场核对，是否会同设计单位对施工单位进行工程设计技术交底，是否接收施工单位变更建议书或提出变更建议、会签变更意见，是否对批准的变更设计的实施进行监理。每个分部工程开工前，由监理组长主持，向监理人员进行技术交底，内容包括图纸、施工方案、监理细则、验收标准、内业资料等，并形成交底记录。

3. 工地工程例会和各类报告

每月底，质量安全部主管工程师参加由总监主持的月度监理例会，代表指挥部重点就质量安全工作提出要求，同时要求各种工地例会形成会议纪要，由监理项目部编制，报送各相关单位。监理项目部应按程序对重要问题及时向指挥部汇报，对日常监理工作在指挥部月度例会上详细报告，并以《月报》形式上报。

图 2-5-3　专用航道桥首块段钢梁吊装

4. 现场例行检查工作

指挥部要求监理项目部人员按规定程序进行施工过程巡检和旁站，发现问题及时纠正，形成检查记录，并对整改情况跟踪验证。

（1）月度巡视检查

总监理工程师每月不少于一次巡视检查，监理组长每周不少于一次巡查。

（2）专项工作检查

总监理工程师应根据工程现状，每月组织专业检查组进行不少于 1 次针对施工质量、安全重点的专项检查。

（3）团队集体巡查

总监理工程师适时安排监理组进行集体巡视和集体检查，每月针对危险性较大、施工难点和重点工程、关键工序等集体检查不少于 4 次。

5. 平行试验和见证检验

（1）完成规定检测试验

按现行高速铁路施工质量验收标准规定频次完成对集料、粉煤灰、矿粉、外加剂等的平行检测任务，完成对施工方试验的见证任务，并全部上传信息化管理系统。

（2）完成投标承诺的检测

对验标未规定监理复验的钢结构无损焊接及原材料检测，两监理项目部委托独立检测单位按施工单位百分之十的频率进行检查；截至2020年3月，完成了钢结构超声波、磁粉、射线检测及原材料检测等全部检测任务。

（3）完成交叉抽检任务

两监理试验室完成了指挥部要求的钢筋混凝土等原材料的平行交叉互检工作，对发现的问题及时督促整改。

6. 监理日志

（1）坚持每天记录

监理日记是对工程进行过程追溯、质量安全管控的第一手资料。按照《铁路建设项目资料管理规程》（TB 10443—2010）规定，各监理人员每天记录各自当天监理工作情况。

（2）落实检查签认

实行分级检查签认，保证监理日记（志）记录真实、全面、及时；监理组及试验室分别指派专人记录本管段内每天的监理工作实施情况，形成监理组的监理日志。监理项目部指派专人记录本管段内每天的工作实施情况，形成项目部的监理日志。

（3）规范日记填写

建设指挥部专门下发了监理日记填写指南，要求全体监理人员（总监、专监、试验员、监理员）均填写《监理日记》，提高了对监理工作的考核针对性，具有较强可追溯性。对监理工作记录、签认不全等现场通病，指挥部及时要求进行了认真纠正。

7. 工作行为

（1）检查工具配置到位

各种检查尺、检查锤、监理细则、记录表等携带齐全，检查时杜绝走马观花、“空手”下工地或仅目测而不实际量测的现象，各项检查结果以实测数据为准。

（2）着装规范整洁

工作时段内全体监理人员统一着装、统一佩戴胸牌、戴安全帽；下工地统一背工具包，内装监理日记以便记录实际场景各项描述和相关数据。

（3）做好影像记录

监理项目部配置数码相机，对每个报检验收工序或重要工序保留影像资料，并按规定格式分类归档。建设指挥部专业工程师定期检查。

（三）充分履行监理工作职责

指挥部积极发挥监理在管理体系中的延伸作用，加大对监理单位的管理督促力度，做好实体工程质量管控和现场安全管控，落实好旁站监理、平行检验、竣工验收等环节的监理职责。

1. 充分信任，有责有权

（1）确认工程开工条件

开工前，建设指挥部组织监理人员和施工单位分别对工点施工图纸及设计文件进行现场核对，主要核对工程数量、几何尺寸、地形位置等；核对无误、监理签认后准许施工单位采用相应施工图施工。未进行现场核对的工点不准开工。

（2）规范工程变更确认

现场设计变更须现场监理全程参与、按照规范标准提出监理项目部意见。设计图纸出现差错漏碰的，及时将有关信息反馈给设计方面。

（3）履行工地验收职责

现场监理的主要工作职责是实体工程验收签证等事宜；在隐蔽工程未经验收合格时，严禁开始下道工序施工。严格按照事先控制、中间检查和跟踪监理的方法、程序履行监理职责。

2. 确保管理体系正常运行

（1）严肃“签字确认权”资格

严禁总监、专业监理将职责下移转交给其他监理人员，确保总监不把签发工程停工或复工令、签署验工计价表等工作委托给副总监和其他人员，专职监理不把本专业的检验、分项、分部工程验收及隐蔽工程验收等工作移交给监理员。

（2）规范检查行为

严格按照设计文件、验收规范、标准规定及确立的工序停止检查点，

图 2-5-4　主墩承台大体积混凝土浇筑施工

进行现场检查，做到检查有依据，用数据说话。

图 2-5-5 主航道全景

（3）严格履行程序

严肃报批工作时效性要求。监理单位或人员接到施工单位报送需要签字或批复的资料后，在指定时间内签注意见结论。

3. 认真查找问题、督促整改

（1）及时发现问题

针对现场混凝土结构出现裂纹，钢结构尺寸不准、焊接不达标、涂装变色，架桥机存在安全隐患，高空作业防护薄弱等问题，及时发现，如实记录，按照规定要求责任方落实整改措施，督促进行认真整改。

（2）确保沟通信息畅通

借助指挥部每月的质量安全生产分析会、监理月报、专题报告，及时反映现场质量问题和安全隐患，如铁四院监理对钢梁架设作业平台和通道安全隐患积极反映；铁科院中铁大桥监理对主塔施工随意切断主筋现象，用图文并茂的形式汇报。

（3）抓好整改督促工作

建立问题库，明确整改责任人、整改措施和时限，落实监督责任，形成可追溯的闭环工作流程，确保整改到位才能销号。对进场不合格原材料，坚决要求退场；对已完工不达标混凝土部位，除处理有关监理责任人，果断督促进行拆除。

（4）督促持续改进提升

针对混凝土工程施工中的错台、裂纹、色差等外观质量问题，督促施工单位从现场管理、工作流程、技术工艺、工装设备、人员素质等方面采取针对性措施，加大约束和处罚力度，不断完善健全工程质量管理体系。

三、夯实基础，严格考核

（一）按标准认真进行考核工作

1. 各项考核依据标准

（1）纳入项目统一考评体系

指挥部按照原中国铁路总公司监理信用评价考核管理办法及其他标准化管理文件要求，通过日常检查、季度考核、信用评价、不良行为登记等检查手段对监理项目部进行考核。

（2）制定具体考评办法

指挥部出台了《监理管理办法》《监理信用评价考核细则》《监理综合考评办法》，制定了《劳动竞赛评比办法》和《风险抵押金考核办法》。

（3）合理使用风险抵押金

开展监理单位风险抵押金考核活动，扣除违规罚款后，对剩余安全风险抵押金给予奖励。

2. 认真进行检查考核

（1）通过检查发现问题

在日常检查和考评中，对存在部分监理人员业务知识不满足要求、发现问题和解决问题的能力较弱、现场不履行职责或严重失职的情况，责成监理项目部及时整改。对存在个别试验监理放低进场检验标准，造成混凝土质量问题的，予以监理项目部黄牌警告，督促监理项目部对违规专监进行清场撤换。

（2）严格进行考核扣分

对管段内存在质量通病多现，安全隐患得不到有效消除，不符合管理要求的，按照考评办法，分别在数期季度考核时，扣罚了监理项目部考核费用，进行了不良行为登记上报。

（3）考核名次排序

监理项目部信用评价及综合考评名次排序，主要以管段内质量安全状况管控的程度确定，扣分数值较小项目部名次靠前。

3. 树典型，用好正向激励手段

（1）积极进行荣誉鼓励

评选先进项目部、监理组、监理试验室及先进个人等，对工作和劳动竞赛中表现突出的团队推荐授予江苏省总工会五一劳动奖章及南通市总工会工人先锋号、先进集体、先进班组、先进试验室等称号；对先进监理人员推荐授予火车头奖章、市级劳动模范称号，评选为劳动竞赛先进个人、先进工作者等。通过表彰先进、弘扬正气等手段对敢于管理的监理组和监理人员予以鼓励。

（2）鼓励监理人员主动作为

通过维护监理人员权利、树立监理人员威信，大力支持认真履职、敢于履职的监理机构和人员。当监理因严格管理与施工方发生分歧时，及时出面对监理方的规范标准行为予以积极肯定，并责令有关施工单位及时整改、严格按监理指令施工。

（3）给予一定物质奖励

指挥部拿出一定比例的监理费作为考核基金；从人员履约、内部管理制度、基础工作、服务质量、项目质量安全状况 5 个方面对监理项目部进行考核打分，作为发放激励约束费的依据。

（二）夯实监理工作基础

指挥部重视监理团队素质提升，将之作为监理标准化工作重点内容。

1. 加强日常基础性工作

监理日志日记内容做到真实完整，基本记录实体质量形成过程，具可追溯性，监理资料台账齐全完整，编目归档清晰，上报监理月报及时，工地例会规范并且能切实解决问题。

2. 细化对施工方案的落实检查

细化动态管理，做到“管理入手、技术深入、过程清楚、关键把住”；监督施工单位培训和技术交底工作，“严格管理标准、严格技术标准、严格作业标准”；加强设备管理，将人的不安全行为和物的不安全状态控制在最低风险线内。

第三篇　集成研发桥梁创新成果
建设“科技大桥”

概述

沪苏通长江公铁大桥桥位是由长三角区域公铁路网统筹规划决定的，而桥型方案是综合考虑大桥行车功能、防洪、航运及水文地质等条件后确定的。桥位及桥型方案奠定了大桥建设难度基数，“建设标准化管理示范工地、铸造世界一流桥梁精品工程”的建设目标则提升了大桥项目管理难度系数。

修建千米级公铁两用斜拉桥，没有成熟完善的实桥建造经验，必须在广泛吸纳已经建造成功的大跨度公路、铁路及公铁两用桥经验的基础上，继往开来，对设计、建造技术进行全面的升级和突破，推开世界千米级公铁两用斜拉桥大门。这就要求指挥部必须将科技创新作为源头驱动力，做好科研立项、管理及成果应用，优化现有技术、填补技术空白，推广和应用新型材料、新结构构造、新工艺、新设备。

针对大桥技术难点，指挥部规划了科技创新顶层设计，明确了总体思路：前瞻性地预判问题，实现设计重大突破；瞄准施工难题，攻克施工关键技术，优质高效实现建设目标；紧盯科技前沿，探索智能运维趋势。

为构建科技创新保障体系，指挥部发布了《科技创新管理办法》，通过强化责任落实、过程检查和阶段考核，并充分发挥专家咨询团队力量，狠抓成果落地。

在各项关键技术的应用中，指挥部始终以满足工程建设为核心，依托科研开展技术攻关，立足现场应用，从建设、运营维护等方面进行科技创新研究，在科研成果使用过程中不断探索，不断调整，不断优化，既满足了工程需要，也带动了行业的发展和进步。

第一章　科技创新管理

科技创新是沪苏通长江公铁大桥建造的源头驱动力。指挥部及参研、参建单位一方面要具备国际视野，紧盯世界桥梁的最前沿成果，进行原创性技术研究、填补行业空白，实现核心技术从零到一的突破；第二方面要具备兼收并蓄的创新意识，广泛吸纳交通、水利、建筑各行各业的科技成果，引进、消化、吸收、再创新，用四化支撑手段对常规工艺工法进行迭代升级，实现 1+1 ＞ 2 的裂变效果；第三方面，要以铁路建设系统标准化管理为抓手，以系统化的创新体系，促进科技研发成果转化为可操作、可实施的工艺工法，结合工地“五小”成果推广活动，及时转化、孵化科技成果，在实践层面总结固化，并推广应用，促进桥梁建造产业升级。

指挥部组织参研和参建单位，针对性地梳理了科技创新管控重点，坚持以质量、安全为核心，依托顶尖团队，开展科研课题研究和关键技术攻关，大力推进原始创新、集成创新和引进、消化、吸收、再创新工作。

一、科技创新管理顶层设计

（一）成立科技创新工作领导小组

大桥建设伊始，指挥部就成立了由主要领导牵头任组长，总工和副指挥担任副组长，各部门参加的科技创新工作领导小组，负责对科研课题立项、研发、结题、评审流程进行组织、检查、指导和监督，定期召开讨论会议，研究重点工作，推进科研成果在大桥建设中的转化应用。

工程部是科技创新工作的归口管理部门，负责科研计划的编制、课题招标、合同签订和管理及科技成果鉴定等工作。

各主要参研及参建单位由项目总体技术负责人及其他主要管理干部牵头形成科技创新工作领导小组，配合指挥部领导小组开展相关工作。

（二）明确科技创新总体思路

沪苏通长江公铁大桥建设是一项承前启后、继往开来和具有里程碑意义的重点工程，其“高、大、新”的技术特点背后是诸多亟待解决的行业关键技术瓶颈。组织科研攻关、依靠世界领先的科学技术攻克技术难题，是建成实体大桥的根本途径。沪苏通长江公铁大桥的设计建造具有鲜明的科研引路特征，指挥部要求建设单位必须将科研放到主线任务内，并完成其向设计及工艺工法方面的转化落地。

指挥部将保证科研立项精准、科研成果可靠实用作为大桥科技管理工作的核心目标。基于问题导向的原则，根据大桥全生命周期内各个阶段的特性，将总体思路确定为：

（1）设计阶段以设计型科研为主导，前瞻性地预判问题，推动“四新”技术落地，实现高铁桥梁设计重大突破。

（2）建造阶段聚焦施工型科研，瞄准施工难题，围绕基础、混凝土、钢结构、缆索体系四大系统，深入研究新工艺，实现核心技术突破和填补技术空白。

（3）深化编制工艺工法，推进科研成果向建设实践的转化，优质高效推进大桥建设；运营维护阶段，紧盯科技前沿，探索全寿命智能运维技术。

大桥工程综合性、复杂性、系统性的属性也驱使着指挥部通过智能化手段完善交互及监管链条，消除信息孤岛及质量安全隐患，提升现有管理水平，服务于标准化和精品大桥建设。

通过知识产权等形式总结固化科研、管理成果及工艺工法，建立千米级斜拉桥科技创新成果体系。

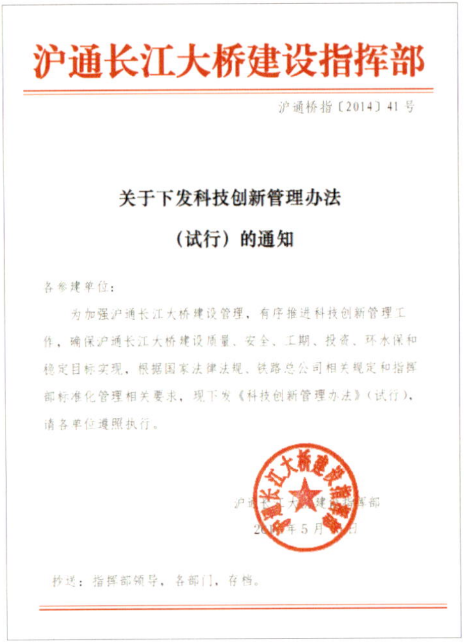

沪通长江大桥建设指挥部

沪通桥指〔2014〕41号

关于下发科技创新管理办法（试行）的通知

各参建单位：

为加强沪通长江大桥建设管理，有序推进科技创新管理工作，确保沪通长江大桥建设质量、安全、工期、投资、环水保和稳定目标实现，根据国家法律法规、铁路总公司相关规定和指挥部标准化管理相关要求，现下发《科技创新管理办法》（试行），请各单位遵照执行。

沪通长江大桥建设指挥部

2014年5月　日

抄送：指挥部领导，各部门，存档。

图 3-1-1　科技创新管理办法

（三）发布管理办法

如图 3-1-1 所示，指挥部于 2014 年 5 月 13 日编制并印发了《科技创新管理办法》，对课题立项、研发及成果发布等进行统一管理。要求参研单位及时汇报课题的执行情况、经费使用情况、存在的问题以及相应措施。以合同履约为依托，由指挥部及相关委托单位严格把关科研进度质量及过程的合规性。

二、科技创新重点工作

（一）科研引路，精准立项，探索核心技术

在沪苏通长江公铁大桥的设计、施工和运维层面，既面临来自首座千米级大跨度铁路斜拉桥如何适应高速铁路运营等设计新理论和新方法的挑战，又有来自为适应结构受力的需要所研发的新材料和新结构的瓶颈，还有为实现超大尺度结构施工全过程安全高效而提出的新工艺和新装备的关键难题以及为解决运维期高速铁路安全服役与性能评定问题。这些技术重点和难点迫切需要系统性地建立大桥科技创新体系。

鉴于此，指挥部汇聚中铁大桥院、铁科院、东南大学、中铁大桥局等20余家主要参研单位科研团队力量，在大桥建设的前中期阶段，预先谋划、反复论证，共申报原中国铁路总公司重大科研课题4项、自筹课题1项。研究范围涵盖设计理论、成套工艺技术，形成了诸多国内乃至世界领先的千米级公铁两用斜拉桥关键技术成果。相关成果从根本上顺利攻克了千米级斜拉桥建造和运营维护关键技术难题，有效指导设计、建造乃至维护期的具体工作，也为后续实桥运营验证搭建了完善的理论对照模型。

其中，《超千米跨度公铁两用斜拉桥新材料及轨道形位控制技术研究》和《超千米跨度公铁两用斜拉桥新结构及施工关键技术研究》两项课题，作为设计型科研，对大跨度桥梁列车行车轨道形位控制技术、Q500qE高强度桥梁结构钢和2000MPa级高强度耐久型斜拉索应用、超大位移量钢轨伸缩调节器与梁端伸缩装置、超高桥塔高性能混凝土及配套施工工艺、新型箱桁组合钢梁构造及受力性能、深水大截面沉井设计与施工关键技术等七个子课题组织开展研究攻关。两项课题于2013年6月立项，于2016年1月顺利结题。

《沪通长江大桥成套建造技术及运营维护方案研究》课题，作为施工及运营维护综合型科研，包括千米级大桥设计施工成套技术总结研究、千米级公铁两用斜拉桥新型箱桁组合钢梁大节段成套施工技术研究、超长斜拉索减振抑振技术研究、大桥健康监测系统方案研究、运营维护方案研究等五个子课题。课题于2014年5月立项，于2017年4月顺利结题。

《铁路桥梁超大深水基础结构用自充填混凝土制备及施工关键技术研究》课题，

作为施工型科研，包括超大深水复杂基础结构用自充填混凝土设计方法研究、超大深水复杂基础结构用自充填混凝土性能研究、超大深水复杂基础结构用自充填混凝土施工技术研究、超大深水复杂基础结构用高稳定性自充填混凝土制备技术四项研究内容。课题于 2017 年 9 月立项，于 2019 年 6 月顺利结题。

《主塔墩结构混凝土裂缝控制关键技术研究与应用》，作为施工型科研，包括桥梁主塔高强大体积结构混凝土抗裂性评估及设计、低温升高抗裂大体积混凝土制备与施工关键技术、实体结构混凝土质量监测技术研究。课题于 2018 年 12 月立项，于 2020 年 4 月顺利结题。

（二）工艺工法，聚焦难点，提升建造水平

工艺工法是成果体系的重要一环。通过工艺工法及后续实践，有效验证并优化科研成果和设计理念；另一方面实践中遇到障碍，又可倒逼新工艺、催生新技术。大桥在建设过程中形成了基础、混凝土、钢结构、缆索体系四大系统的成套创新工艺。在技术方案策划、编制阶段，既管控工艺工法的遴选，也高度重视关键技术的有效深化，同时大力提倡针对局部设计或现场施工工艺的小改小革。

在深水沉井基础封底施工过程中，采用抛填级配碎石分区法替代以往填砂分区法和预制分区隔仓板法，将大面积封底划分为面积较小的独立区域，防止混凝土串孔，有效控制混凝土施工质量。避免了封底地质条件对施工的影响以及回填分区作业对沉井基础底部土层承载力的影响，从而显著减小混凝土灌注时的沉井沉降。

图 3-1-2　钢锚梁吊装

在塔梁同步施工过程中，根据塔、索、梁循环周期，反复比选、优化工艺，进一步整合关键线路。在中塔柱设置 2700t · m 附壁塔吊，替换 4000t · m 的定制落地式塔吊设计，显著节省吊幅、充分利用吊重能力，大大减少了塔吊标准节用量及安装工期，实现了近 100t 重型钢锚梁与钢牛腿的整体吊装施工。通过受力验算，优化了冲钉、高强度螺栓施工、焊接施工与架梁吊机松钩、走行的制约关系，配合塔内斜拉索同步张拉装置等工艺改进，压缩并合理利用空窗期，形成交叉或水流作业，提高了施工效率。

采用江中横港沙浅水区引入填海工程中吹填筑岛工艺，取代指导性施组中计划的栈桥施工方案。吹填自9号墩往22号墩方向逐段进行，用时6个月，在沉降稳定后进行钢护筒沉设和钻孔平台施工。将水上施工转化为陆地作业，解决了浅水区大规模桥梁基础的施工组织难题，加快了施工进度，降低了水上作业的施工风险，为后续水上承台放坡开挖方案的实施创造了条件。

图 3-1-3　防烂根工艺

在引桥墩身首节段施工过程中，刚性的墩身模板与承台顶面往往较难以紧贴密实，在混凝土浇筑和振捣时会产生漏浆。为此施工单位研究了“防烂根”装置，保证混凝土浇筑过程中不漏浆，从而明显提升了外观质量。

这些技术革新根据主体部位、综合技术及附属关系分类组合，搭建起具有经济、高效、优质、环保等特色的大桥施工技术体系。

（三）智能建桥，提高效率，拓展管控能力

沪苏通长江公铁大桥技术难度高，工程体量和协作规模大，沿用传统的管理模式很难对各工区工点和所有专业形成全盘驾驭和深度管控。尤其对于深水沉井、超高主塔、长悬臂钢梁、大体积混凝土及大型机械设备，安全风险、质量隐患极高。指挥部根据千米级斜拉桥特点，坚持标准化管理，加强常规管控工作，广泛采取因需因时提取影像、几何及力学参数等智能手段，实施多地远程指挥监控。通过基于全桥建模的BIM技术应用，采用“三端一云”、App模块化接入、分级授权、多方协同、信息实时共享的应用模式，将多种技术和管理行为融入BIM技术体系，逐步形成了“业主主导、同一平台、同一模型”的BIM管理理念和新的信息传导机制。依靠信息化手段和新型智能设备支撑，打造了以BIM技术为核心，具有跨界应用、多维监控、时效分析和高自动化特色的智能建桥生态。

三、立足现场应用，构建创新保障体系

（一）强化责任落实

指挥部组织各参研、参建单位，建立了各履其职、各尽其责的组织体系。建设单

位充分发挥龙头作用，凝聚协同单位的向心力，做好宏观管理、动态调控；科研单位发挥支撑作用，开展重大课题研究攻关；参建单位发挥主体作用，孵化工艺工法，实现项目落地；专家团队发挥保障作用，全过程关键技术可行性审核把关、引领方向。通过任务分解并梳理责任矩阵，建立起科学高效的协调配合联动机制，形成产、学、研、用良性互动。

参研单位在合同签订前，明确指定所承担项目的研究负责人及成员，由指挥部审核相关研究履历。合同一经签订，研究负责人对该子项进度、过程整改及结题验收等方面负全部责任，并全程出席指挥部及有关委托单位组织的科研检查和推进会议。这些行之有效的措施，大大提升了参研单位的执行力，保障了科研成果的质量。

（二）强化过程检查和阶段考核

指挥部从科研管理角度出发，基于 PDCA 循环管理理论，提出“调研—研究（试验）—专家评审”的管理思路和“阶段总结—专家评审—优化调整”的过程管理办法。建立了完善的科技创新考核制度，使科技创新从研发到成果总结、固化推广与项目推进同时部署，有机衔接，保持统一节奏，并纳入建设管理管控指标和考核体系，确保了目标落实。

指挥部以分级、分阶段检查（尤其是中期检查）为手段，加强项目执行情况考核。对照合同所约定的科研计划及成果标准，结合实际情况综合考察项目主要技术路线、方案的正确性以及进度的合理性。会同计财部等有关部门检查科研经费归集和使用的合理性。

（三）狠抓成果落地

在各项关键技术的应用过程中，在保证研究成果先进性的前提下，为避免科研和项目建设脱节，指挥部要求设计、施工及制造等相关单位充分参与，在研究之初即全面了解桥址地理环境因素和生产、制造及施工配套条件，充分论证可行性、经济性和社会效益，明确技术需求和相关标准。在成果向工艺工法及总结等方面转化过程中，根据实际需求，要求相关参研人员到场乃至驻场作为技术指导，配合现场工作，要求设计单位安排技术骨干长期驻场，全面指导实施单位落实科研成果和设计意图。

四、专家咨询团队，破解关键技术难题

（一）依托专家团队技术优势

在夯实前期理论研究和过程实践的基础上，为进一步核验技术成果的合理性、探索技术难题的多元化解决思路，并完善沪苏通长江公铁大桥科技创新水平的客观评估，指挥部在监督设计、咨询、科研单位开展技术管理工作的同时，组织或聘请路内外院士及有关专家参与技术攻关、施组评审、重大技术方案制订及评审和现场管理咨询等工作，构建大桥建设的专家团队，作为建设期间的智囊，为项目建设提供了技术支撑和保障。

团队包括路内系统、路外中铁和水利系统、大学院校、科研单位、同类工程的建设和设计人员等方面的管理和技术专家。

图 3-1-4　召开专家评审会议

在技术攻关期及固化期邀请院士及有关专家参加现场咨询会议，邀请原中国铁路总公司等上级单位专家主持和参与了对沪苏通长江公铁大桥的风险源评估分级判定、技术攻关、重大方案咨询、决策和评审等工作，充分发挥原中国铁路总公司工程管理中心直管项目优势。特别是在工程施工关键阶段，工程管理中心安排桥梁、地质等专业的资深专家，现场助力解决了沉井基础施工等难题。通过听取院士及有关专家的建议，推进工程建设，实现了建设“标准化管理示范工地，世界桥梁精品工程”的目标。

截至目前，共邀请路内外专家 600 余人次，召开专家评审会 91 次。

（二）承办专家咨询会及交流会

1. 承办中国工程院沪苏通长江公铁大桥考察及专家咨询会

“交通基础设施重大结构安全保障战略研究”是中国工程院 2015 年度重点咨询研究项目，主要是针对沪苏通长江公铁大桥结构的安全保障技术及战略进行现场调研和咨询。针对地震、风灾、滑坡、泥石流、冰雪凝冻等自然灾害以及可能的人为破坏灾害威胁，聚焦重大桥梁结构的安全保障问题，开展重大桥梁结构的安全现状、安全监测与预警、安全处治等技术性和战略性研究。调研分析桥梁结构安全保障国内科技发展的现状与趋势，论述我国桥梁安全保障领域的现状与面临的挑战，分析我国桥梁安全保障技术、措施和政策的现状、优势以及与国外的主要差距，在此基础上提出我国桥梁安全保障战略的指导思想和主要目标，形成我国桥梁安全保障战略重点及重点任务，并提出相应的政策措施建议。

图 3-1-5　院士行活动合影

参与“交通基础设施重大结构安全保障战略研究”沪苏通长江公铁大桥考察及专家咨询会的专家包括院士王梦恕、周福霖、卢耀如、郑颖人、葛修润、王景全、周丰峻、肖绪文、杜彦良、欧进萍、秦顺全、张广军、张军、何华武，交通运输部总工程师周伟、原中国铁路梁总公司副总工程师赵国堂等。

参建单位通过听取专家建议，梳理了安全风险管控重点，也进一步明确了后续施工总体方向。

2. 举办大体积高性能混凝土工程院士咨询会

混凝土质量是大桥能否成就精品工程的重要因素。沪苏通长江公铁大桥全桥混凝土用量达到 230 万 m^3，全桥混凝土最高强度等级达到 C60，主塔浇筑高度达到 330m，钻孔桩桩长超过 120m，水下大体积封底施工水深超过 100m，桥面采用 UHPC 超高性能混凝土。不仅体量大、强度高且施工环境复杂，贯穿整个建设周期。

在 2018 年超高主塔混凝土施工的关键时期，指挥部举办了沪苏通长江公铁大桥大体积高性能混凝土工程院士咨询会，与会专家包括院士卢春房、欧进萍、缪昌文、陈政清和岳清瑞等（图 3–1–6）。指挥部及参研、参建单位分别对前期的工作包括高性能混凝土应用管理、混凝土结构设计、混凝土施工技术、主塔墩混凝土裂缝控制技术研究进行阶段性的小结，与会专家在索塔锚固结构设计、主塔自密实混凝土、水下“盾壳法”混凝土灌注、铁路钢桥面 UHPC 超高强度混凝土等方面给予了高度评价，并从科研及现场施工等多个角度，探究技术优化方向，从而更好地部署下一步的工作。

3. 协办中国高速铁路桥梁工程科技创新论坛

为充分展示我国高速铁路桥梁工程建设取得的成就，进一步践行“交通强国、铁路先行”的历史使命，推动我国桥梁工程领域科技创新与可持续发展，巩固我国桥梁建造技术的国际领先地位。2019 年，指挥部协助中国铁道学会、江苏省综合交通运输学会和南通市政府举办了“创新桥梁技术，助力交通强国”中国高速铁路桥梁工程科技创新论坛，与会专家包括院士卢春房、周福霖、杨永斌、缪昌文、岳清瑞，江苏省交通运输厅厅长陆永泉等。

在借鉴同类项目关键技术创新的同时，交流大桥科技创新管理经验以及科研、设计及施工等方面的相关成果，进一步提升大桥建设技术影响力。

（三）参建单位专家团队

中铁大桥院形成了由集团公司院士和设计大师领衔的科研攻关及设计团队，针对大桥主跨大、荷载重、标准高以及建桥条件复杂等特点，对主跨 1092m 公铁两用斜拉桥开展了技术攻关，在设计中采取了一系列新理论、新结构、新材料、新工艺等技术创新。成立了以集团公司主要领导领衔、主要负责人为班底的施工现场配合组，进驻施工现场，为业主及施工、监理单位提供技术咨询和服务。有力地保障了大桥在建设及运营过程中的安全。

中铁大桥局项目部充分发挥集团公司雄厚的建桥技术优势，成立了技术专家组，依托全集团资源，充分发挥专家智慧，及时组织指导重大项目科研、重难点方案制定和技术攻关，在超深大截面沉井施工、超高主塔施工、大节段钢桁梁整体制造和架设、超长斜拉索挂设和张拉等方面，创新工艺工法，解决工程难题；联合高校和科研院所，对前所未有的专项施工难点进行重点攻关，及时突破施工瓶颈，顺利解决了百米水深下地基加固及检测、超高主塔混凝土降黏抗裂、深水复杂环境下混凝土灌注、大吨位桥墩防撞等世界性难题，既保证了项目的顺利实施，又形成了一系列行业前沿科技成果。

图 3-1-6　大体积高性能混凝土工程院士咨询会

中交二航局项目部依托全集团的建桥优势，在 4 号墩基础处理、钢拱桥梁体和拱肋安装中借助集团内专家资源，解决钢梁架设精度和拱肋合龙等现场技术难题。针对复杂问题，邀请专家讲座，答疑解惑，充分“借力专家”解决问题。在钢桁梁刚开始架设三个节间时，邀请铁科院和大桥局武汉桥研院资深钢梁专家到现场对高强度螺栓施拧关键工序作业进行指导，并进行授课培训；针对专用航道桥桥面板现场焊接顺序、宽焊缝处理等问题，邀请铁科院钢结构等方面专家到现场指导交流，以专家研讨会的形式深化对问题的认识。

铁科院中铁大桥监理项目部依托铁科院作为全路技术中心的优势，安排数位著名桥梁、材料专家，长期深入现场，参与高性能混凝土施工难点等技术攻关，及时解决了施工的难题。

五、阶段总结，固化成果

（一）坚持编制工程、技术总结与建设同步

按照《关于做好客运专线工程总结的通知》（铁建设函〔2009〕672 号）和原中

国铁路总公司相关要求，指挥部提出了编制工程、技术总结与工程同步进行的要求，并在开工伊始即委托铁科院着手研究编制《工程、技术总结大纲》，并于2015年8月以指挥部的名义印发了《沪通长江大桥工程、技术总结大纲》（沪通桥指〔2015〕65号）。《大纲》明确施工单位在分部工程竣工3个月内完成相关章节编制；监理、设计及施工图审核等单位随工程进展定期修改、完善。并且要求数据详实，影像资料清晰，突出工艺比选、创新、决策及经验教训等内容，经各单位相关部门审查修改后汇总。

沪通长江大桥建设指挥部

沪通桥指[2015]65号

关于下发《沪通长江大桥工程、技术总结大纲》的通知

指挥部各部门、各参建单位：

根据《关于做好客运专线工程总结的通知》(铁建设函[2009]672号）以及指挥部相关要求，现下发《沪通长江大桥工程、技术总结大纲》，请指挥部各部门及各参建单位按大纲要求和责任分工，及时组织总结、编制相关章节内容，并按《关于做好客运专线工程总结的通知》（铁建设函[2009] 672号）相关时限规定及时上报指挥部。指挥部将结合综合考评检查，对各单位总结工作进行考核。

附件一：沪通长江大桥工程、技术总结大纲

附件二：《关于做好客运专线工程总结的通知》（铁建设函[2009] 672号）

沪通长江大桥建设指挥部

20[illegible]年8月3[illegible]

抄送：指挥部领导，存档。

图 3-1-7　大纲通知

在此基础上，指挥部组织铁科院等单位阶段性审查各单位汇总后的总结材料，并提出修改意见和进度指标，确保编制思路与相关要求保持一致。2020年1月基本形成总结初稿，基于科研、设计，围绕建设主线，从不同维度、角度总结了大桥经验成果。

主要参编单位：沪通长江大桥建设指挥部、中国铁道科学研究院、中铁大桥勘测设计院集团有限公司、中铁大桥局集团有限公司、中交第二航务工程局有限公司、铁科院中铁大桥监理联合体、铁四院（湖北）工程监理咨询有限公司。

（二）组织编制《沪通长江大桥工程建设 BIM 技术应用》

沪苏通长江公铁大桥 BIM 应用的探索实践是在桥梁专业内开展项目级的尝试，开发应用了一些新功能，拓展了部分应用场景。指挥部组织大桥 BIM 课题组，将过程罗列出来，以期进一步提升对 BIM 技术的认识，也希望能够为其他同类应用项目提供些许的借鉴。

本书总结和回溯了 BIM 技术在大桥建设中的应用过程，包括大桥 BIM 技术应用实施规划、BIM 管理系统建设、模型建立及 BIM 技术设计应用、BIM 技术施工应用、BIM 技术钢结构制造应用、健康监测 BIM 技术应用等，并整理过程中所形成的钢桁梁建造信息模型交付标准、BIM 建模指南、论文以及所获得的奖项，统一作为沪苏通长江公铁大桥工程建设 BIM 技术应用的阶段成果。

（三）推进技术知识产权化

指挥部根据《中国铁路总公司科技创新知识产权管理办理》（铁总科技〔2014〕175号），制订了《科技创新管理办法》，指导、监督、检查参研及参建单位知识产权保护和管理工作，促进科技创新成果的转化和运用。

（1）发挥指挥部统筹部署作用，合理组织知识产权材料及各类科技奖项支撑材料申报程序。明确沪苏通长江公铁大桥课题研究成果的知识产权由原中国铁路总公司、指挥部、沪宁城际铁路股份有限公司和成果完成单位共享。沪苏通长江公铁大桥建设的科研成果鉴定时，所需的用户应用证明和效益证明，须经指挥部综合审核后出具，科研成果在以学术报告、论文、专著、研究报告、软件、专利申请、工法、评审或鉴定、报奖等任何形式公开前，均须经指挥部审核，并采取适当方式进行保护，为后续各级科技报奖做好成果储备。成果完成单位如许可他人实施或转让课题成果，须事先报原中国铁路总公司科技管理部审批。

（2）对已取得的科技成果尽快申请专利或采取其他有效保护措施。由指挥部统一部署，合理确定论文、专利、工法等成果编制的牵头单位及配合单位，并密切关注科技发展动态，分析相关技术的专利状况，防止重复研究。通过下任务、定计划、严考核，完善成果体系，夯实成果价值，在确保成果查新及评估鉴定工作有序开展的同时，也保障了参建单位的合法利益。

第二章 关键技术攻关

一、推广应用四新技术，提升特大型桥梁建造水平

指挥部组织参研单位从设计、建造及运营维护全盘视角，以问题为导向，超前谋划、精心组织；在研究过程中深度介入、监督协调；在建设过程中多措并举、动态优化。在将科研创新成果质量提高到行业领先水平的同时，也实现了科研顶层设计与一线建设需求的深度融合，保障了大桥建设顺利开展。

（一）新材料

1. 7mm 直径 2000MPa 级平行钢丝斜拉索

特大桥梁的缆索系统是桥梁的主要承重结构，也是桥梁的“生命线”。受制于冶金技术和配套资源，我国早期应用的斜拉索强度较低，高强度钢丝发展从 1995 年建成的汕头海湾大桥使用直径 5mm 强度 1500MPa 主缆钢丝伊始，至 2009 年建成的西堠门大桥使用直径 5mm 强度 1770MPa 主缆钢丝，历时 14 年。尔后经过设备升级和技术改进，2017 年依托虎门二桥坭洲水道桥，实现了从常规 1770MPa 和少数 1860MPa 钢丝突破至 1960MPa，但受限于拉丝成品稳定性，钢丝直径仍维持为 5mm，且主要依赖于进口钢丝。斜拉索的性能受原材冶炼、盘条制备、拉丝和成索等四大环节控制，任何一环的瑕疵都会影响索的质量；在提升强度指标的同时控制 7mm 的钢丝直径意味着盘条制作难度的显著提高。沪苏通长江公铁大桥所采用的 7mm 直径、2000MPa 级平行钢丝在世界桥梁行业内属于首次应用。

主要控制指标包括抗拉强度、扭转性能以及硫酸铜试验指标。沪苏通长江公铁大桥平行钢丝主要控制指标包括抗拉强度、扭转性能以及硫酸铜试验指标。抗拉强度要求达到 2000 MPa，反映了钢丝的总体承载能力；扭转性能要求达到 12 次，反映了钢丝的材质的均匀性和韧性；硫酸铜试验指标，反映了钢丝表面锌铝镀层的均匀性，是钢丝耐久性能的重要保证，要求达到 4 次。在以上重要指标突破的基础上，设计单位提出了

《沪通长江大桥用 2000MPa 级平行钢丝斜拉索技术条件》。

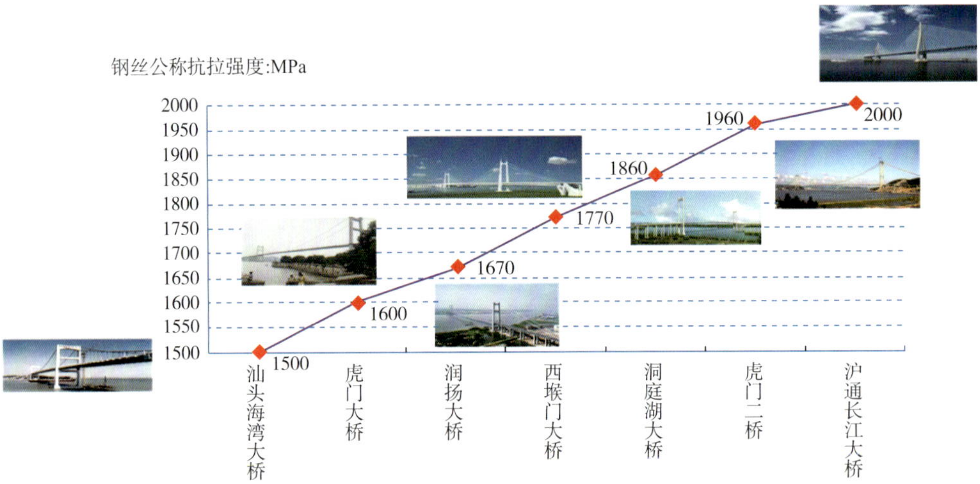

图 3-2-1　钢丝公称抗拉强度发展历程

作为钢丝生产的重要原材，盘条的性能是决定钢丝质量是否合格的重要因素。在沪苏通长江公铁大桥建设之前，国内盘条指标尚达不到设计要求，同期国际上也仅有韩国浦项、日本新日铁等个别厂家可以提供，但造价很高。原中国铁路总公司要求，通过沪苏通大桥要实现 2000MPa 钢丝国产化，填补行业空白。指挥部在实现盘条国产化进程中开展了一系列研究工作。

（1）充分调研，了解国内钢厂状况。调研显示，国内共有武汉钢铁集团公司（以下简称武钢）、江阴兴澄特种钢铁有限公司、青岛钢铁控股集团有限责任公司、中国宝武钢铁集团有限公司等钢铁生产厂家在钢铁冶炼和热处理生产线等方面具有较强的生产实力，同时也对开发新型盘条有积极的热情和信心，故初步确定选择这些钢厂共同研发国产盘条。同时，对钢丝生产厂家进行了了解，选择实力较强的江苏东纲金属制品有限公司、江阴华新钢缆有限公司、无锡宝通带业股份有限公司以及江苏帅龙集团有限公司等厂家，作为 2000MPa 钢丝的生产试制单位。

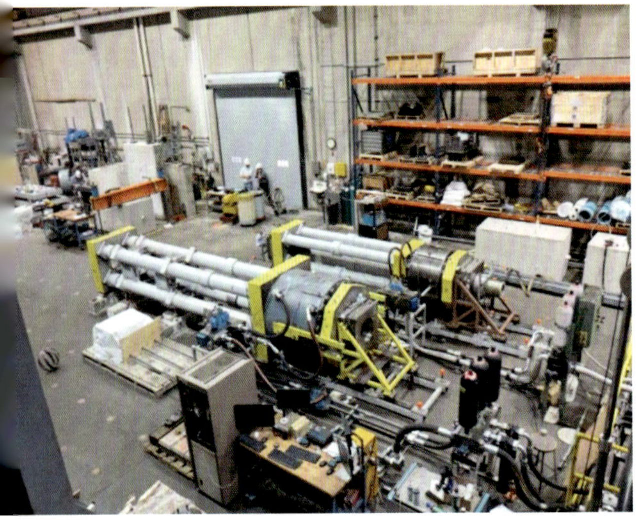

图 3-2-2　动力试验

（2）充分调动各方力量积极参与盘条研发。在了解国内行业状况的基础上，指挥部分别致函各钢厂并抄送各钢丝生产单位，共同双向选择进行盘条研发、钢丝拉拔试制工作，同时约定以此形成的2000MPa钢丝相关知识产权由各单位与指挥部共享。参与试制的企业积极投入，开展钢铁冶炼和盘条制作，并提供给钢丝生产厂家进行多次试验，将抗拉强度、扭转次数等关键性指标的合格率和稳定性逐步提高。

（3）严格把关，委托权威机构定点检测。经过一年的探索和试验，通过各盘条生产厂家和钢丝生产厂家的不懈努力，2000MPa钢丝各项指标不断提高。为了保证检验检测结果的公正性和准确性，指挥部委托国家钢丝绳中心专门对各单位提供的钢丝产品进行严格检测，指挥部领导多次到加工现场和检测机构现场取样、见证试验。最终，几大试制试验盘条厂和钢丝拉拔厂家均收到钢丝检验合格证，实现了2000MPa钢丝盘条国产化进程的重大突破。

（4）循序渐进，确保钢丝成材比率。获得钢丝检验合格证的试制试验厂家，方可纳入沪苏通长江公铁大桥钢丝、盘条招标选用范围。通过公开招标，选取江苏东纲金属制品有限公司、江阴华新钢缆有限公司、江阴兴澄特种钢铁有限公司、青岛钢铁控股集团有限责任公司等几家单位成为沪苏通长江公铁大桥的钢丝和盘条生产厂家。为了保证钢丝大批量生产过程中的成材率和稳定性，指挥部按照循序渐进、逐步突破的原则，采用30t试制、200t评审和800t验收三步走的控制方式，逐步提高钢丝成材率，确保工程应用质量。

（5）引领示范，带动重点工程应用。在指挥部组织攻关，确定2000MPa平行钢丝斜拉索技术条件，并实现国产化盘条突破后，芜湖长江公铁大桥招标选择了参与沪苏通长江公铁大桥钢丝、盘条试制试验的厂家供货。沪苏通长江公铁大桥国产化盘条的先行先试研究成果，达到世界领先水平，为我国2000MPa钢丝的推广应用奠定了基础。

2. Q500qE高性能桥梁钢

我国自主研发桥梁钢种从1968年建成通车的南京长江大桥采用16Mnq“争气钢”开始，依托2009年建成的武汉天兴洲长江大桥及2011年建成的南京大胜关长江大桥，分别研发形成

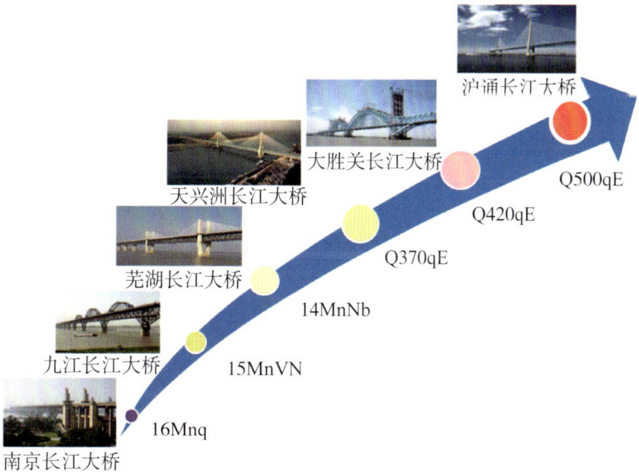

图3-2-3　桥梁钢材屈服强度发展历程

图 3-2-4　钢材静载试验

Q370qE、Q420qE 钢材。而以上现有常规桥梁钢已难以满足千米级公铁两用桥梁关键受力部位节点及杆件设计，研发更高综合材料性能的桥梁钢是大桥建成的重要前提，也是后续建造更大跨越能力及耐久性能钢桥的必然趋势。

沪苏通长江公铁大桥以试验和试生产为主要途径，在 Q420qE 钢基础上，研制 Q500qE 高强度桥梁结构钢，目标是实现较低的屈强比、良好的韧性以及较高工业化生产质量稳定性，并研发配套焊接材料及工艺。

参研单位针对 Q500qE 钢材的力学性能、工厂制造关键技术、设计关键技术等开展了系统性研究。为了保证研究成果，指挥部组织武钢和鞍山钢铁集团有限公司（以下简称鞍钢）分别开展独立试验研究，从钢材化学组分、掺料配方、冶炼工艺、生产及焊接工艺优化等方面开展独立试验研究，同时拓展进行低应力循环性能、疲劳裂纹扩展性能、宽板拉伸试验及断裂韧性试验等，以保证良好的工程应用效果。

钢梁最终由桥梁厂加工制造。只有通过钢梁制造厂最终性能考验的钢板，才能满足工程需要。基于此，联合中铁山海关桥梁集团有限公司（以下简称中铁山桥）分别对武钢和鞍钢生产的典型厚度 Q500qE 钢板进行了母材复验、系列温度冲击试验、切割和热矫形工艺试验、焊接性能试验、焊接材料试验以及对接接头、熔透角接接头、坡口角接和 T 形接头焊接工艺评定试验。经过对 Q500qE 钢板的综合力学性能和焊接性进行全面的试验、检验、分析和评定，详细记录试验工艺参数和检测结果，形成评定报告。在此基础上为铁科院加工了 Q500qE 高强度桥梁结构钢疲劳试验件和压杆稳定试验件，为中船第 725 所加工了 Q500qE 高强度桥梁结构钢宽板拉伸试验件和系列冲击试验件。经过多次试验研究和改进，研制出了各项性能及设计参数良好的钢板，满足了钢梁设计、制造要求。

在试验和试制的基础上，联合中铁大桥院、武钢、鞍钢等单位的专家和代表共同研讨，确定 Q500qE 钢材交货技术条件，明确了钢板的交货状态、表面质量、尺寸、外形、重量和允许偏差、化学成分、力学性能、超声波检验以及试验方法等参数要求，并邀请了原中国铁路总公司、中铁大桥院、中铁大桥局、铁科院、燕山大学、武钢研究院、鞍钢、中铁山桥、中铁宝桥等单位的专家共同评审。与会专家一致同意该技术条件可以在沪苏通长江公铁大桥工程中应用。

武钢和鞍钢进行 Q500qE 桥梁用钢板规模生产后，通过 2016 年近半年的反复试验和不断改进，使符合技术条件的钢板成材率由最初的不到 30% 提高到 90% 以上，量产性能稳定，满足了沪苏通长江公铁大桥工程建设需要，相关技术水平达到国际先进水平。

（二）新结构

沪苏通长江公铁大桥主桁采用 N 形桁，横向主桁间距为 2×17.5m（总桁宽 35m），边桁高度 16m，节间距 14m。上弦公路桥面采用正交异性钢桥面板，桁架下弦由与主梁断面同宽的钢箱组成，钢箱同时兼作铁路整体桥面。作为公铁两用斜拉桥，桥梁跨度大、荷载大，箱桁组合桁架结构受力复杂，桥面结构处于空间受力状态，列车设计速度最高达 250km/h，行车通过性能是核心设计指标。

科研及设计单位依托沪苏通长江公铁大桥，建立了千米级公铁两用斜拉桥设计参数体系；分析了风—车—线—桥耦合振动特征，评价了行车通过性能，优化了阻尼约束体系，形成轨道几何形位控制技术，同时完善了新型箱桁组合桁架结构设计；通过对截面形式及关键构造开展数值分析优化，并基于大比例模型试验和疲劳验证，优化局部设计，确保了沪苏通长江公铁大桥的施工、运营安全及优异的服役使用性能。

（三）新设备

1. 1800t 架梁吊机

大节段钢梁采用 1800t 架梁吊机悬臂架设。架梁吊机在吊装过程中，站位于已架梁端，垂直提升待架钢梁，架梁过程与挂索过程同步进行。根据这些特点，架梁吊机从结构上共比选了三种方案，分别为传统桁架结构、斜拉索结构以及牵索结构；按照提升方式，共研究了两种方案，可以分为卷扬机起升系统以及液压提升站起升系统。针对整节段三桁、重载吊装的特点，最终采用了四主桁结构、卷扬机起升的方案。

图 3-2-5　1800t 架梁吊机

架梁吊机由机架结构、走行系统、锚固系统、顶升系统、导向系统、起升系统、吊点纵移系统、电气液压系统、走道栏杆等几大部分组成。整机自重1022t，额定起重量1800t，起吊幅度13~22.15m。机架结构由四桁菱形桁片组成，可拆解为两台900t吊机，应用范围广泛，包括三大主要创新点。

（1）三点均衡吊装系统，即将两边吊点置于一根长横梁上，中桁吊点置于一根短横梁上，长短横梁前后错开，使三个吊点形成一个等腰三角形的形状；吊装时，先调整钢梁节段重心与三吊点三角形形心在同一条铅垂线上，然后控制三吊点的同步提升，即可保证三个吊点受力基本均衡。

（2）三前支点静定支承方式，即将中桁前支点变为液压柔性支点，通过液压比例系统程序自动控制该点反力约为三个前支点反力总和的1/3，使三个前支点受力明确。

（3）采用可翻转支腿设计，实现自走行时避让边桁顶面锚拉板。

2. 1800mm 轨道伸缩调节器

千米级公铁两用斜拉桥梁端在温度、风及列车荷载等作用下存在纵、横、竖向及转角等复杂空间变位，梁端伸缩装置及钢轨伸缩调节器需适应梁端位移，并提供足够的竖向承载能力。主航道桥梁端伸缩量达到±900mm，需要采用大位移量的梁端伸缩装置和轨道温度调节器（图3-2-6）。

图3-2-6　1800mm轨道伸缩调节器

前期针对国产TSSF型下承式伸缩装置进行了结构构造和部件设计、车—线—桥耦合振动分析、钢轨伸缩调节器平顺性分析，并对关键部件进行了性能试验，如垫板刚度测试、扣件刚度试验、扣件阻力和疲劳试验等。在此基础上，指挥部又组织中铁大桥院、上海铁路局、沪宁城际铁路公司、奥钢联BWG公司等单位，多次对BWG公司的SA60—1800型钢轨伸缩调节器方案进行专家论证。优化后的方案可满足主桥使用要求。

（四）新工艺

1. 基础

（1）主墩巨型钢沉井整体制造、出坞浮运施工技术

沪苏通长江公铁大桥其中29号主墩沉井基础平面尺寸为86.9m×58.7m，其中钢沉井全高56m，自重11259t，沉井总高110.5m，入土超70m。是世界上体量最大、入土最深的桥梁沉井基础。

如何保质保量地建造如此庞大的钢沉井，并将其平稳地浮运至桥位，精确地定位、接高、下沉，是一个前所未有的巨大的挑战。经过对周边施工资源、通航条件等详细的调查和对钢沉井制造、运输各环节的认真研究，一改从前钢沉井底节加工、浮运至桥位，再在桥位处接高的惯例，创新性地提出整体制造、浮运的方案。积极利用长江沿岸大型造船厂得天独厚的地理位置、施工场地、成熟的施工技术和工艺水平以及与之相配套的专业机械设备、熟练的技术工人等，在桥址上游10km的大型船坞专业化工厂进行钢沉井分块、分节制造，在船坞内组拼成整体。

图 3-2-7 钢沉井整体浮运

28号钢沉井于2014年3月1日开始加工制造，2014年6月22日即开始浮运；加工制造的时间仅三个半月，期间桥址墩位处同步开展锚碇系统的施工。当钢沉井浮运到位后，即可实现过锚定位，7月13号就实现沉井着床。相比传统的大型钢沉井在墩位处逐块、逐节拼装接高的常规工序，通过工厂化整体制造，既保证了钢沉井的质量，又大大减少了水上作业量和作业时间，大幅降低了水上作业安全风险和对航道的影响。

大桥主墩钢沉井采用沉井自浮、大型拖轮船队拖带的方式，整体浮运至桥位。浮运重量（包括刃脚混凝土、设备等）高达15000t，自浮状态下吃水12m。为减小钢沉井吃水深度，确保钢沉井浮运中的姿态稳定，采取封闭部分井孔、打气增压助浮方案，成功将沉井的吃水深度控制在8m左右，使钢沉井吃水深度满足设计要求，避免钢沉井在浮运过程中搁浅，减少了因水深不足而进行的清理河床、疏浚河道等工作，同时也减小了钢沉井浮运过程中的水阻力，相应减小了浮运拖带时配置的拖轮功率，有效节约了资源。通过助浮措施，解决出坞问题，减少浮运阻力，减少航道风险。由于沉井内有24个上下开口的巨大隔舱，无法用规范公式计算浮运阻力，指挥部通过组织研究单位开展数值分析和物模试验，准确得到浮运阻力。进而采用7+1形式的8艘拖轮浮运方案，共38000HP马力（7艘拖运，1艘备用），最终将沉井顺利浮运至墩位。

（2）主墩巨型钢沉井定位施工技术

沪苏通长江公铁大桥主墩沉井定位锚泊力达到960t，远超长江上任何一座桥梁。在沉井定位施工前，指挥部组织设计、施工等单位，参考了国内外大型沉井施工案例，对定位船、锚墩、锚桩和锚碇定位系统方案进行了深入研究，并邀请国内桥梁、水利和

图 3-2-8 主墩钢沉井定位

海事专家对施工单位建议方案进行了研讨和进一步深化，根据主墩、边墩、辅助墩沉井结构、制造特点及水文特点，最终确定主航道桥 28 号、29 号墩沉井采用“大直径钢管桩＋混凝土重力锚”新型锚碇系统和计算机控制液压动力多向同步快速定位技术。

与传统的沉井定位多采用的“导向船＋锚碇”和“锚墩＋锚碇”的沉井定位系统相比，新系统主锚受力锚桩结构简单，受力明确，施工方便快捷，蛙式重力锚自重大、抓力大，有效抑制了沉井浮体的水平摆动。新方案的实施，准确掌握了水流、潮汐变化情况下钢沉井定位过程中的四角高差、垂直度和平面扭角等几何姿态，实现了钢沉井下沉过程中的快速动态微调及注水着床时的精确定位，使钢沉井结构安全顺利着床。大直径钢锚桩锚碇系统，锚固装置拆装方便快捷，其锚固点设置在河床面，充分依靠桩周土抗力来提供水平力和上拔力，大幅减少大直径钢桩的弯矩。通过结构上的创新，形成了一套空间大刚度的锚固体系，不仅实现了巨型钢沉井的精确定位，也解决困扰行业五十年之久的沉井定位横水流摆动难题。

沉井在着床过程中需精确定位，对于矩形沉井，不仅需精确定位纵桥向、横桥向平面位置，还需精确定位平面扭角。传统的多组铁锚柔性锚碇系统，在定位沉井时多采用卷扬机逐个收紧各组锚绳，锚绳收紧精度以及作业效率低；而锚墩定位系统中的锚绳收紧装置分布在各锚墩上，定位调整系统不能联动，只能单独调整，难以实现沉井定位着床过程中多个自由度的同步调整。

研究团队充分利用大截面沉井顶面面积大的特点，首次在沉井定位中采用计算机控制液压动力多向同步快速定位技术，将定位调整系统布置在沉井顶面，将传统的卷扬机收缆方案改为使用 350t 连续千斤顶收缆方案。通过计算机控制系统同步控制所有连续千斤顶的张拉和放松，在沉井着床过程中，同步快速对钢沉井纵桥向、横桥向以及平面扭角三个自由度进行调整，实现钢沉井快速精确定位着床。其中，28 号墩钢沉井着床最大平面偏差 0.29m，扭角 18 分，实现了真正意义的精准定位。

（3）巨型沉井河床预防护技术

大桥桥址位于长江三角洲平原区，区内第四纪沉积厚度一般在 240m 以上，为松散的碎屑堆积而成，由上至下依次为粉土、粉砂、细砂、中粗砂，成分复杂，成因类型多，以冲积、冲海积、冲湖积为主。由于桥址水域的主航道水深流急，作为大桥涉水主塔墩基础的沉井尺寸巨大、迎水面积较大，在主墩沉井着床及下沉过程中，沉井周边的粉土、粉砂、细砂易受冲刷，一般冲刷深度可至标高 –37.5m，局部冲刷可至标高 –75m。沉井因河床局部冲刷过大发生倾斜没顶的风险是项目最大的风险之一。在 28 号沉井施工最困难的时刻，水面距离沉井顶面仅仅 4m。

这种情况将影响沉井着床精度、姿态和安全，对已着床的沉井稳定也会形成严重威胁。因此，为保证沉井顺利施工，须在沉井施工前对墩位河床进行预防护（图 3–2–9）。

根据沉井着床河床冲刷试验结果，研究确定了预防护体系由反滤层、防护层和棱体结构构成。29 号墩采用了预抛填处理的施工工法，河床防冲刷效果明显，沉井着床定位后，沉井平面位置和姿态基本未发生变化，达到了河床预防护的目的，确保了沉井的平稳着床，规避了沉井因河床局部冲刷过大发生倾斜没顶的风险。

（4）边墩、辅助墩沉井定位施工技术

主航道桥的边墩、辅助墩采用沉井基础，桥位处水深流速大、覆盖层深厚，若采用常规的锚碇系统，不仅将占用大量水域，数量庞大的铁锚资源也难于组织。

为解决钢沉井在双向水流作用下快速定位、精确着床的难题，采用“4 根锚桩 + 浮吊安装 + 定位辅助调整”的施工技术，在沉井井孔内设置定位锚桩，并在沉井结构处设置下导向、在钢锚桩顶部设置上导向结构。此内部大直径钢桩定位钢沉井的方案，构思新颖，定位速度快、精度高。钢桩阻水面积小，可减少河床冲刷，利于钢沉井着床稳定。定位系统结构简单，易于施工，可回收，造价低；实施方便，定位速度快；刚度大，可克服沉井周期性摆动难题；上、下导向对沉井进行多点支撑，可在突

图 3–2–9 预防护试验

图 3–2–10 辅助墩钢沉井吊装

沉过程中实现有效限位，阻止突沉造成偏位的加大。此方案节省了大量的工期及临时结构用量，经济效益明显。

（5）专用航道桥钢围堰施工技术

3 号、4 号主墩承台为矩形，尺寸为 55m × 25m × 6.5m（横桥向 × 纵桥向 × 承台厚度），顶高程分别为 –5.0m、–12.0m，位于河床面以下；两个主墩均采用 36 个 ϕ2.5m 钻孔桩基础（桩顶设 ϕ2.8m 钢护筒），摩擦桩行列式布置，桩长 120m、115m，桩底持力层为硬塑黏土。

根据承台布置特点以及所处位置的水文地质条件等采用双壁钢围堰作为承台施工的模板及挡水结构进行承台施工。

钢围堰分节在桥位附近的船厂内进行加工、制作和拼装。每节钢围堰整体拼装后，利用稳强 3 号浮吊（1300t，自航式）及平板驳船将其起吊、运输至墩位，逐节拼接、沉放。为减小底节钢围堰重量，在底节钢围堰运输至墩位后，选取平潮或水流流速较小时段，利用稳强 3 号浮吊将其运输至墩位处的平台上方，调整其平面位置及姿态，利用导向装置精确定位。钢围堰下水至自浮状态时，选择高平潮，对称、快速浇注刃脚混凝土，向钢围堰夹舱内均匀、快速注水，使钢围堰快速平稳着床。

吸泥工艺下沉为主，同时采用注水、向夹壁内浇筑混凝土等增加配重的方式辅助下沉。

钢围堰下沉到位并临时固定后，对河床进行清淤、找平。针对局部高低不平位置，采用吸泥机吸泥找平。为保证封底混凝土与护筒间的握裹力，利用高压水枪对钢围堰刃脚部位进行冲洗找平，并对承台底以下护筒周边进行冲洗。为防止封底混凝土层间夹泥（因封底混凝土冲击泥土造成），对导管布置点 1m^2 范围内的区域，采用砂袋码平，并加盖 1m × 1m 的花纹钢板。

采用中心集料斗与罐车自卸封底相结合、多导管布置水下混凝土灌注工艺，遵循“由上游向下游推进，泵送与自卸独立进行，储料足够，保证埋深”的原则进行封底混凝土施工。3 号主墩钢围堰于 2014 年 12 月 17 日一次性成功封底，抽水后无漏水现象。

（6）跨横港沙区域吹填施工技术

长江水利总体治理规划中的横港沙浅水区圈围整治二期工程，恰好覆盖沪苏通长江公铁大桥 9~22 号墩。结合横港沙圈围规划及桥位工程特点，大桥建设将水上平台施工方案调整为“先期在 9~22 号墩桥轴线上下游吹填 67m 宽临时施工平台”的“陆地”施工方案，并组织中铁大桥院、中科院武汉岩土研究所、南京水科院等单位对该方案进行了研究分析，为水上筑岛建设提供技术支持。该方案先后获得地方政府和江苏省水利厅的支持，并最终获得长江水利委员会的认可和正式批复。化水上平台施工为陆地施工，保证了施工质量安全，提高了工效。

图 3-2-11　吹填筑陆

（7）水上吹填区轻型井点降水施工技术

在认真总结陆地“轻型井点降水 + 放坡开挖”经验的基础上，创造性应用此工艺顺利完成江中筑岛区域 10~21 号墩的承台施工。基坑放坡分两级进行，放坡坡比为 1∶0.75；降水管分三级布置，基坑外顶层、分级台阶处、基坑内边缘各设一圈。现场实施效果非常好，现场整洁干净，基坑内无漏水现象。与钢板桩方案相比，该方案不需设置纵横支撑，创造了良好的作业条件，提高了承台施工工效。此种将以往用于岸上的井点降水工艺进行创新后成功应用到长江吹填区上的案例，为桥梁基础施工积累了宝贵经验。

2. 混凝土

（1）330m 超高桥塔 C60 高性能混凝土制备技术

针对超高桥塔 C60 高性能混凝土，重点研究了混凝土抗裂、耐久性能，建立了考虑温度、湿度、水化热等多场耦合下的混凝土结构开裂风险模型，实现了基于可靠度理论的超高索塔混凝土结构抗裂度和耐久性设计，并提出了 C60 自密实高性能混凝土合理配合比，确定了泵送管道系统的合理方案，为超高索塔施工关键技术提供了理论支撑。为将 C60 高性能混凝土应用在主航道桥索塔上，现场施工还需要解决索塔表面混凝土防裂以及 330m 高塔施工混凝土泵送等难题。指挥部组织中铁大桥局、东南大学、武汉理工大学等单位的研究人员，根据现场混凝土原材料，多次进行混凝土试制及配合比优化工作，并在试验墩上进行模拟泵压的泵送灌注，解决了混凝土高空泵送问题，施工效果良好，为主塔混凝土施工奠定了基础。

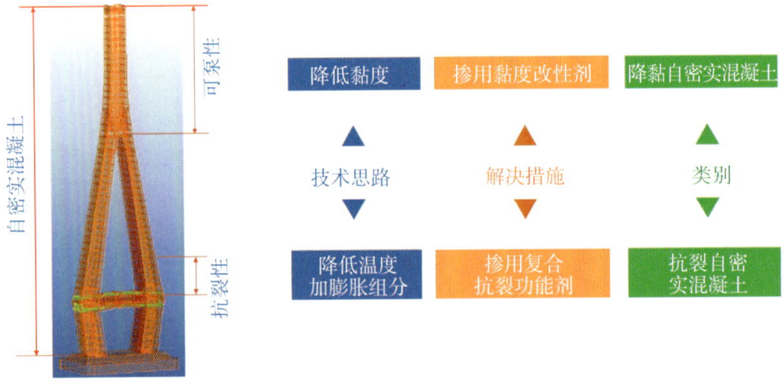

图 3-2-12　主塔降黏抗裂混凝土应用示意图

在 28 号主塔正常施工将至上塔柱时，指挥部根据施工及科研单位不断开展的现场试验和理论研究，对主塔塔柱配合比进行第二次优化，一方面利用了黏度改性材料的高胶凝活性，降低塔柱混凝土单方胶凝材料用量，在保证混凝土各项力学性能指标的前提下，显著降低了塔柱混凝土的绝热温升，对塔柱结构防开裂具有重要意义；另一方面还利用黏度改性材料中无机超细粉料的滚珠效应，显著降低了混凝土塑性黏度，在保持压力不变的情况下，使混凝土可以泵送至更高的位置。

根据工程管理中心组织的大跨度铁路桥梁主塔大体积混凝土施工防开裂技术专题研讨会意见，指挥部组织中铁大桥局、东南大学等单位，对混凝土防开裂技术进行专题研究，根据理论和试验研究成果，提出了 29 号墩主塔墩抗裂混凝土研究与应用方案，对配合比设计以及相关施工措施进行了调整和优化，提出具体操作要求，并在 2018 年 5 月 14 日的专家评审通过后，在 29 号墩中塔柱实施应用。

（2）铁路桥面 UHPC 铺装技术

业内常用铺装材料（铁路钢桥面铺装主要采用聚合物纤维混凝土、环氧沥青混凝土、浇注式沥青混合料）的使用寿命小于桥梁主体结构的寿命，使用过程中必然要对铺装层进行维修与更换。由于铁路桥面铺装层处于道砟下，铺装层开裂、破损不容易被发现；雨水会通过开裂、破损处向下侵蚀，降低钢桥面板使用寿命，此外维修需要中断铁路运营，成本很高。

沪苏通长江公铁大桥主航道桥铁路桥面采用了内部布置 ϕ10mm 钢筋网的 UHPC

铺装（厚度 6cm），UHPC 与桥面采用焊钉连接，具有超过 100MPa 的抗压强度、超 20MPa 的抗弯拉强度以及超强的耐久性能，可以显著提高正交异性钢桥面板局部刚度，避免疲劳裂缝产生。

最终，大桥铺装层实现了 P20 级别的超强抗渗性能以及良好的微裂缝自愈能力，避免了钢桥面板受雨水侵蚀。作为水泥基材料，铺装层可以达到与桥梁主体结构同寿命，显著减少铁路运营养护维修成本。

（3）公路钢桥面沥青铺装技术

针对公路桥面铺装，经过广泛调研和试验论证，在主桥公路桥面采用“2.5cm 高温拌和型环氧沥青 EA10+3.5cm 高弹改性沥青 SMA—10”组合式铺装结构，下层环氧沥青具有较高的强度和良好的抗疲劳性能，可施工时间长达 2 小时；面层具有良好的行车舒适性，便于维修。采用两台摊铺机全幅摊铺，6 台钢轮、6 台胶轮紧跟碾压，11 天优质高效完成主桥全长 1800m、54000m^2 的铺装任务。

（4）超大体量承台施工温控技术

28 号墩承台平面尺寸 83.9m × 55.7m，承台高 9m，钢筋 4617.6t，C45 混凝土总方量约为 41787m^3。承台混凝土由 3 艘水上搅拌船和水上固定混凝土工厂集中供料。承台高度方向分 3 次浇筑，浇筑高度依次为 3m、2.5m、3.5m，单次浇筑方量为 13930m^3、11607m^3、16250m^3。

在混凝土构件的浇筑和硬化施工过程中，水泥水化反应会产生大量水化热。大体积混凝土构件由于表面散热较快，而内部水化热不易散发，容易因芯部的温升速度过快、温峰值较高，导致在表面和内部的较大温差引起的热应力下发生开裂。

业内应用于大体积混凝土温度控制的主要措施是通水冷却。但大体积混凝土浇筑量大，结构边界条件复杂，且在结构内部布置冷却水管会使得结构内部的温度场和应力场的分布更复杂。

参研单位借助数值软件进行计算分析，从参数选取、技术指标拟定、模拟结果分析等方面着手，对承台温度控制的数值模拟进行系统研究，得出混凝土温度控制数值模拟过程中各项参数的建议取值；给出混凝土不

图 3-2-13　330m 主塔施工

图 3-2-14　主塔自动喷淋降温

同温度阶段水流速度、流量以及通水时长等设计技术指标；得出混凝土浇筑后的前 7 天是开裂的高危时期，应在混凝土浇筑过程中采用动态监控措施，尤其注意混凝土浇筑前期监测数据是否超标，一旦发现不利情况随时调整温度控制技术指标，从而降低承台混凝土开裂风险的研究成果。

据此研究成果，针对性地进行循环冷却水系统设计、布置和控制，并从原材料、掺和料、环境等方面对大体积混凝土施工进行综合控制，保证了超大体量承台混凝土夏季施工质量。

3. 钢结构

沪苏通长江公铁大桥钢梁结构体量大、材料新、精度要求高、供货时间集中。为满足工期及质量安全需求，项目搭建了钢结构从原材料生产到成品工程的全寿命智能建造链条，在材料研发、加工制造、现场架设及合龙监控方面均有着重要创新。

（1）基于 BIM 技术的两节间整节段钢桁梁加工制造工艺

沪苏通长江公铁大桥钢梁制造用钢量超 250000t，体系庞大、材料类型众多且结构复杂。主航道桥钢梁采用节段内两节间全焊制造、整体吊装架设新工艺，开国内之先河。由于大节段全焊接的设计形式，主桥螺栓数量仅 3.1 套 /t，远小于大胜关桥 41 套 /t 钢梁，大大减少了螺栓延迟断裂对以后行车的影响（表 3-2-1）。

螺栓数量比较　　表 3-2-1

项　目	大胜关长江大桥	安庆长江大桥	天兴洲长江大桥	铜陵长江大桥	沪苏通长江公铁大桥
高栓量（万套）	320	111	130	62	40
钢材（万 t）	7.68	4.77	4.6	6.94	13
每吨钢材高栓量	41.67	23.27	28.26	8.93	3.1

桁式采用“N”形桁，边桁桁高 16.0m，中桁桁高 16.308m，桁宽 2×17.5m，每个主桁节点均设横联。大节段（双节间）钢梁长为 28m，整节重量超 1700t。公路桥

面采用正交异性整体钢桥面板结构，铁路桥面采用整体钢箱结构。结合段公路桥面采用纵横梁体系，铁路桥面则与标准段结构形式相同。

总体工艺为在工厂内将两节间杆件和拼接板、各连接的接头板以及公路铁路桥面系和锚拉板焊成整体，再将整节段运至桥址架设。

由于组成整节段的桁片和桥面板焊接量大，焊接变形不易控制，造成整节段外形尺寸精度不易控制。整节段整体刚度大，后期节段间拼装合龙口调整空间小，节段制造精度要求高，连接孔位精度控制是整节段制造的难点。整节段最大吊重约 1744t，场内转运、下水装船等难度大。第六代高强度桥梁钢 Q500qE 系首次应用，焊接工艺无经验可循。

大吨位、大尺寸桁片体零件数量多达上百个，工艺上必须进行阶段化生产。从零件制造、单元件制造、部件制造到组成片体，工序复杂，流程线长，每个加工工序和加工步骤都直接影响最终的精度和质量。工序质量控制是加工的重点，施工误差必须在每个工序中消除，避免积累。

铁路钢箱桥面板块、公路正交异性板桥面块体，都是超长的焊接件，组成的零件多达上百，纵梁、纵肋、横梁、横肋、加劲板等构件密集，结构复杂，横梁接头板多，纵断面大，连接面广。

经过充分调研，主航道桥钢梁选择在中铁山桥和中铁九桥进行制造。这两家公司均参与了天兴洲长江大桥、铜陵长江大桥等多座大型钢桁梁桥的建造，在整体节点杆件、整体桁片、正交异性钢桥面板块、钢箱桥面以及整节段等的制造上积累了丰富经验。

钢梁结构特点决定了整体节点弦杆、桥面板单元及整节段的制造为本桥的重点和难点；在工艺角度上，主要零件制造、单元件及杆件的组装与焊接、制孔、整节段拼装、涂装及运输等是钢梁制造的关键工序。

钢梁加工制造精度高低从源头决定了整节段钢梁架设的成败以及运营的安危。指挥部在钢结构制造中以钢梁为核心切入点，积极推进 BIM 技术应用，搭建了以 BIM 模型为基础，以云技术和物联网技术为核心的 BIM 管理系统；通过钢梁设计制造一体化，实现了钢梁下料自动排版、余量添加；应用激光跟踪测量、焊缝信息管理、钢梁杆件管理、虚拟拼装等，将钢梁制造过程信息化、智能化，提高了钢材利用率，强化了对质量和进度的掌控能力。

①焊缝质量管控

沪苏通长江公铁大桥桁片总拼施工过程与测量同步进行，整节段拼装采用“3+1”

短线法进行匹配。桁片总拼过程中消除环境温度变化对拼装、测量精度带来的不利影响，保证三桁尺寸、线形偏差的匹配。严格执行焊接工艺和合理的焊接顺序，减少焊接变形；过程中对焊接收缩进行跟踪，对信息整理分析，以精确预留焊接收缩量，并摸索焊接顺序与焊接预留收缩间的规律；布设合理的测量控制网，对胎架及节段的所有测量点进行直接、准确的监测，保证测量精度。

大桥钢梁制造采用焊缝信息管理系统，统一管理焊接参数，真实、准确记录焊接过程信息并自动上传到服务器。通过计算机对焊机设定焊接工艺参数，并在给定范围内进行微调，防止焊工对焊接参数的误操作。实时记录和上传焊接参数，有利于控制焊接质量，并能实现主要、关键产品焊接过程监控，减少传统人工测量的资源投入和测量误差。

同时预留数据接口，与BIM管理系统进行信息共享，可实时调用工厂服务器内焊接记录，追溯每条焊缝的焊接历史，实现了异地信息的无缝对接和资料的无纸化管理。

②整体节点杆件及桥面板单元质量控制

整体节点杆件是最复杂、制造精度最不易控制的杆件。制造过程中，通过采用数控切割、精密切割、双龙门数控机床等先进的设备，保证节点板尺寸、杆件制孔的精度。通过合理的组装与焊接方法，减少杆件在组焊过程中的变形，有效控制杆件的整体尺寸精度。

主航道桥公路及铁路桥面采用正交异性整体钢桥面，桥面板单元为典型的U肋板单元。U肋板单元的面板、U肋间连接均采用焊接连接。应用现代化的制造设备，实现U肋板单元自动化、智能化、信息一体化生产。

图 3-2-15　数控切割下料系统

图 3-2-16　板单元焊接机器人

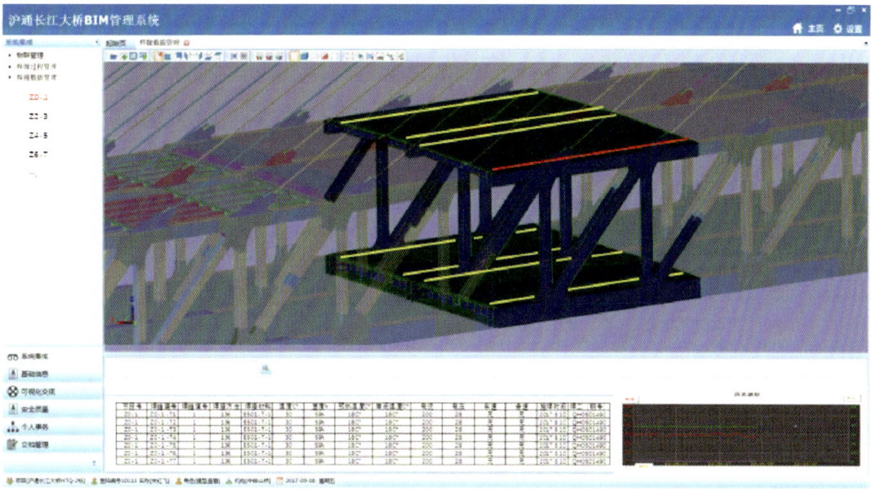

图 3-2-17　远程 BIM 平台焊缝管理示意图

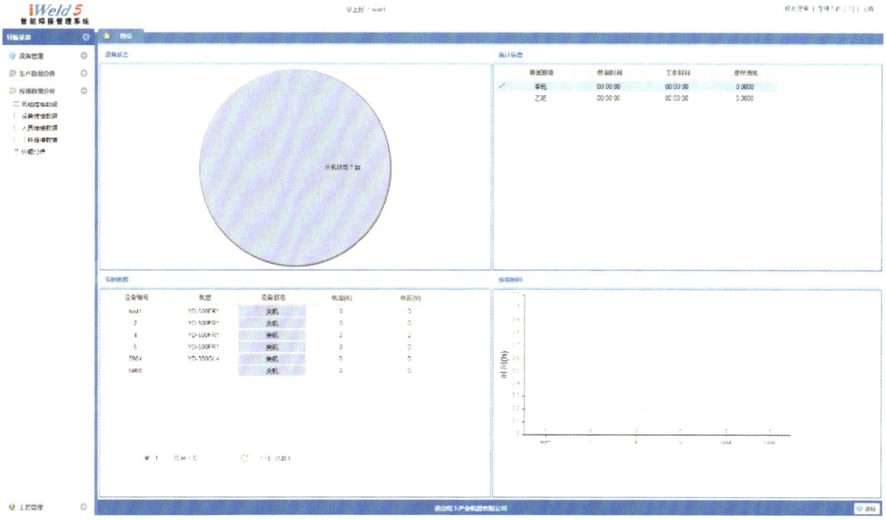

图 3-2-18　焊接信息管理系统服务器

节段号	焊缝编号	焊缝道号	检验项目									施焊时间	焊工（钢号）
			焊接方法	焊接材料	温度℃	湿度	预热温度℃	层间温度℃	电流A	电压V	车速(m/h)		
Z0-1	Z0-1 -T1	1	136	GFL71Ni	34℃	45%			240	30	/	2017.08.09	QH0501490
Z0-1	Z0-1 -T1	2~	121	H08Mn2E+SJ105q	34℃	45%		140	670	30	22	2017.08.09	QH0501510
Z0-1	Z0-1 -T2	1	136	GFL71Ni	34℃	45%			240	30	/	2017.08.09	QH0501490
Z0-1	Z0-1 -T2	2~	121	H08Mn2E+SJ105q	34℃	45%		140	670	30	22	2017.08.09	QH0501510
Z0-1	Z0-1 -T3	1	136	GFL71Ni	34℃	45%			240	30	/	2017.08.09	QH0501490
Z0-1	Z0-1 -T3	2~	121	H08Mn2E+SJ105q	34℃	45%		140	670	30	22	2017.08.09	QH0501510
Z0-1	Z0-1 -T4	1	136	GFL71Ni	34℃	45%			240	30	/	2017.08.09	QH0501490
Z0-1	Z0-1 -T4	2~	121	H08Mn2E+SJ105q	34℃	45%		140	670	30	22	2017.08.09	QH0501510
Z0-1	Z0-1 -T5	1	136	GFL71Ni	34℃	45%			240	30	/	2017.08.09	QH0501490
Z0-1	Z0-1 -T5	2~	121	H08Mn2E+SJ105q	34℃	45%		140	670	30	22	2017.08.09	QH0501510
Z0-1	Z0-1 -T6	1	136	GFL71Ni	34℃	45%			240	30	/	2017.08.09	QH0501490
Z0-1	Z0-1 -T6	2~	121	H08Mn2E+SJ105q	34℃	45%		140	670	30	22	2017.08.09	QH0501510
Z0-1	Z0-1 -T7	1	136	GFL71Ni	34℃	45%			240	30	/	2017.08.09	QH0501490
Z0-1	Z0-1 -T7	2~	121	H08Mn2E+SJ105q	34℃	45%		140	670	30	22	2017.08.09	QH0501510

图 3-2-19　焊接信息采集模版表格

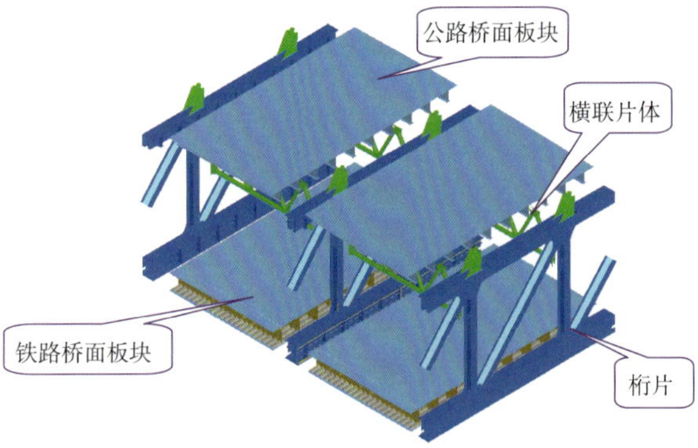

图 3-2-20 钢桁梁整节段分块示意图

③整节段制造精度控制

整节段制造为厂内施工的重中之重，总体可划分为两大步骤。第一步分别完成主桁桁片、公路正交异性钢桥面、铁路钢箱桥面、横联片体的拼装，第二步进行整节段的整体拼装。两步均采用多节段连续匹配拼装的方案，在专用胎架上完成。为保证各节段之间多接头的良好匹配性，实现拼装接头无应力状态下的良好对接，需要进行部件总拼和整节段多节连续匹配总拼，工作量大、拼接难度大。

为提高部件匹配准确度，提高节段内及节段间拼装精度、拼装效率，降低拼装难度和工作量，在拼装前，采用激光跟踪仪及 SA 测量激光跟踪测量系统，模拟节段拼装过程，预先判定各个块体间误差对整体节段总拼效果的影响，积极探索应用钢桁梁虚拟拼装系统。

该系统主要包括节段以及相邻节段对接虚拟拼装两大部分。

节段虚拟拼装方面，在边桁、中桁，上下层桥面板块连接部位（横梁及横梁接头板、横联接头板等）布置测点，利用激光跟踪仪测量关键连接点的坐标。

首先对测得的不同部位的连接点坐标进行处理（预加焊接间隙），依序对测量好的拼接接头部件坐标组进行最佳拟合，完成节段内各块体虚拟预拼装。

节段内各块体虚拟拼装完成后，通过测量虚拟模型得到大节段的各个关键数据，包括节段长度、宽度、高度、垂直度以及对角线差等，实现节段的虚拟拼装。

在板块测量的同时，测量环境温度及杆件温度，在软件虚拟拼装过程中对每个板块设置不同的温度补偿，以保证所有板块在统一误差条件下进行虚拟拼装，尽可能降低测量误差对虚拟拼装效果的影响。

节段对接虚拟拼装时，为保证节段间的连接精度，整节段拼装基本都采用多节段连续匹配拼装与焊接方案（短线法），在上一轮节段拼装完成后留下一段作为下一轮的母段参与拼装，从而保证了相邻节段之间的顺利连接。

短线法长期存在占用场地大、工期长、施工效率低和协同性差等问题。在大桥钢桁梁制造中，对节段环口的关键性数据进行测量，将数据上传至统一的 BIM 管理平台，方便各方进行数据共享，指导下一节段组装时的公差控制；通过单独节段拼装，减少短线法拼装体积大、时间久的问题，达到虚拟预拼装的目的，同时实现异地节段拼装的顺利连接，方便异地同时施工，提高了节段拼装的效率。

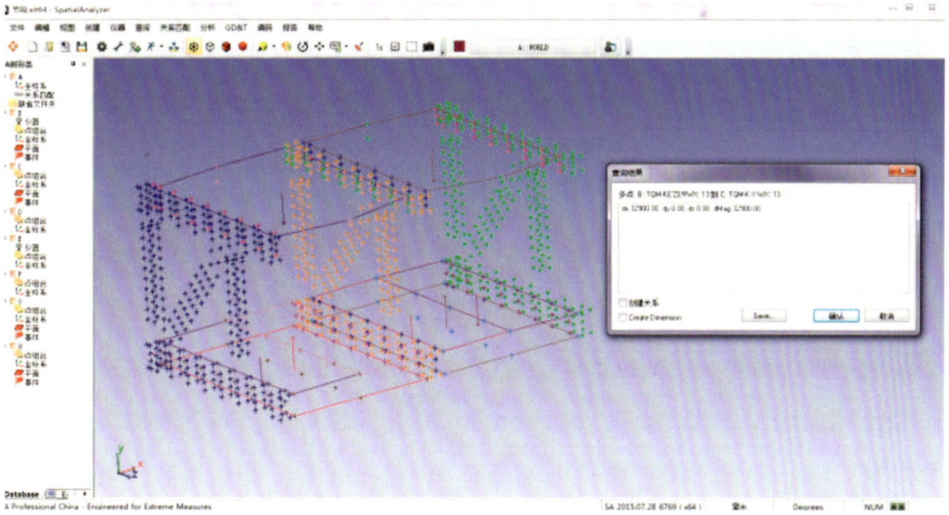

图 3-2-21　节段虚拟尺寸检测示意

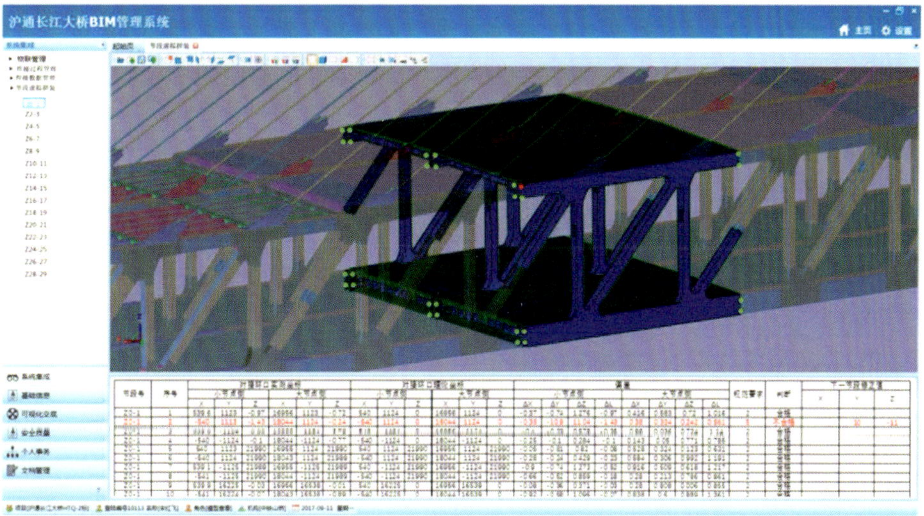

图 3-2-22　节段间虚拟拼装示意图

在科学的制造方案和严格的质量控制下，整体节段在连续匹配过程中高强度螺栓孔重合率100%，外形尺寸、安装精度、制造线形完全符合制造规范要求。BIM与钢结构“工厂制造、现场装配”相结合的工法，是行业智能化和规模化的发展方向。

（2）两节间整节段钢桁梁架设技术

主航道桥采用整节段制造、架设方式，全桥共计164个节间，墩顶区域与主跨合龙区域为单节段，悬臂架设区域为包含两个节间的标准节段。

架梁吊机站在已架梁段上架设钢梁，已架梁段变形与待架梁段变形不一致，且钢梁整体刚度大，调整困难。

经计算分析，整节段拼装采用先下弦，再斜杆，最后上弦的拼装方式。架梁过程与斜拉索挂设过程同步开展。采取三角形吊点结构，分离长短扁担设计，吊点呈“平面三角形”布置；相较于传统的“一条线”的吊点布置形式，起吊过程中，可调整高差、扭角等，保证三桁起吊的同步性和对接的精度。架梁吊机的中支点反力恒定，避免了反力过大对钢桁梁竖杆造成影响。

主塔墩墩顶节段架设完毕后，在钢梁下弦 E42、E44 节点处设置抗风牛腿，用于大悬臂架设施工期间的横向抗风稳定、纵向临时锁定，保证大悬臂施工安全。

由于 29 号墩施工进度滞后于 28 号墩，经充分计算分析，29 号墩侧采用塔梁同步的施工方案，塔、索、梁并行施工。主塔施工至第 40 节，开始塔梁同步施工。上塔柱施工一节时间约 12 天，整个架梁方案节省约 180 天。

通过科学的施工方案设计和合理的工序交叉，既保证了质量安全，又加快了施工进度。

（3）专用航道桥钢梁架设技术

沪苏通长江公铁大桥天生港专用航道桥采用钢桁梁柔性拱桥方案，跨径布置为（140+336+140）m，主桁按华伦式三主桁布置，柔性拱设在 336m 的主跨上。三主桁的横向桁间距为 2×17.25m，边桁高 15.7m，中桁高 16m，节间长 14m。

总体采取“先梁后拱，主桁散件悬拼，拱肋竖转”的施工方案。

双悬臂架设跨度大、荷载重，施工期间确保结构的稳定性是关键。通过计算墩顶处临时锚固荷载，分析了三跨连续钢桁梁架设过程中最大双悬臂状态下最不利荷载对全桥稳定性的影响，同时对托架进行了设计，对承载能力与稳定性进行了验算，证实了临时结构能承担双悬臂状态下最不利工况组合荷载，确定了临时竖杆与墩旁托架的设计方案。悬臂架设期间，钢桁梁通过临时竖杆与桥墩连成一体，托架采用格构柱结构与承台及墩身连接，保证了施工安全。

针对三主桁钢桁梁中跨合龙时“合龙杆件数量多”的难题，在充分研究合龙方案的基础上，创新提出“先合龙两边桁、再正常安装中桁”的分步合龙的方案，有效地降低了合龙难度，确保施工的顺利进行。

钢梁中跨合龙后，在主梁上搭设拱肋拼装支架，采用 1 台 100t 履带吊及 1 台 50t

汽车吊配合进行拱肋拼装焊接，按照先主肋，后平联，平联滞后主肋两个节段，安装方向从拱脚向跨中的模式推进。利用扣塔将两侧拱肋分别竖转就位，安装拱肋中间合龙段，完成体系转换后安装吊杆，最后进行桥面附属设施施工。

图 3-2-23　专用航道桥钢梁架设

（4）3×112m 钢桁梁悬臂架设技术

3×112m 钢桁梁采取先双悬臂后单悬臂架设的施工方法，较传统由岸向水的纯单悬臂架设方法增加了工作面，提高了施工效率，节约 1/3 以上工期。中墩墩旁托架替代初始跨内的整跨拼装支架，既大幅降低了施工投入，也在一定程度上摆脱了地形地貌、地质条件对临时设施布置、施工的制约，提高了复杂地形地貌、不良地质条件下的适应能力。

在双悬臂架设过程中充分利用了双向对称的竖向自平衡特性，在单悬臂架设过程中利用已经架设的两跨钢桁梁提供竖向抗倾覆稳定与横向抗风稳定，替代了单悬臂架设时的压重措施（图 3-2-25），既降低了施工投入也保证了架梁过程中的结构稳定。“墩旁托架 + 半幅上墩”技术进一步降低了大悬臂工况下下弦压杆应力，提高了大悬臂施工期间的结构应力安全储备。

4. 缆索体系

沪苏通长江公铁大桥主桥斜拉索最长达到 576.5m，单索最重达 84t。在研发成功

2000MPa 新型国产斜拉索后，主桥还需要攻克超长超重斜拉索挂设以及成桥减振抑振难题。

图 3-2-24　双悬臂架设

图 3-2-25　利用已架孔跨为压重进行单悬臂架设

（1）超长超重斜拉索挂设技术

沪苏通长江公铁大桥主航道桥斜拉索设计布置为 36 层（共 432 根），单根索最长 576.2m，单根索最重 83.5t, 单根索最大张拉力 998t。主要施工步骤为索体运输上桥→桥面展索→塔端挂设→梁端牵引→塔端牵引及张拉。

桥面整体运输及展索过程中，采用液压可升降式运梁台车整体运输带钢盘的索体和放索机，先展索后挂索，节省了大吨位的起吊设备，避开脱空展索施工环节，从而减轻吊重大，也利于索体 PE 护套的保护。梁端安装通过采用 80t 卷扬机牵引技术，将沪苏通长江公铁大桥最长索梁端钢绞线软牵引长度由 55m 减少到了 21m。一方面节约了钢绞线材料，另一方面大大提高了工效。为解决在梁端大牵引力要求下锚拉板内部空间受限难题，设置新型梁端反压系统，实现长索梁端快速牵引及安装。

（2）超长超重斜拉索成桥减振抑振技术

由于斜拉索自身垂度效应显著，自振频率较低，在外界风、雨及交通荷载作用下的共振风险大，因此减振抑振难度大。

通过建立索 - 梁 - 塔耦合参数振动多自由度模型，提出了拉索大幅参数振动判别条件，完成了典型风致振动响应及减振参数敏感性分析。结合室内模型试验，基于 ELMD 阻尼器研发出适用于超长斜拉索的外置式阻尼器，有效控制了拉索面内和面外振动。

沪苏通长江公铁大桥通过对 2000MPa 斜拉索的原材研发、缆索制备、运输、安装挂设、减振研究，形成了斜拉索从生产到成桥的成套技术，提升了行业的整体施工水平。

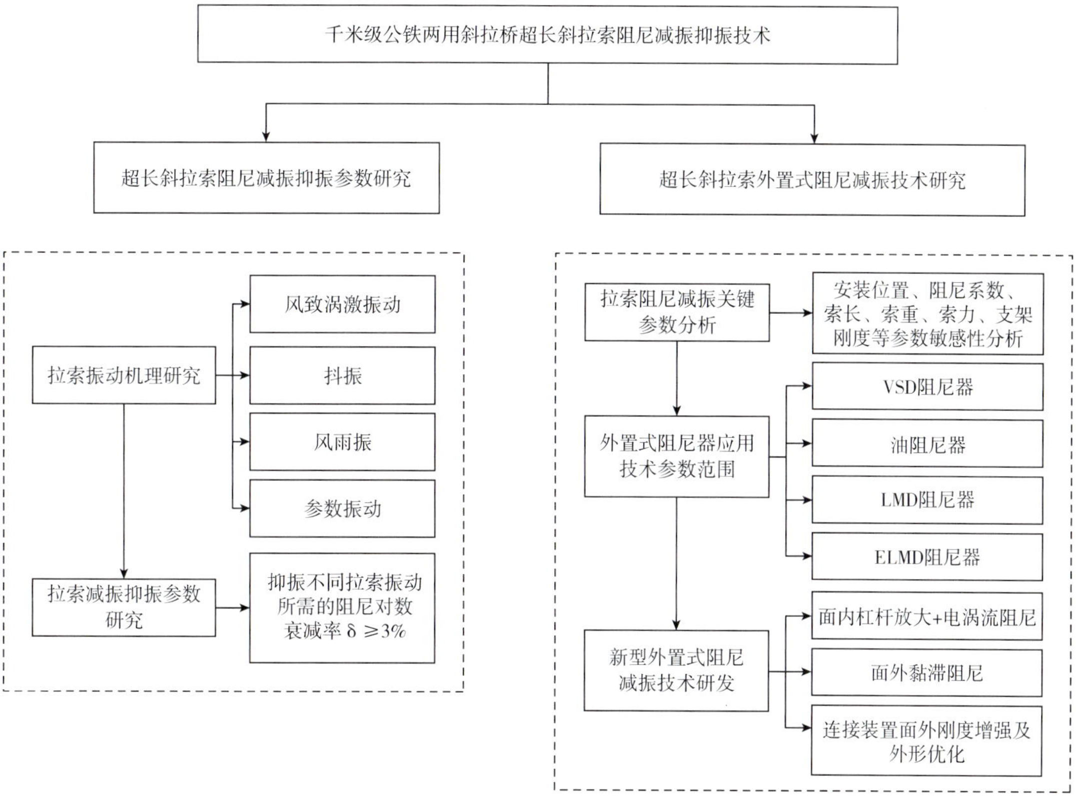

图 3-2-26　千米级公铁两用斜拉桥超长斜拉索阻尼减振抑振技术路线

二、推广应用智能建造技术，提升特大型桥梁安全质量管控水平

宏观意义的智能建桥，是以工厂化、装配式为主线，依托科技创新，发展机械化、信息化转型，减少人为因素导致的低效率、高风险、高能耗等问题，为提高桥梁建造性价比和可靠性而形成的先进管埋埋念和技术支撑。

指挥部首先根据工厂化、装配式理念，梳理具有工厂化条件的工序，组织工厂生产。钢沉井、钻孔桩钢围堰采用厂内整体预制明显优于在桥址水域现场焊接、拼装接高，在钢桁梁架设方面，拱桥主梁（共 616m）构件采用工厂预制，由架桥机散拼，330 天建成，主桥（2300m）钢梁在工厂大节段组拼，由 1800t 架梁吊机整节段吊装，500 天建成，工效接近拱桥的 2.5 倍。通过合理的单元划分，可以为装配式施工提供良好的基础条件，例如主塔锚固体系中，钢锚梁、索导管、钢牛腿及其连接件和附属结构均在厂内完成定位组拼和涂装，保障质量的同时显著减少了现场安装工作量，大大加快了工期。通过研发1800t架梁吊机智能化控制系统、拱肋竖转监控平台实现了钢梁和拱肋快速架设、精准合龙，运用信息化手段和新型设备支撑，以BIM技术为核心，打造了具有跨界应用、多维监控、时效分析和高自动化特色的智能建桥生态。

指挥部重视对施工过程中重要结构姿态、受力、稳定、沉降变形等要素的监测工作，在施工组织设计、施工方案、安全专项方案审查时，严格按照强制性标准规程和施工设计图规定，要求各施工项目部委托专业监控单位提供技术协助，完成相应的监测工作任务，保障主体结构施工的安全、质量、进度。

针对大桥特点，研发了钢梁应力和线形实时监控系统、专用航道桥三拱肋竖向转体实时监控平台、沉井吸泥下沉三维几何姿态实时监测系统、大体积混凝土温度控制系统、主塔应力和线形监控系统以及公路连续梁挂篮悬臂施工监控系统等相应监控模块。

通过对施工过程中主要受力断面的应力、主要变形点、主要构件受力的监测，结合实际施工过程，形成预告→监测→识别→修正→预告的循环过程。监控监测包括结构计算分析、监测及控制措施现场测试情况反馈，跟踪计算分析及成桥状态预测得出合理反馈控制措施，使施工过程中结构内力和变形控制在允许范围内，确保施工过程中结构安全和稳定，为施工决策提供数据支持，确保成桥后的线形达到设计要求，结构的内力分布与设计基本吻合。

（一）基础

1. 超百米深水沉井基底检测技术

沉井终沉至设计标高后，根据规范和设计要求，需要对沉井基底情况进行探查，符合要求后方可进行混凝土封底施工。因大桥沉井基底在水下超过81m，采用传统潜水检查手段很难实现。

为确保沉井基底检测结果的准确性、可靠性，与中船重工702所展开技术合作，采用多波速声呐技术对深水沉井基底平整度多波速扫测，并在井下环境条件允许的情况下使用机器人（图3–2–27）携带高清摄像头对井壁进行拍摄录像，精确量测沉井基底标高及基底清基情况，攻克了传统采用测量绳量测基底标高误差较大且无法直观检查基底清理状况的技术难题。通过海床式静力触探（CPT）系统探测仪（图3–2–28），探测超100m水深下地基土性质，准确反映出基底浮土厚度及原状土性质，初步判定基底承载力。直观、准确反映沉井基底情况，并结合传统测量手段对沉井基底进行定性、定量分析，以此指导施工。

图 3-2-27 水下机器人

图 3-2-28 海床式静力触探仪

该方法在各沉井封底施工中进行了成功应用，工艺技术已经成熟并形成工法，不论在施工工期、施工安全，还是在施工质量上，都得到了很好的诠释，成功解决了深水沉井基底检测难题，为深水沉井基底检测积累了经验，可以在类似工程中推广应用。

2. 沉井吸泥下沉三维几何姿态实时监测

主墩沉井体量巨大，处于深水中下沉施工，施工工艺复杂，施工精度要求高。沉井下沉过程中需要收集大量的信息数据，以便及时进行处理，同时作出判断，指导下沉施工。为此，采用 GPS—RTK 技术对两个主墩的沉井基础进行准确动态定位，开发沉井三维几何姿态实时监测系统，为沉井下沉过程中的施工提供及时有效的预警和指导。

图 3-2-29 沉井吸泥下沉

大桥在深水大截面沉井基础施工监控监测过程中，积极探索了定位下沉、基底评定等方面的信息化控制手段，后期通过深入总结结构设计理论、吸泥取土下沉实践经验，为后续形成沉井智能化综合主动控制体系探索了方向。

（二）混凝土

1. 基于图像识别的主塔变形监控

29 号桥塔塔柱建造与主梁拼装同步进行，桥塔线形控制、索力控制、主梁线形控制相互耦合，施工测量和控制难度大大增加。

主梁拼装及斜拉索张拉过程中，桥塔两侧受力很难完全相等，桥塔必然存在纵横向变位，对主塔施工造成极大影响。施工过程必须实时掌握桥塔变形，根据变形量对桥塔线形进行调整。

塔梁同步施工过程中，桥塔大部分时间均处于“动态”过程。对结构的变形测量需要满足“动态”下的高频测量需求；考虑到结构变形的时效性，测量数据需要实时获取，传统的人工观测、人工记录难以满足施工要求。

在 29 号主塔承台顶面布置测量仪器，基于单目视觉测量高频变形量，通过计算机实时预览、抓拍、连续保存图片，经过后续处理能够支持对待测点的静态位移和动态位移以及实时数据和曲线的观测。记录桥塔顺桥向、横桥向变形和扭转变形，实现主塔位移的远距离实时高精度测量，有效测量距离超过 300m，测量精度不低于 1mm。从而实现测量过程自动化，数据传输信息化，测量结果可视化，测试数据动态化。

经过实践检验，29 号主墩在塔梁同步施工过程中，塔偏一直控制在精度范围以内，验证了这套系统的稳定性。

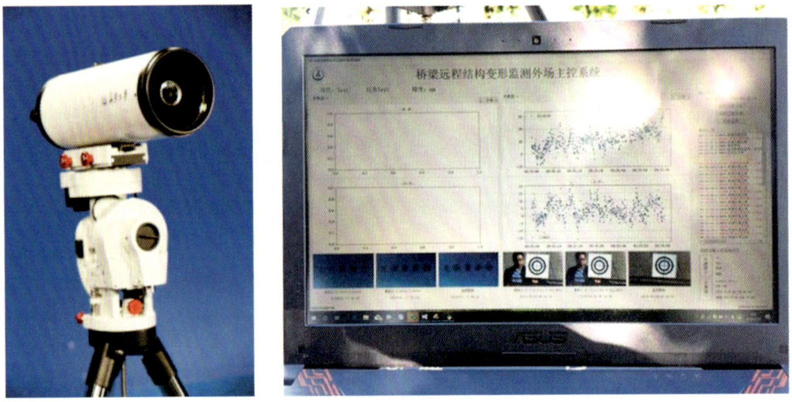

图 3-2-30　监控摄像头及系统界面

2. 大体积混凝土温控

针对各类大体积混凝土，制定针对性的温控方案，并邀请有经验的高校或科研院所进行研究和监控。通过在混凝土浇筑前安装测温元件，对大体积混凝土施工进行温度测试和监控，掌握混凝土内部最高温升及芯部与表层的温度差，及时调整循环水量，有效控制混凝土内部最高温升及芯部与表层的温度差，避免大体积混凝土产生裂纹。

3. 主塔应力和线形监控

高塔施工中，受材料的差异、环境的影响，施工精度和荷载的不确定性都会对结构的应力和线形产生极大的影响。主塔施工前制定了《沪通长江大桥施工监控技术方案》，在主塔上布置应力测点，全过程对主塔应力进行监控，根据应力数据下达横撑施顶等施工阶段工作指令，每一节施工前后对主塔线形进行测量，确保塔柱线形、应力及倾斜度满足设计和规范要求并保证施工安全。

4. 公路连续梁挂篮悬臂施工监控

为保证悬臂施工过程中的安全与线形，对施工全过程进行仿真分析，对关键部位、关键工况进行详细的局部分析，指导施工方案制定；采用高精度仪器，监控与施工同步进行，建立监测冗余纠错体系，保证测量数据真实可靠；加强关键工序监测频率，尤其是支架拆除和体系转换阶段。

通过有效的监控措施，在施工阶段确保主梁线形与理论计算相近，不均匀偏载控制在 10t 以内，保证各结构构件的安全；确保成桥后主梁的线形平顺，结构内力分布合理，满足设计要求。

（三）钢结构

1. 1800t 架梁吊机智能化监控

CQ1800 桅杆式桥面架梁起重机，是我国目前起重量最大的桥面架梁起重机，额定起重量为 1800t。

为实现主航道桥钢梁架设全过程远程监控，现场建立了搭载专用光纤的超 2300m 无线传输系统及监控指挥中心，满足影像和关键监控参数实时多样化传递的要求，为实现水上工点信息化管控提供基础支撑。

监控系统实时采集起重量、天车幅度、起升高度、风速及操作指令等参数进行显示，发现故障及时报警，并可进行历史追溯；带有远程监视功能，能将现场的施工录像和设备的工况远程发布到网络中，方便通过浏览器及视频软件远程查看起重机数据及视频。

配备寻呼设备后，这项监控系统为钢梁架设现场指挥、异地协助提供了关键的实时信息，和通畅的交流平台。在安全风险极高的关键工序管控方面发挥了重要作用。

2. 钢梁应力实时监控

钢桁梁应力状态实时监控系统能够自动采集钢梁应力数据，并通过互联网技术，使施工人员可以在计算机上随时直观地看到钢梁的应力状态及历史数据。该实时监控系统具备连续观测功能，每隔两秒钟便自动采集一次数据，能准确捕捉突风等瞬时恶劣条件下的钢梁受力状态。一旦监测值超标，系统将自动分级报警，便于相关管理人员及时掌握监控情况，并及时决策。

3. 专用航道桥三拱肋竖向转体智能监控

专用航道桥采用主跨 336m 的钢桁梁柔性拱桥结构，为世界上最大跨度公铁两用刚性梁柔性拱桥，采取先梁后拱、拱肋竖向转体合龙的施工方案。拱肋竖转重量达到 1400t，是同类桥梁中采用竖向转体施工跨度最大者，拱肋为三桁柔性拱，在国内尚属首次。

针对“柔性拱”刚度小、易变形，合龙姿态调整难度大等特点，提出了“主辅牵引索同步提升的柔性拱肋转体施工方法”，同时研发了多点同步液压提升和控制软件平台系统以及竖向转体实时监控平台，将位移、压力传感技术和锚固动作控制技术应用到设备中，实现设备的自动化与智能化控制以及精确同步提升的调节与控制，确保三主桁转体施工的同步性。通过实时监控平台，可在实际转体施工过程中进行全程实时监控，监控人员可以随时在计算机上登录监控平台查看各个拱肋的转体进度、拱肋间高差值、关键部位受力情况等施工数据。

监控平台以三维动态施工场景为展示环境，通过云端读取实时施工监控数据，用数据驱动模型运动，将转体过程中各个构件的实时状态以三维可视化的方式展示，实现了以数据列表、运动图表、三维模型、桥梁立面视角同时展现转体过程中三拱肋间高差，以数据列表、三维模型显示扣塔、拱肋关键部位应力情况以及动态显示现场转体状况。

通过对转体过程中拱肋各个测点的高程差数据进行分析，将各个测点的高程差曲线与数据列表、三维模型、桥梁立面视角同时展现在平台画面中，让拱肋的转动姿态和构件的受力状态、转体施工的进度在平台中一览无余，保证了两侧各个拱肋转体的安全。

（四）缆索体系

在主航道桥斜拉索挂设阶段，现场张拉力控制是索力控制的关键和难点，现场利用锚索计、频谱仪和千斤顶三种测试方法相互校核进行斜拉索索力测试。大桥每个桥塔配备6台锚索计，在主、边跨共6根斜拉索同步初张拉过程中，将锚索计安装在斜拉索的张拉锚杆与千斤顶之间，利用塔端压力环校正梁端频谱法索力测试数据，并在初张拉过程中采用拨出量循环迭代方法提高索力控制精度和张拉调整速度。

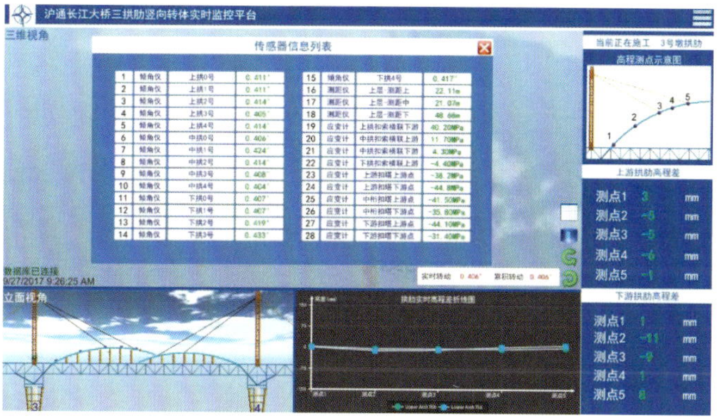

图 3-2-31　竖转监控界面

为提升斜拉索张拉工效，通过塔端同步张拉控制系统，联动上下两层共6根斜拉索在一次全桥“静态”工况下同步分级张拉到位，在减小斜拉索水平分力差的同时，大大减少桥上主要并联作业停工时间。

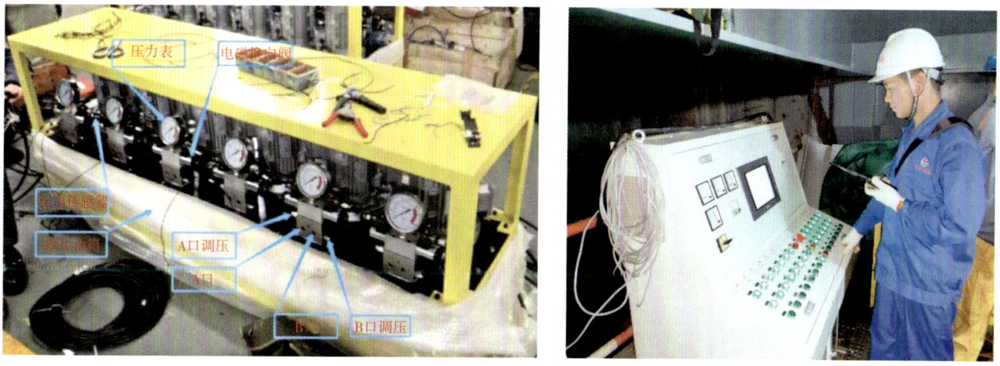

图 3-2-32　PLC同步张拉控制系统

三、推广应用 BIM 技术，提升特大型桥梁项目管理水平

沪苏通长江公铁大桥是原中国铁路总公司BIM应用试点项目。指挥部在2014年即组织路内外专家，多次举办了BIM技术在铁路工程中研究应用的讲座，多次与设

计、施工单位进行研讨和应用需求的调研、分析，通过学习、借鉴以及吸取路内外有关单位的经验、教训，确定了以指挥部为主导的项目 BIM 试点方案。

（一）总体应用思路

如图 3-2-33 所示，沪苏通长江公铁大桥 BIM 技术应用的基本理念是注重全局性和全面性，总体规划、标准先行。充分对接并适应原中国铁路总公司 BIM 技术整体规划，采用全桥建模、全员参与，各类模块分批分步推进，突出重点，全功能试行；建立运行、反馈、完善和优化的管理体系，BIM 管理平台同步修正。研究完善的项目级 BIM 标准，利用标准统一和规范 BIM 技术应用的各个阶段、各个环节。

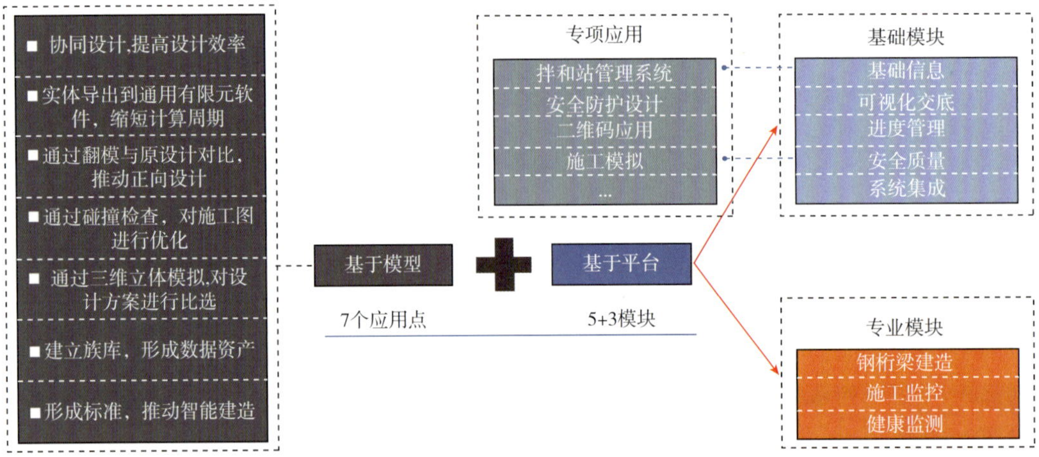

图 3-2-33　BIM 应用方式划分

沪苏通长江公铁大桥 BIM 技术应用的总体架构及思路是业主主导、设计施工同一模型、构建同一协作平台。由业主方牵头协调各参建单位综合推动 BIM 综合应用，施工单位在建模阶段即提前参与，一套模型贯穿始终，有效减少重复建模。以极简化、轻量化为构建理念，采用“三端一云”、App 模块化接入、分级授权、多方协同、信息实时共享的应用模式，形成搭载基础和专业模块的管理平台。

指挥部、设计、科研院校、施工、监理及钢结构制造等多方参与 BIM 模型应用，使 BIM 模型的价值最大化。全员参与的 BIM 应用，实现了 BIM 技术从一线员工到高层管理的纵深应用，最大限度地发挥了 BIM 平台的应用价值。要求项目经理须在建设管理过程中灵活运用 BIM 平台，定期召开的调度会议中须借助 BIM 应用展示形象进度计划和主要方案展示。

（二）总体应用体系

沪苏通长江公铁大桥BIM技术可归纳为基于模型、基于平台两种应用类型，其中基于模型的应用主要服务于设计及施工方案编制阶段，实现技术规划和验证；基于平台的应用主要服务于建设管理阶段，并向运营阶段过渡延伸，通过打通信息孤岛、完善管理信息集成及交互，实现管理流程的再造。为实现桥梁工程建造的智能化、专业化和标准化，积累基础设施大数据做了有益的探索。

1. 基于模型的应用

利用Tekla等BIM软件，通过参数化和二次开发等方法，依据设计图纸，创建全桥模型。通过将模型导入有限元分析软件、碰撞检查、方案比选，缩短计算周期、优化修正原设计，同时利用正确模型直接出图，为正向设计积累了经验。通过BIM模型材料清单与设计图纸材料表互相校核，确保模型和图纸的正确性。

a）引桥局部　b）斜拉桥局部　c）钢梁节点细节

d）钢梁桥面细节　e）混凝土桥面板钢筋

图3-2-34　沪苏通长江公铁大桥BIM建模

2. 基于平台的应用

通过压缩精简手段和模型处理算法，使大体量模型的显示延时平均缩短98.5%。在突破轻量化展示难题后，研发推出了基于云技术，包含五大通用模块（基础信息、可视化交底、进度管理、安全质量、系统集成）和三大专业模块（钢桁梁建造、施工监控、健康监测）的沪苏通长江公铁大桥BIM管理平台。

通用模块方面，可视化交底具备方案、动画等文件集成管理，二维图纸与三维模型视图互相切换以及对复杂工序施工过程和工艺进行模拟的功能，方案、图纸、模型等资料互相映射，便于作业人员学习和理解，有助于提高沟通效率。进度管理模块可将施工进度及计划节点与模型进行关联，由现场人员通过扫描二维码或手工录入人、机、料等动态信息和影像，可实现直观、全面的施组管理。

专业模块方面，通过接入现场监测数据并根据数据属性和预设程序动态分析、评估预警，保障现场关键结构物安全。视频监控等信息通过模块化集成接入，简化访问流程。此外，指挥部根据建设特点搭建了钢桁梁建造专项应用。

（三）组织机构及规划安排

指挥部于2014年12月5日成立了BIM工作领导小组，于2015年1月6日召开了BIM工作启动会，确定了中铁大桥院，中交二航局，中铁大桥局，中建交通集团为BIM试点工作参研单位。其中指挥部为总体牵头单位，负责各参研单位的领导、组织、协调工作；中铁大桥院牵头建立BIM模型及制定建模标准，中交二航局、中铁大桥局、中建交通集团配合；中建交通集团牵头管理系统搭建，中交二航局、中铁大桥局、中铁大桥院配合完善应用需求。

为了对BIM模型建模工作以及系统功能进行审核，并提供进一步技术支持，确定铁科院作为咨询单位，参加BIM试点应用研究工作。

确定以沪苏通长江公铁大桥全桥为对象开展BIM应用研究，明确各阶段工作内容及实施计划。

（四）BIM应用历程

为及时解决建模及系统搭建中存在的问题，提高工作效率，促进研究人员相互配合、零距离沟通，指挥部于2015年1月12日组织各参研单位技术人员集中办公，全面开展沪苏通长江公铁大桥BIM应用研究工作。

2015年3月，全桥BIM建模工作和全桥模型检查工作完成，主航道桥、专用航道桥、112m钢桁梁、连续梁和桥墩采用了LOD300的建模标准，真实全面反映桥梁结构设计情况，其他桥梁结构及大临设施采用了LOD200的标准，保证了全桥模型的完整性和实用性。

构建了包括GIS模块展示、基础信息、可视化交底、安全质量、施工日志、进度管理、报表中心、系统集成、文档管理、钢梁杆件管理、施工监控管理等功能模块的BIM管理系统，于2015年7月上线试运行，2015年12月底正式上线应用。

沪苏通长江公铁大桥BIM管理系统各功能模块在试用中不断完善，且随着需求的增加，功能模块不断拓展。2016 年重点开展了物联网、安全质量管理等相关应用研究，2017 年重点开展了钢结构焊缝管理、虚拟拼装等相关应用研究。

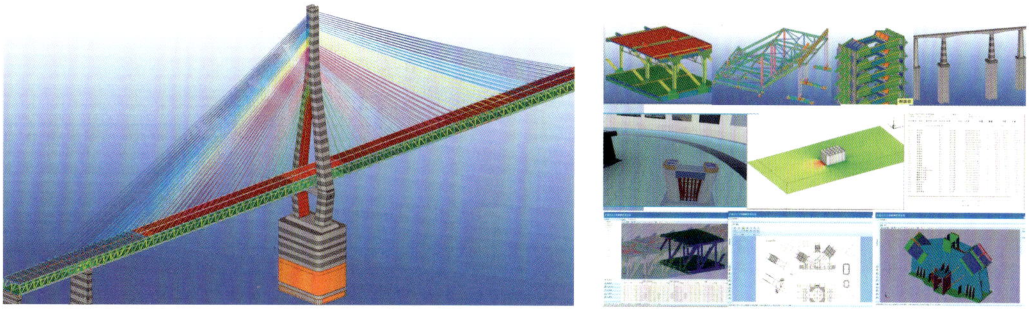

图 3-2-35　BIM 应用掠影

沪苏通长江公铁大桥 BIM 应用从 2014 年伊始，经过一年论证孵化、两年试行锤炼、三年优化深化总结，屡获行业协会奖项。2017 年在总结现场应用的基础上，参加中国图学学会、勘察设计协会、建筑业协会、安装协会四家一级行业协会分别举办的全国 BIM 大赛，荣获三个一等奖和一个优秀奖；2018 年荣获首届“优路杯”全国 BIM 技术大赛综合组银奖。

四、推广应用综合手段，提升特大型桥梁服务全生命周期运营维护水平

（一）健康监测

为满足沪苏通长江公铁大桥养护管理的需求，根据大桥实际情况，指挥部组织中铁大桥院，上海铁路局工务处、南京桥工段、上海高铁段以及沪宁城际铁路公司等单位的管理技术人员多次进行研究讨论，制定了大桥健康监测方案。在调研南京长江四桥、合福铁路铜陵长江大桥、港珠澳大桥等同类桥梁应用情况基础上，对大桥健康监测方案进行了反复完善、优化，组织进行专家评审。按照修订后的健康监测方案，积极部署健康监测系统，在工程建设过程中做好元件预埋，与施工监控相结合，逐步展开各项应用，最终实现环境监测、结构监测、交通监测、数据分析处理、报警与评估、电子化巡检等功能，实时监测大桥的安全性，掌握行车安全状态，预见性地开展维修管养，保障列车（及汽车）运行条件的安全。

为保障行车安全，沪苏通长江公铁大桥基于国内既有铁路桥健康监测系统应用成果、结构安全、运营安全等 6 方面因素，研究了本桥运营期智能监测系统，提出了轨道线路监测、桥梁结构监测、行车状态监测三位一体综合监测方案，形成多项关键监测技术。

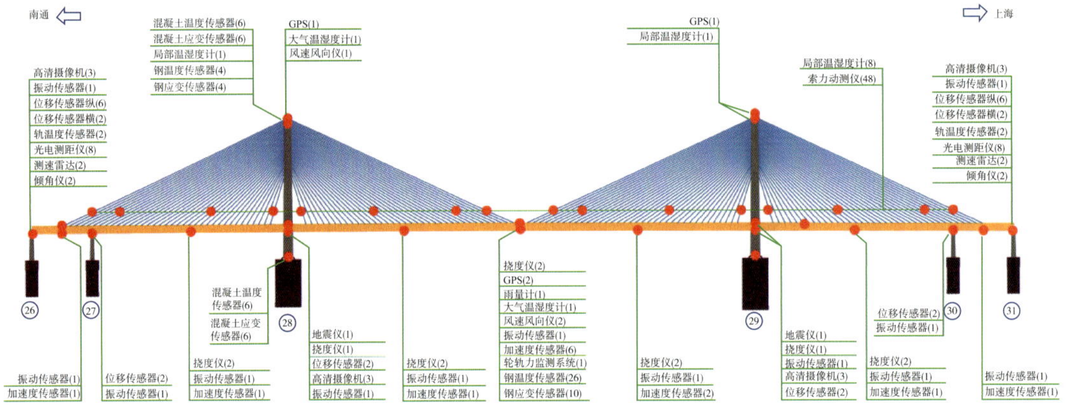

图 3-2-36　主航道桥主体结构监控体系

1. 基于机器视觉的梁缝间距识别技术

基于同类桥型实测数据分析，基于 200 万像素摄像机视频信号进行识别分析，剔除光照及纹理影响，取得良好测量效果，识别精度可达到 1mm。

2. 海量监测数据的指标提取技术

对桥址环境、结构静力响应、动力响应进行指标提取分析，采用二进制文件压缩存储。针对不同的监测数据，制定不同的分析方法，如将非平稳过程表达为某个平稳过程与确定性的时间和频率的调制函数的积分。确保监测数据从数据化向信息化的转变，解决了数据难以分析或无法分析的难题。

3. 基于健康监测数据的高铁桥梁峰值时变评定技术

峰值时变评定采用 4 阈值 5 区间的评定方法。根据高速铁路大型桥梁的竖向位移振幅特性，在车桥耦合振动现有资料的基础上，结合实际大桥桥梁竖向位移振幅的变化范围，进行健康监测实测竖向位移振幅评定，并构建桥梁损伤区域位置的判别指标。

（二）新型检查车

大桥两岸大堤间四线钢梁长达 5.8km，既有的铁路钢梁检查车操作不便、走行缓慢，且在铁路限界内，会给大桥运营后的检查工作带来很多困难。为此，指挥部组织中铁大桥院、上海局工务部门、沪宁城际铁路公司等单位多次对接讨论，提出了检查车总体布置、结构要求及操作走行方案、使用耐久性等技术要求，并组织相关生产企业进行了产品生产和模拟操作走行试验，并结合大桥特点对检查车设计方案进行优化，使所需检查车数量由原设计的 80 台优化为 14 台（其中全桥上弦检查车 5 台，下弦检查车 9 台），达到了使用最少的设备实现整桥检查范围全覆盖的目的。

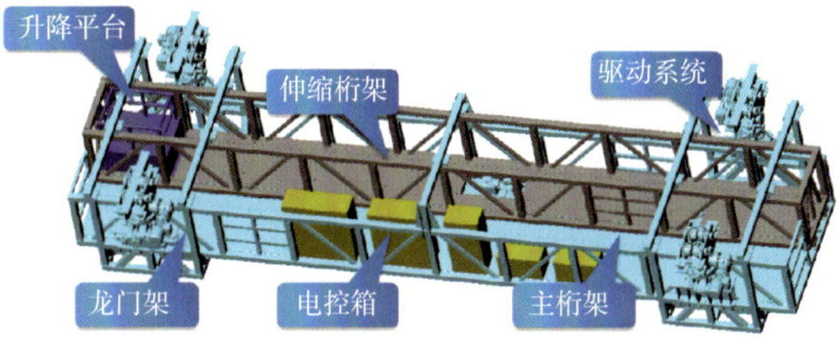

图 3-2-37　检查车形式图

随后，指挥部组织了科研、设计、施工、机电等单位的专家对检查车设计图进行了审查。根据专家意见，对检查车设计图进行了修改和完善后，由钢梁检查车生产单位进行首车加工制造。

新型检查车主要工作于铁路限界外，主要受力构件服役寿命与大桥相当，采用纯电驱动，为下一步无人自动检查车的研发奠定了基础。检查车配置了断电手工驱动系统，且具备同步走行、PLC 自动控制、车体伸缩、吊篮折叠收放等功能。上弦检查车采用双层驱动设计，可以实现在桥梁外部顺桥向转移以及快速变轨、横桥向进入横梁内部检查的功能。

（三）基于实船—实桥原位撞击试验的桥墩防撞技术

桥址位于长江下游入海口地区，大吨位船舶密集，航运需求日益提升。为满足大桥在运营期桥墩的结构安全，指挥部依托科研课题，联合铁科院、大桥院及地方海事局等单位，探索集主动、被动防撞于一体的桥墩防撞技术。

如图 3-2-38 所示，以大桥主航道桥 31 号墩为原位船撞试验对象，通过开展不同船型及流态下桥梁船撞力数值模拟及参数影响研究、新型防撞系统结构形式研究、防撞设施的消能能力和抗锈蚀能力提升技术研究、智能化主动防撞预警系统技术研究，形成了在铁路桥梁防撞分析与设计方法、船撞力计算公式、被动防撞装置合理结构形式、桥梁主动防撞监测预警等方面的一系列研究成果。

智能化主动防撞预警系统由桥梁防撞监测模块、牌号信息采集模块、视频采集模块、报警模块以及集成管理平台组成。预报警模块采用现场声光报警、VHF 电台报警、手机短信、手机 App 等预报警方式，构建可靠的多方式综合报警体系。基于 B/S 模式设计开发集成管理平台，Web 应用和数据服务独立部署，预留跨网穿越接口。系统具有自动化、模块化、全天候、低成本、实时性高等特点，可有效提高对船只撞桥风险的预警能力，协助人员进行避撞决策、减少操作失误。主动防撞监测技术是保障桥梁安全的有力手段，与被动防撞技术合理搭配使用，可为铁路桥梁的安全运营提供有力保障。

a）试验船舶

b）钢+橡胶阻尼多级消能浮式防撞设施

c）钢结构护舷防撞设施

d）钢质多级消能浮式防撞设施

e）钢+橡胶阻尼浮式防撞设施

f）复合材料防撞设施

图 3-2-38　桥墩原位防撞试验

第三章　主要成果

沪苏通长江公铁大桥集合国内铁路大跨径桥梁领域的科研优势力量，围绕桥梁设计、工程材料、施工工艺、机具设备、运维管理等五大方面开展了系统性研究和技术创新，取得了丰硕的成果。这些科技创新成果不仅满足了大桥建设的需要，也为今后同类型桥梁建设积累了经验。

一、依托科研实现桥梁技术重大突破

在“科技创新引领”思想的指导下，指挥部通过统筹规划、精心组织、技术攻关、狠抓成果落地，沪苏通长江公铁大桥取得了理论方法和关键技术的突破，为高质量、高标准建成和管养维护大桥提供了直接支撑。

在千米级公铁两用斜拉桥设计参数体系方面，首次提出了基于轨道形位和整体、局部行车性能的千米级铁路桥梁静动力分析理论和方法，基于风—车—线—桥耦合振动分析、轨道形位分析、梁端区域行车性能分析等得出了满足千米跨度桥上行车要求的成套设计参数体系。在结构性能层面，从提高铁路桥面整体刚度角度创新提出了箱桁组合结构，为降低超长斜拉索的振动提出了新型外置式阻尼减振抑振技术，有效保证了结构受力安全。

在新材料研发方面，攻克了2000MPa级平行钢丝斜拉索、500MPa级高性能钢、330m主塔墩C60大体积高性能混凝土等新材料关键技术，为实现产业技术升级做出了重要贡献。其中，2000MPa级平行钢丝斜拉索成功应用标志着我国在超高强度高性能拉索技术领域已处于国际先进水平，国产盘条已具备生产高抗扭、高抗疲劳和高耐久性拉索的技术条件，从而为研发2100MPa及以上的高性能缆索体系奠定了坚实基础。Q500qE高性能钢的成功应用标志着我国在桥梁新钢种技术领域已具备系统研发能力，其成套研究成果为我国目前开展Q690钢的研发以及未来更高级别钢种研发提供了直接借鉴。330m主塔墩C60易泵送、低温升、高抗裂大体积高性能混凝土的成功研发标志着我国已具备超高索塔大体积高性能混凝土的制备及施工能力，避免或大幅减少裂缝、实现长效耐久的技术能力。

在施工工艺方面，攻克的技术有：多向潮流复杂水动力环境下巨型水中沉井浮运、下沉和精确定位成套施工技术；330m超高索塔C60自密实混凝土制备技术、养护和抗裂技术；大吨位（1800t）两节间三主桁钢梁架设成套施工技术；超大深水基础复杂结构水下混凝土施工工艺。针对世界最大体积沉井基础，采用助浮浮运技术实现了浮运吨位达15000t的主墩钢沉井整体下河浮运；采用大直径钢桩+混凝土重力锚锚碇系统及大吨位千斤顶多向同步快速定位技术，实现了巨型沉井下沉过程的精确定位。330m超高索塔C60自密实混凝土成套施工技术为我国建造更大跨度、更高索塔的千米级斜拉桥提供了直接借鉴。大吨位（1800t）两节间三主桁钢梁架设成套施工技术有力提升了我国桥梁的工业化建造水平，提高了钢梁建造质量。超大深水基础复杂结构水下混凝土施工工艺，解决了超长垂直导管自充填混凝土流动性和稳定性匹配调控技术、混凝土抗离析和抗水蚀技术等关键技术难题，有效确保了超大深水基础混凝土的施工质量，为我国建设跨海深水桥梁基础积累了经验。

在新设备研发方面，通过研发形成我国目前起重量最大的桥面步履式架梁起重机——1800t架梁吊机，实现大节段钢桁梁对称悬臂精准架设。通过开展方案优化、动力学分析和一体化设计，研发了伸缩量达1800mm的钢轨伸缩调节器与梁端伸缩装置，为世界范围内首次采用。

在大桥现代化运维管理方面，就硬件而言，研发形成新一代高性能检查车，实现了检修装备的更新换代；就软件而言，从千米级公铁两用斜拉桥的服役特点和监测需求出发，首次建立了集轨道线路监测、桥梁结构监测、行车状态监测三位一体综合监测方案，利用BIM技术、图像识别技术、大数据分析技术解决海量数据处理不及时、系统应用困难等问题。在现代化运营维护管理方面，提出了大桥“预防性管养”理念并建立了“专项养护、总体评估”的养护体系，构建了科学高效的沪苏通长江公铁大桥现代化运营管理模式和养修模式。

图 3-3-1　2015年10月21日，正桥水中墩钢桁梁首架

二、“世界首创”和“国际领先”

为实现铸就世界一流桥梁精品工程的目标，经过6年多的努力，大桥建设指挥部带领广大科技人员，开展系列科研攻关，克服地质条件复杂、环境保护要求高、繁忙航道安全保障压力大等困难，在桥梁建造技术方面取得重大突破。

指挥部也高度重视科技成果的总结固化，对标国际前沿，总结提炼原创性技术成果，萃取创新精华，形成五项“世界首创”和三项“国际领先”成套技术。丰富了世界桥梁建造技术体系，为桥梁技术进步做出了贡献，成为我国铁路桥梁工程中的又一典范。

（一）五项“世界首创”成套技术

1. 千米级公铁两用斜拉桥设计建造技术

大桥主跨1092m，在世界上首次形成千米级公铁两用斜拉桥设计参数体系。此前国内主跨最大的铜陵长江大桥为630m（2015年建成），国外主跨最大的丹麦厄勒海峡大桥为490m（2000年建成），沪苏通长江大桥主跨跨度分别是其1.7倍和2.2倍。

2. 2000兆帕级强度斜拉索制造技术

大桥采用的2000兆帕级平行钢丝斜拉索，由我国相关企业自主研发，钢丝各项控制指标优良，强度性能处于国际领先水平，技术成熟期综合成品率高于92%，标志着国内在盘条原材冶炼和斜拉索综合制造技术方面的重大突破。

3. 1800t钢梁架设成套装备技术

针对大桥施工特点，自主研制了世界上载荷最大的1800t架梁吊机，实现了钢梁整节段工厂预制和现场整体安装，标志着我国桥梁工业化建造达到世界先进水平。

4. 1.5万t巨型沉井精准定位施工技术

沉井基础承载力大、刚度大、防船撞能力强，是大跨度重载桥梁基础之优势选择。沪苏通长江公铁大桥作为突破国内大跨桥梁“无桩不基”现状的先行者，针对浮运吨位达1.5万t、面积达5100m^{2}的世界最大体量的钢沉井工厂制造、水上浮运、锚固定位技术、基底检测、河床预防护技术和深水混凝土性能调控技术难题进行了全面深入的攻关和探索，完善了沉井基础的设计理论和施工工艺，形成了沉井基础完整的技术、工艺体系，取得的原创性成果，填补了行业空白，标志着我国深水桥梁建设技术达到国际领先水平。

图 3-3-2　2016 年 11 月 14 日，主航道桥 28 号墩主塔柱开始浇筑

5. 基于实船－实桥原位撞击试验的桥墩防撞技术

在世界上首次组织进行了原位船撞试验，验证了相关性能和设计原理，建立了完善的桥梁智能化主动防撞预警监测系统，可实现 3km 范围防撞主动预警，有效保证桥梁和船舶安全。

（二）三项“国际领先”成套技术

1. 主航道桥主塔施工技术

大桥主塔高达 330m，相当于 100 层高楼，研究应用了超高索塔混凝土抗裂、降黏、测量等技术，实现了主塔混凝土一泵到顶、内实外美、质量优良的目标。

2. 钢桁梁施工技术

采用两节间大节段钢桁梁整体制造、架设技术，实现了智能化、装配式整体建造，大幅提升了施工效率和质量控制水平。

3. 新型桥梁钢性能

研发了 Q500qE 桥梁钢新型材料，强度高，韧性好，可焊性强，在国内桥梁建设中首次应用，技术成熟期综合成品率高于 90%，实践效果良好，达到国际领先水平。

通过开展系统性科研和技术创新，沪苏通长江公铁大桥研究并解决了千米级公铁两用斜拉桥设计、施工和运维面临的关键技术问题，取得了一批原创性、引领性的科学技术成果，有力提升了我国大跨度铁路桥梁的建造和运维技术水平，并为同类桥梁的建设提供了支撑。

三、注重知识产权积累

通过有效的前期规划、过程检查和中期考核，指挥部始终保持科技成果积累与大桥建设过程同步。

（一）专利及软件著作权

各参研、参建单位提炼、固化形成了一大批专利技术，截至本书出版时，共申报 123 项专利、3 项软件著作权，其中 93 项专利已获得国家知识产权局授权（发明专利 45 项、实用新型专利 48 项），3 项软件著作权获得国家版权局授权；形成了 9 项工法。

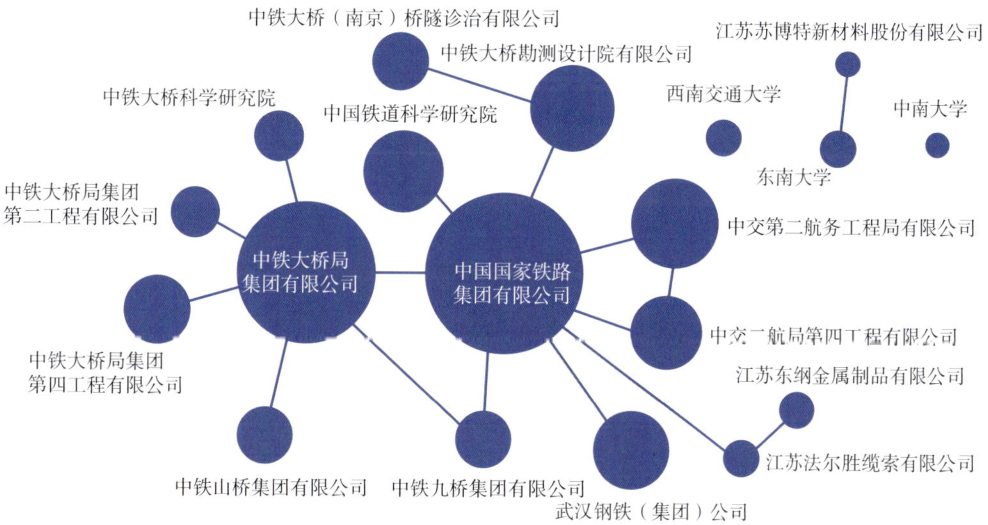

图 3-3-3 专利申请单位网络图

汇编形成阶段性的沪苏通长江公铁大桥论文、工法、专利集。通过前期研究与建设验证总结的知识产权成果，对搭建千米级斜拉桥成果体系形成有力支撑，推动桥梁领域管理及技术理念向高层次发展。

（二）科技论文

主要期刊包括《Construction and Building Materials》《土木工程学报》《铁道学报》《桥梁建设》等，《桥梁建设》专刊于 2015 年 12 月出版，共发表论文 22 篇；《世界桥梁》专刊于 2018 年 1 月出版，发表论文 18 篇。截至本书出版时，各参研、参建单位依托沪苏通长江公铁大桥工程，在中文核心及以上级别期刊共计发表科技论文 230 余篇。

由西南交通大学牵头完成的《沪通长江大桥主航道桥风—车—轨—桥耦合振动研究》，截至本书出版时被引频次为 13 次。该论文提出了耦合振动分析框架，系统动力学模型不仅考虑了轨道结构的参振，其采用的轮轨动态耦合模型还突破了传统轮轨为刚体并始终保持密贴的假定；此外，气动荷载还考虑了桥梁、车辆的存在对彼此的影响；利用自主研发的 WTTBDAS 软件对不同车速、风速下系统的动力响应进行分析和讨论。

由中铁大桥局完成的《沪通长江大桥主航道桥沉井施工关键技术》，截至本书出版时被引频次为 37 次。该文章给出了主航道桥钢沉井整体制造、出坞浮运、桥址定位以及河床防护等方面核心难题的解决方案，通过工程实践反馈验证，固化形成主桥基础领域的关键创新。

（三）技术条件

根据各阶段研究成果，结合工程实际需要，指挥部先后组织制定的《沪通长江大桥用 2000MPa 级平行钢丝斜拉索技术条件》《沪通长江大桥工程用 Q500qE 钢板技术条件》《沪通长江大桥钢梁检查车技术条件》《沪通长江大桥主航道桥主动防撞预警系统技术条件》等，得到了国内各专业领域专家的认可，均已在现场得到应用。

《沪通长江大桥用 2000MPa 级平行钢丝斜拉索技术条件》中明确了该种斜拉索的特殊技术要求及相应的试验检验方法，主要包括：钢丝的抗拉强度、屈服强度、弹性模量、锌铝合金镀层等材料指标，锚具的化学成分、机械性能和无损探伤要求，耐久型高密度聚乙烯的相关要求，成品斜拉索的静力承载、抗疲劳性能要求，成品斜拉索的设计寿命要求。约束范围覆盖包括盘条、钢丝、锚具、高密度聚乙烯护套料及成品拉索的加工制造及验收全过程。

《沪通长江大桥工程用 Q500qE 钢板技术条件》中明确了钢板技术要求、试验方法及检验规则，重点提出了化学成分及常规力学性能指标要求，可有效规范大桥 Q500qE 钢板冶制成品和交货状态。

图 3-3-4 2018 年 10 月 29 日，沪苏通长江公铁大桥天生港专用航道桥公路桥面环氧沥青摊铺完成

《沪通长江大桥主航道桥主动防撞预警系统技术条件》中明确了大桥主动防撞预警系统包含以下五个模块：船舶通航监测模块、预警与报警模块、水文气象信息模块、数据传输模块和信息终端模块。应用要求包括功能要求、测点布置、设备参数、软件参数以及设备安装要求。

四、凝练固化，形成总结

（一）技术、工程总结

《沪苏通长江公铁大桥技术总结》共四个篇章，分别为：概述、设计与科研、施工、关键技术。

《沪苏通长江公铁大桥工程总结》共五个篇章：

综述篇，约 7.8 千字，总领全文，从宏观角度说明大桥建设纲领和技术特征。

建设管理篇，约 11.9 千字，总体上由指挥部各部门牵头编制，提炼于指挥部在建设过程中编制的指导性文件及管理经验。首先阐述大桥总体管理模式及指挥架构，项

图 3-3-5　2017 年 5 月 6 日，沪苏通长江公铁大桥 28 号墩正在进行下横梁施工

目标准化管理体系构建情况，突出管理制度的科学性及完整性。再分别从安全质量、施工组织、施工准备、投资控制、环境保护、信息化管理、物资管理、队伍管理、精神文明建设等角度，对建设“管理大桥、精品大桥、科技大桥、文化大桥、和谐绿色大桥”的管理做法进行解构重组。

大桥勘察设计篇，约 20 千字，由中铁大桥院主责编制，首先总体介绍勘察设计历程，介绍勘察测量控制网的建立。再比照技术标准按分部工程附图阐述主体结构设计情况。

工程监理和咨询篇，约 64 千字，突出“技术咨询与施工监理”于一体的工程咨询模式建设经验。监理部分从工作制度和主要工程监理过程进行阐述，立足于根据规范及设计要求，通过完善的监督检查环节严格把关施工安全及实体质量，形成了细化的管控规则。咨询部分分为国外及国内咨询，国外咨询部分阐述由合乐公司—美国西图集团子公司作为咨询方，在主桥初步设计方面针对结构形式及力学作用分析的复核过程及提出的优化建议；国内咨询部先阐述咨询联合体的分工协作流程及工作内容，严格依照国家及行业相关政策规定，结合前期研究成果，说明了各项关键施工图咨询审核结论，进一步优化了施工图设计。

施工篇，约 140 千字，首先分标段分别介绍本桥施工组织管理，包括主要施工方法及资源配置，分项记录了大桥主体工程建设节点工期。然后从安全质量、环保、进度计划、合同造价等方面，介绍遵照国家及行业相关政策规定，根据指挥部建设管理制度要求，在施工过程中编制迭代优化形成的管理做法。再分部介绍了各主体工程施工经实践检验并过程优化后的工艺工法，细化分解了重难点工序，总结了相关技术经验。

（二）《沪通长江大桥工程建设 BIM 技术应用》

《沪通长江大桥工程建设 BIM 技术应用》共八个篇章。

BIM 技术应用背景篇，阐述了 BIM 技术概述、国内外 BIM 技术应用情况、铁路行业 BIM 技术应用情况介绍。

BIM 技术应用实施规划篇，主要从沪苏通长江公铁大桥 BIM 技术应用实施规划方面进行阐述，包括大桥的工程概况、BIM 应用规划及总体要实现的目标、实施的技术路线、节点推进与重点的工作、应用模式等内容。

BIM 管理系统建设篇，主要从系统的基本架构和技术架构、系统的特点、系统的功能模块（5+N 模式）、系统权限管理和数据收集等方面阐述了沪苏通 BIM 管理系统的建设，并阐述了如何实现同一平台。

模型建立及 BIM 技术设计应用篇，从同一建模标准、模型的创建及组装、模型完成之后进行 BIM 咨询审核、BIM 模型的应用价值、对铁路行业办法的 BIM 标准的执行及验证情况等方面讲述了 BIM 技术设计应用及如何实现整个项目使用同一模型。

BIM 技术施工应用篇，主要介绍了大桥 BIM 技术施工应用，所包含的主要内容有施工推进过程的实施体系、组织架构及职责、BIM 模型和文件管理、BIM 技术管理、进度管理、质量管理、安全管理、协调管理、工程数字化移交及其应用价值等。

BIM 技术钢结构制造应用篇，介绍了 BIM 技术在钢结构制造方面的应用，主要包括 BIM 模型设计制造一体化、焊缝质量管理应用、虚拟预拼装技术、生产进度管理等方面的内容。

健康监测 BIM 技术应用篇，分别从健康监测系统、BIM 与健康系统的对接关联、全生命周期管理三方面介绍了沪苏通长江公铁大桥健康监测 BIM 技术的应用。

成果及展望篇，总结沪苏通长江公铁大桥 BIM 技术应用成果与创新，对下一步 BIM 应用方面进行展望和思考。

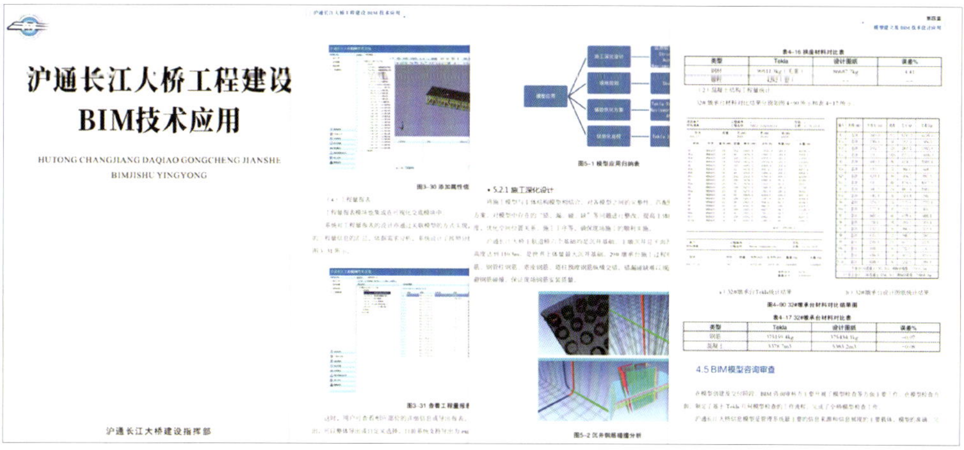

图 3-3-6《沪通大桥工程建设 BIM 技术应用》

五、争取行业科技奖项

指挥部基于固化推广科技成果，为类似工程提供借鉴并促进技术进步的目的，超前谋划、精心组织。为保证报奖工作的顺利实施，指挥部建立了保障有力的组织机构，在系统思考与组织管理的基础上，有序推进科技报奖工作。由建设指挥部、铁科院、中铁大桥院、中铁大桥局及中交二航局报奖负责人成立领导组，形成总体规划和报奖统一思路。各单位间根据报奖规划和需求，依托集团公司、子分公司专业技术团队力量，配合形成技术组，主要负责报奖规划协助、创新点提炼、材料审核等工作，其下设若干专业小组，负责材料编制、专利工法申报、报奖视频制作、会务等具体筹备工作。定期召开工作进度会，对于报奖工作的执行情况进行总结，加强过程管控。

此外，设立专家咨询组，负责重大报奖材料审定和评估。

总体思路是通过行业协会奖项，来支撑省级科技进步奖；依靠省级科技进步奖、绿色施工和建设质量来支持申报实体工程质量奖；通过质量奖支撑国家科技奖项和国际科技奖项申报。

截至本书出版时，沪苏通长江公铁大桥已获省部级、行业协会级科技奖项共计6项。

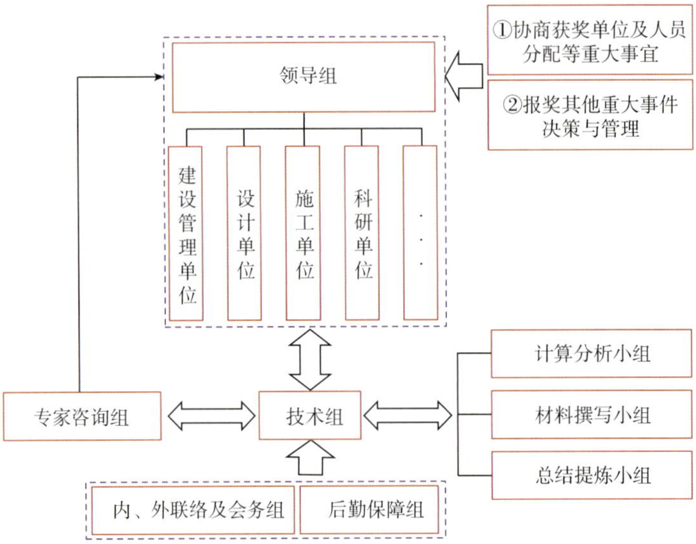

图 3-3-7 报奖组织

2019年《沪通长江大桥大跨钢桁梁柔性拱桥及钢桁梁桥施工关键技术研究》获中国公路学会一等奖。本项目研究成果在公铁两用钢桁梁柔性拱桥及钢桁梁桥施工领域有重大创新，达到国际先进水平。研究成果主要针对铁路和公铁两用桥常用的钢桁梁桥和钢桁梁柔性拱桥施工技术共性与特性问题，成功地解决了钢桁梁全悬臂架设墩顶区应力过大的问题，针对双层板桁组合梁新结构，成功地解决了悬臂架设中的线形控制与合龙问题；针对首次钢桁梁上进行三肋钢箱柔性肋竖向转体，解决了转体过程中牵引控制、拱肋变形控制等难题，形成了多项关键技术，并通过集成，形成成套技术。通过项目的研究，为沪苏通长江公铁大桥建设提供了有力的技术支撑，降低了施工风险，提高了施工效率，确保大桥建设工期。

2019 年《沪通长江大桥主航道桥沉井施工关键技术》获中国钢结构协会一等奖。课题说明了沪苏通长江公铁大桥在深水大截面钢沉井施工成套技术方面的重大突破。桥位处水深流速大，为双向流速，覆盖层深厚，局部冲刷深度大，沉井所受水流力巨大。桥塔墩钢沉井采用整体制造、出坞、浮运技术，既保证了加工质量，又大大减少了现场接高的工作量，节约了工期。通过助浮措施，减少吃水深度，既满足了出坞和航道条件，又大幅减小了浮运和定位阻力。桥塔墩钢沉井采用大直径钢管桩锚碇系统，结构简单，受力合理，刚度大，易于施工，造价低，大大减小了锚碇数量，克服了沉井施工中常见的周期性摆动难题。沉井定位采用大吨位连续千斤顶多向快速定位技术，使各锚绳受力均匀、明确，可以快速地调整沉井的 3 个自由度，保证沉井快速精确着床。边墩及辅助墩钢沉井采用内部大直径钢管桩定位方案，结构简单，实施方便，可回收，造价低，还可以作为沉井入土到稳定深度以前的安全保险措施。29 号主墩采取了河床预防护技术，解决了沉井着床前以及入土至稳定深度以前，河床局部冲刷过大的难题，确保了沉井着床后的安全。

2019 年《超千米级公铁两用斜拉桥用 Q500qE 钢研究开发与工程应用》获湖北省科技厅二等奖。课题在桥梁用低碳贝氏体 + 铁素体复相组织钢技术路线和生产技术开发等方面取得重大突破，形成了中国具有自主知识产权的新一代大跨度公铁两用桥梁从母材、配套焊接材料与焊接工艺，到钢梁设计选材标准、钢梁加工制作规范等成套关键技术。该项成果被中国金属学会认定达国际领先水平。

图 3-3-8　2015 年 12 月 19 日，沪苏通长江公铁大桥主航道桥 31 号墩开始封底施工

2017年《多跨公铁两用三主桁简支钢桁梁桥施工关键技术研究》获中国公路建设行业协会一等奖。课题针对多跨公铁两用三主桁简支钢桁梁桥施工关键技术展开研究，开发了新的钢桁梁上墩工艺，研发了双排支垫协同受力自适应系统，并系统地建立了多跨三主桁简支钢桁梁全悬臂架设施工工艺，确保了大桥安全、高精度、高效率的架设。通过总体方案比选，采用“先连续后简支，无辅助全悬臂架设”的施工方法，解决了墩身高度高，支架搭设难度大，风险高的问题，可实现多作业面施工，明显缩短了施工工期，提高了施工效率，保证了施工过程的安全。“三主桁分桁片上墩+支座后装”上墩方法，对施工工序进行了优化，针对三主桁特点，分桁片上墩，减小悬臂状态钢梁应力，避免采用临时墩、或扣挂系统施工，降低了施工风险，节约了施工成本，社会和经济效益明显。

2019年《超大跨多肋柔性拱结构智能竖转关键技术研究与应用》获中国公路建设行业协会一等奖。天生港专用航道桥拱肋转体工程采用大跨多拱肋柔性拱转体技术进行拱肋转体施工，总体施工工期为2017年8月至2017年12月(含设备拆除时间)。实际于2017年10月22日顺利完成拱肋合龙，相比原计划时间节点，提前2个月完成拱肋合龙。

2019年《超千米高速铁路(公铁两用)斜拉桥斜拉索关键技术与应用》获江苏省综合交通运输学会特等奖。针对高强度缆索面临的共性问题，攻克了2000MPa斜拉索关键技术难题，实现了钢丝和斜拉索的产业化。新产品的研制解决了超千米高速铁路斜拉索材料问题，减小了斜拉索的直径和迎风面积，降低了风对整体桥梁结构的影响。采用此轻质高强度材料可直接节约缆索构件的用钢量，降低制作、架设成本，提高了斜拉索的服役寿命，可间接降低高铁桥梁建设成本和营运管理成本。

第四篇　弘扬新时代铁路精神
建设“文化大桥”

概述

高质量建设桥梁、持续探索桥梁科技进步、支撑交通强国战略是当代中国建桥人的初心和使命。沪苏通长江公铁大桥在“十二五”期间决策，于“十三五”期间建成，集中了当今世界先进的造桥技术，是推行标准化管理的示范工程、展示中国建桥水平的名片工程。

沪苏通长江公铁大桥的建设过程，是中国新时代创新精神、工匠精神、铁路精神的具体表现，同时也是集中力量办大事的社会主义制度优势体现，是宣传社会主义道路自信、理论自信和制度自信的良好载体。

广大建设者们始终牢记工人阶级使命和担当，坚持弘扬劳模精神和工匠精神，营造劳动光荣社会风尚和精益求精敬业风气，创新劳动竞赛体制、机制，着力丰富竞赛内涵及外延，树立工匠、劳模典型，发扬榜样引领效应，在建设“世界一流精品工程”建设过程中培养、历练并壮大知识型、技能型和创新型产业工人队伍，充分展现出了中国桥梁建设最先进的生产力水平。

中国特色社会主义已进入新时代，人民对美好生活的需要日益增长，文化建设也要提升至更高层面，肩负更多的使命。在大桥建设过程中，聚焦“文化自信”这一主线，通过系列活动丰富大桥文化建设活动内涵，全力促进大桥建设中心工作，取得了显著的成果。

第一章　党建文化

一、规定动作狠抓落实

建设过程中，指挥部党支部严格贯彻落实原中国铁路总公司党组决策部署以及工程管理中心党委的具体要求，狠抓主体责任落实，充分发挥党员先锋模范作用和党支部战斗堡垒作用。

指挥部党支部紧紧围绕大桥建设这一中心工作，充分发挥党支部的引领作用，推动了指挥部党员干部和职工队伍的和谐健康发展。

狠抓思想政治教育，利用“三会一课”以及月度分析会、半年工作会、年终工作会等大型会议，组织全体党员学习党的路线方针政策，同时利用谈心谈话、调研走访等方式充分了解基层难点、工作重点、关心热点，做到吃透上面精神、摸清下面情况，集中群众智慧，形成自己思路，变成大家行动，及时将上级有关指示精神传达贯彻落实到位。

狠抓“三会一课”制度落实，认真开展党支部组织生活，年初制定学习计划，定期召开支部党员大会、党支部委员会和党小组会，按时上好党课，做到严格落实不随意变通，全面落实不任意取舍，全员落实不留死角，长期落实不时紧时松，使党支部建设常抓常新。

图 4-1-1　中国中铁出席十九大党代表宣讲党代会精神

狠抓学习教育活动开展，根据上级要求，结合沪苏通长江公铁大桥特点，认真组织参建各单位开展了“群众路线”“三严三实”等专题教育活动和“两学一做”学习教育和“不忘初心、牢记使命”主题教

图 4-1-2　2020 年 6 月 28 日主题党日活动

育。在第二批“不忘初心、牢记使命”主题教育中，大桥局项目部党工委制定主题教育工作计划，领导班子围绕项目部存在的突出问题和职工反映强烈的热点难点问题建言、讨论，带着问题深入基层开展调查研究，形成 21 篇专题研讨发言材料、7 篇调研报告，得到了国务院国资委主题教育第一巡回督导组的高度肯定。建设指挥部党支部利用“三会一课”、集体学习等形式，深入学习新《党章》《准则》《条例》等法规制度，集中组织学习了《工管中心深入贯彻落实中央八项规定具体措施》《工管中心党的组织生活六项制度》等相关文件。2018 年沪通长江大桥建设指挥部党支部荣获原中国铁路总公司“先进党支部”称号。

狠抓廉政责任落实。指挥部党支部在“三重一大”等重要事项始终坚持集体决策，坚决杜绝“一言堂”和少数人说了算的现象；严格落实“一岗双责”，突出责任主体，形成了“一把手”管班子成员，分管领导管部门，部门领导管下属的责任链条；利用支部谈心谈话持续开展警示教育活动，通过组织生活会和民主生活会开展批评与自我批评，筑牢党风廉政建设思想防线，不断增强廉洁从业意识。

二、自选动作办出特色

（一）十九大宣讲入心

指挥部党支部不但通过观看直播、学习原文、组织讨论等传统形式开展十九大精神学习，还邀请三位一线十九大代表——中华全国总工会副主席巨晓林、大国“焊将”王中美、“最美青工”白芝勇进工地宣讲十九大精神。三位代表的宣讲通过身边事教育身边人，接地气、沁人心，迅速掀起了宣传学习十九大精神热潮，使十九大精神成为凝聚人心、鼓舞士气、推动工作的持久动力。

通过“十九大”精神的宣讲，激发了广大技术管理骨干、产业工人的主人翁热情，形成了匠心“智造”中国桥，共同奋进新时代的生动局面。

（二）党日活动凝心

从一大会场到嘉兴红船，从沙家浜芦荡火种到钱塘江大桥的自强不息，指挥部党支部通过定期举办特色党日活动，凝心聚力，提升党员政治素养和认识水平。为喜迎中国共产党建党 99 周年，庆祝沪苏通长江公铁大桥开通运营，2020 年 6 月 28 日上午，建设指挥部党支部联合参建单位党组织，在即将揭幕的大桥南岸桥铭牌前举行“迎七一、庆开通”联合党日活动。共有 68 名党员参加了活动。

此次活动，使广大党员再一次接受了党性教育洗礼；增强了共产党员的自豪感、责任感和使命感；进一步坚定了时刻牢记初心，永远铭记使命，继续发扬团结拼搏精神，勇于担当，善于作为，高质量完成大桥开通仪式，做好科技创新总结，为“交通强国、铁路先行”做出更大贡献的决心。

（三）群众活动舒心

指挥部党支部积极维护职工合法权益，构建和谐的劳动关系，建设和谐施工氛围。先后组织开展了“送清凉”“送温暖”“送健康”“送安全”“送法律”等慰问活动。每年邀请张家港市、南通市总工会赴工地举行了“工人伟大、劳动光荣”“文艺与时代同行”送文化、送文艺专场演出，组织施工单位文工团开展了“庆祝十九大、建功在沪通”“不忘初心勇攀桥梁高峰、牢记使命共圆沪通桥梦”职工慰问演出，邀请沪宁城际铁路公司，组织通沪铁路沿线各参建单位，每年举行一次扑克掼蛋、健步行比赛，联合开展年度“沪通杯”羽毛球和篮球比赛等活动。各参建单位利用已建好的体育场馆，常态化组织了羽毛球、

图 4-1-3　“不忘初心勇攀桥梁高峰，牢记使命共圆沪通桥梦”汇演

图 4-1-4 检企共建推进会

篮球、乒乓球等形式多样的文体活动，通过举办员工庆生活动、职工家属探亲活动、青年员工联谊活动，极大丰富了职工业余文化生活，切实维护了职工的合法权益，让职工住得舒服、吃得营养，学有场所，玩有去处，病有所医，干有平台，凝聚了和谐的家园文化，极大地提升了职工的归属感。

（四）和谐建家贴心

建立水上“花园式”员工之家。建成 435m^2 集员工办公区、监理办公区、安全驿站区、休息区、用餐区、应急物资储备区等多功能水上“花园式”员工之家，切实解决作业人员用餐和休息问题。

建立职工（农民工）服务站及分站。服务站具有维权服务功能、帮扶服务功能、文体服务功能、生活服务功能、普惠服务功能，为作业人员提供常规的医疗、探亲、培训教育等。节假日开展羽毛球、篮球比赛等活动，丰富作业人员的业余文化生活。

开展党群协理员工作。为适应外协队伍管理的现实需要，指挥部在施工单位中开展党群协理员活动。党群协理员对外协队伍开展党建思想政治工作和群众工作，重点发挥好“六大员”职能，即规章制度的宣传员、安全质量的督导员、内外部关系的协调员、思想工作的疏导员、党风廉政的监督员、突发事件的预警员。

（五）廉政教育放心

通过每年与上海检察院、南京铁检院、南京鼓楼区人民检察院开展企检共建活动，与张家港海事局开展廉政教育漂流箱联学共建活动，定期开展反腐倡廉宣贯会、座谈会和预防职务犯罪专题讲座，树立了“建桥育人、和谐发展、遵纪守法、廉洁敬业”的思想理念，切实加强党员自律，使之做到业余时间有“形象”，休闲之中有“政治”，交往之中有“纪律”，夯实了党风廉政建设基础，营造了风清气正、干事创业的良好工作氛围。

第二章 工匠文化

跨度决定难度，创新决定高度。沪苏通长江公铁大桥是检验尖端技术、引领行业发展的重要平台。

建桥团队除了需要一批掌握“高精尖”科学技术的专家学者、管理骨干和专业技术人员，还必须有知识型、智力型的产业工人作为支撑。

指挥部以先进的理念、科学的制度、特色的活动，把各路英才汇聚到项目建设团队之中，集合团队的力量向桥梁建设的禁区突破。从耄耋之年的知名院士，到专注事业的铁路榜样，从兢兢业业的工程管理团队到默默奉献的广大产业工人，凝聚着不同层面的“沪苏通力量”。这股力量冲破一道道难关，让大桥一米一米地延伸。

沪苏通长江公铁大桥“高、大、新”的技术特点，体现了桥梁建设从“广种薄收”向“精耕细作”转变、从经验判断向主动精准控制转变、从劳动密集型向装备精良型转变、从技术领先向全方位领先转变，促进大桥走上了高质量发展之路，也培养、历练、壮大了中国桥梁产业工人队伍。

一、产业工人，筑牢精品基础

在新时代建设的沪苏通长江公铁大桥，承载着中国由世界桥梁大国向世界桥梁强国迈进的光荣与梦想。

万丈高楼平地起，产业工人是创新的源头，是建设精品工程的基础。为了将这座大桥建设成为世界一流精品工程，指挥部把抓产业工人的素质提升当作重中之重的任务，进行了整体的规划。

指挥部围绕提高产业工人队伍整体素质、发挥产业工人骨干作用、维护产业工人合法权益、保障产业工人主人翁地位，制定了一系列措施，确保产业工人队伍建设有章可循。

进一步提高国企职工队伍的素质和产业工人队伍的整体水平，广泛开展技能培训和业务练兵，培育“工匠”，以技能水平带动工程质量的提升。

严格协作队伍的考核，让有信誉、有规模、有业绩、有实力、有发展的劳务协作队伍参与到大桥建设之中，不合格队伍坚决淘汰。

建立了科学、严格、规范、精细的员工进场管理体系。这套体系涵盖了安全质量考核、技能考核、进场体检、指纹录入、建立人员二维码库、发放统一的工装胸卡标识等 6 个方面。

各工区引入循环教育理念，把集中教育与过程教育结合起来，大桥施工现场全面实行班前讲话、班后总结、一日一扫、网格化管理、看板和背包管理、班组长责任制、工序质量责任制、质量后评价、安全积分制和三级两次技术交底等制度，在产业工人中大力提倡“小改小革大奖励”理念，取得了良好效果。

加强信息化手段运用。借助视频监控系统，VR 系统、BIM 系统实现全覆盖、全方位、全过程跟踪和实时培训，及时掌控现场施工情况。

通过创新性的产业工人管理方法，将数千名来源不同、技能基础各异的产业工人拧成了一股绳，用共同的理想、共同的信念、共同的管理、共同的标准、共同的文化打造了一支志在攀登“世界桥梁珠穆朗玛峰”的“大桥工匠团队”，在携手跨越长江天堑的新征程中，不断创造新的中国经验。

二、劳模工匠，引领技术革新

指挥部工会组织通过开展技术比武、劳动竞赛、建立劳模创新工作室等方式，引导技术员、产业工人比学赶超，推动“工匠精神”薪火相传，让桥梁工匠队伍在建设大桥的实践中快速成长壮大起来，成为建桥团队的重要力量。

为了发挥劳模、工匠和高技能人才的“火车头”作用，指挥部把建立劳模创新工作室当作一项重点工作进行部署。通过树立模范典型，引导工人群众学技术、钻业务、强本领、求创新、比贡献，共同推进工程建设。

中交二航局项目经理杨志德是全国“劳动模范”。参加了 20 多座长江大桥的建设。2014 年杨志德创新工作室成立之后，已申报专利 20 项，其中 4 项已获得专利授权，其中“多跨公铁两用三主桁简支钢桁梁桥施工关键技术研究”获中国公路建设行业协会科研创新成果一等奖。

中铁大桥局赵政是大桥 28 号主塔墩的“墩长”，一线工人中的杰出代表。这位安徽省“劳动模范”和“火车头奖章”获得者，带领他的团队成功浮运世界级巨无霸——自重超万吨的28号墩钢沉井，并准确下沉至江底。赵政劳模创新工作室积极开展“导师带徒”活动，他亲自讲理论课、上实践课。工作室成立以来，先后创新工艺工法6项，并对当前钢梁架设及斜拉索挂设方面的经验进行总结，为后续施工积累了宝贵经验、培养了人才队伍。

图4-2-1　杨志德创新工作室揭牌

第三章　竞 赛 文 化

一、创新体制机制，与地方工会工作紧密结合

指挥部紧紧围绕建设世界一流大桥这一中心工作积极推进建功立业劳动竞赛，发挥大桥建设特殊性和影响力，注重顶层设计、创新体制机制，将劳动竞赛同地方工会工作有机融合，建立了路地联动机制，推进了劳动竞赛活动的深入开展。

（一）竞赛范围全覆盖

图 4-3-1　南通市劳动竞赛誓师动员大会

沪苏通长江公铁大桥作为中华全国铁路总工会劳动竞赛单列项目，开展全路重点工程劳动竞赛。同时，作为江苏省十大重点工程和南通市十大重点工程，也是唯一一

个三次参加了省总工会全省十大重点工程劳动竞赛的项目，与江苏省海事局、张家港和南通市总工会均联合开展了劳动竞赛活动。指挥部将施工、监理、设计咨询等参建单位及与建设有密切联系的协作单位，都吸纳为竞赛活动的参赛单位，各单位内部将竞赛活动从管理层向操作层扩展，细化至工区、班组、科室、个人，做到了劳动竞赛范围全覆盖。中华全国总工会 2018 年 10 月召开长江经济带发展全国引领性劳动和技能竞赛总结会，指挥部与长江经济带沿线 11 个省（市）代表参加会议，指挥部党支部书记、常务副指挥长张贵忠介绍了沪苏通长江公铁大桥竞赛组织进展、亮点工作和典型经验。

（二）竞赛内容具体化

根据江苏省全省十大重点工程劳动竞赛活动的总体部署，指挥部联合南通市总工会、张家港总工会下发了《关于开展沪通长江大桥工程建设立功竞赛活动的通知》，将“四比一创”竞赛活动方案拓展为“八比一创”。根据工程特点，指挥部制定下发了《劳动竞赛实施细则》，细化了竞赛考评内容，提出了竞赛考核办法，明确了竞赛激励措施，实现了劳动竞赛内容具体化。

（三）竞赛考核经常化

指挥部与南通市总工会将竞赛活动与大桥建设同步规划，规划设计了五年竞赛目标，指导各参建单位将总体竞赛与阶段性竞赛相结合，进一步细化考评措施、缩短考评周期，形成了月月有竞赛、季季有考核的竞赛格局。过程中，指挥部与南通市总工会共同组织了 2016 年 9 月“大干 120 天，确保完成年度投资任务”和 2017 年 9 月“强基达标，提质增效，大干 100 天”等单项劳动竞赛活动，圆满完成了竞赛的各项目标，其中一标段中交二航局项目部连续两次获得劳动竞赛先进单位，中交二航局和中铁大桥局共有 14 人获得劳动竞赛先进个人荣誉。

二、抓住关键环节，与一线施工生产紧密结合

建设过程中，指挥部将建功立业劳动竞赛贯穿建设始终，与建设管理工作融为一体，同研究、同部署、同检查、同落实。根据工程特点，结合施组安排，牢牢把握质量、安全、进度、科研、文明工地等关键环节，强基达标，提质增效，促进了主体工程安全、优质、高效推进。

（一）以劳动竞赛促进度

指挥部将劳动竞赛作为促进施工进度的重要手段，不搞突击、不搞添油战术，强调均衡生产。围绕施工生产主线，把握施工生产节奏，细化施工节点目标，利用“大会战”与“小战役”相结合的方式，针对专用航道桥钢梁和拱肋、主航道桥28号、29号墩承台和主塔大体积混凝土施工等重难点施工项目，适时开展了不同主题的竞赛活动，既有不同单位之间、同一单位内部、相同工序的班组之间的横向比赛，又有月计划、旬计划、周计划、日计划之间的纵向比赛，广泛开展诸如工区赛、对手赛、对口赛、班组赛等竞赛活动，将竞赛活动落实到分部、队伍、部室和个人，激发了全体参建职工的积极性、主动性和创造性，使劳动竞赛成为鼓舞士气、实现节点目标的重要抓手，保证了各项节点目标的顺利实现，确保了工程施工进度。

在2017年开展的“强基达标，提质增效，大干100天”劳动竞赛活动中，大桥局施工进度不断加快，主塔实现了黄金季节一天增高1m的纪录。比原计划提前了40余天完成中塔柱合龙。29号主塔墩承台钢筋绑扎施工中，二分部将钢筋绑扎等分成四个区域，开展了各区域比钢筋绑扎质量、绑扎速度的劳动竞赛，为后续如期实施承台混凝土浇筑创造了条件。

（二）以劳动竞赛促管理

指挥部将劳动竞赛与“强基达标、提质增效”活动相结合，在指挥部各部门及参建各单位中针对性组织开展了“迎接十九大，强基达标、提质增效”劳动竞赛活动，在环节设置、考核标准等方面，重点突出安全、质量、标准化的考核，通过完善管理制度和体系，抓基础管理；通过强化作业标准，抓安全质量；通过抓科技创新，打造智能化工地，抓基础、强基本、重基层，进一步夯实了大桥建设管理基础，提高了标准化管理水平。

图4-3-2　大桥29号墩承台浇筑

在日常竞赛活动中，通过强化现场管理和过程管控，积极开展“标准化工地”创建活动，通过首件认可、样板引路、经验交流、现场观摩、流动红旗评比表彰等活动树立了标杆，固化了作业标准。评选出陆上（水上）钻孔桩、墩身、沉井、拌和站、试验室等 14 个标准化工地，起到良好的示范带动作用。

通过构建质量安全管理体系和制度，强化原材料源头管理，加强试验和检测工作，强化工艺创新和工法验证，严格过程动态管控，加强风险识别与管控，积极推行安全质量责任矩阵，开展质量安全排查整治活动，形成了质量安全管理有效闭环，确保了实体工程安全质量。

图 4-3-3 中交二航局墩身标准化工地

（三）以劳动竞赛促科技创新

在劳动竞赛过程中，突出创新发展，围绕工程建设质量提高、工艺改进、安全生产、节能环保等方面，动员职工立足岗位开展技术创新、管理创新和服务创新。

针对大桥特点，指挥部组织参建各方进行科研技术攻关，努力以科技引领打造技术创新工程和质量精品工程。指挥部根据 BIM 试点要求，将 BIM 系统置于全路 BIM 及信息化推进体系框架之下，充分考虑原中国铁路总公司 BIM 技术整体规划，使实施方案与整体规划方向一致，形成了“业主主导，一个模型，一个平台”的 BIM 理念，积极推行全生命周期运用，通过 BIM 技术形成大数据，为后期运维提供了数据支撑，实现了管理流程再造，提高了大桥建设的信息化水平。

2017 年，指挥部 BIM 管理成果获全国四大 BIM 顶尖赛事一等奖，得到业内的广泛认可。

深化劳模和工匠人才创新工作室、创新示范岗创建工作，大力推进先进操作方法的推广应用和创新经验的总结提炼，积极搭建促进职工创新的平台。竞赛过程中，各参建单位开展了“金点子”、QC 小组、劳模创新工作室创建等活动，不断革新工艺、工法，使大桥的建设进度得到了快速推进。一标段中交二航局开工之初就成立了“余定军工作室”，形成了良好的创新氛围，承台轻型井点降水、承台垫层二次浇注等施工工艺在全桥推广；“在浅水区建设吹填人工岛替换钢平台”方案，使得存料能力由原来的 9000m^3 扩充至 17000m^3，拌和站由 2 套增加至 3 套，大大增强了水上混凝土的供应能力，加快了施工进度。

二标段中铁大桥局项目部项目经理查道宏不断给自己和团队加压，不断小改小革，改善施工工艺，提高施工效率，为项目节省了可观的经济成本。所发明的“插管法拔球”水下混凝土灌注工艺，减小混凝土拔球前储备方量、提升导管隔水效果，而且能显著减小混凝土在灌注时对底部结构的冲击力，提升首灌工序可控性，从而提高水下混凝土的灌注质量，在桥梁沉井基础深水混凝土施工中具有较高的推广价值；对钢梁焊接与架梁吊机运行工序进行的调整，使钢梁架设施工周期由 15 天缩短至 13 天；对大节段钢梁双悬臂吊装工序进行优化，将长江黄金水道船舶航行安全的影响降到了最低。

三、扣紧素质提升，与产业工人队伍建设紧密结合

劳动竞赛作为项目管理的有效手段，对队伍素质提升同样发挥了重要的带动作用。指挥部将劳动竞赛与队伍建设相互融合，在桥梁建设过程中，提升了参建员工的技能水平和荣誉感、自豪感、归属感，提高了参建员工的积极性、主动性和创造性，树立争先意识和工匠精神，增强了全体职工的凝聚力和战斗力，使劳动竞赛活动成为培养高素质劳动者队伍的摇篮。

竞赛活动中，指挥部积极探索劳动竞赛奖励形式和办法，注重在竞赛中实现技术工人的培养、考核、使用、待遇相统一，进一步壮大产业工人队伍。通过比武练兵等多种形式来锤炼队伍，提高队伍的整体素质和能力，通过选树“党员先锋岗”“青年安全岗”“青年突击队”“全国劳模”“全国岗位技术能手 ”“火车头奖章”“省市五一劳动奖章”等先进典型，起到了很好的示范和引领作用，强化了人人学习先进、争当先进的团队文化，形成了“跟我上”的良好工作氛围。

图 4-3-4　大桥局项目部项目经理查道宏获“全国五一劳动奖章”

通过与江苏省总工会联合开展焊工职业技能比武，首开重点项目专项劳动竞赛的新方式，有效提高了焊接工人的整体操作水平，提升了大桥钢梁加工制造水平和实体工程质量；与江苏省海事局建立高层协调机制，举办“施工、通航研讨会和总结会”，进行科技和学术交流，对沉井的制造、浮运、拖带和交通管制进行了

研讨和总结，提升了施工效率和质量。各参建单位通过开展起重工、架子工技能比武和安全员、测量员等岗位练兵活动，有效提高操作工人和技术人员的技能水平；通过创建“创新工作室”、开展“工艺攻关、革新金点子”活动，积极鼓励参建职工围绕项目管理、安全生产、节能降耗、技术创新等方面集思广益，征集了许多新思路、新主意，有效提高了参建队伍整体素质，提升了参建大桥的荣誉感。

指挥部还将劳动竞赛与文化建设相结合，突出精神传承，使竞赛成为弘扬劳模精神和工匠精神的平台。在竞赛活动过程中，引导广大职工自觉把立足岗位建功立业与全面建成小康社会的宏伟目标紧密联系起来，把弘扬工人阶级伟大品格与实现中华民族的伟大复兴紧密结合起来，充分激发广大职工的主人翁精神和创新活力，谱写新时代的劳动者之歌。2019 年 8 月中华全国总工会在天津组织召开了京津冀协同发展一体化建设劳动与技能竞赛经验交流会，沪苏通长江公铁大桥代表国内重大工程项目应邀参会，指挥部党支部书记、常务副指挥长张贵忠作经验汇报。汇报全面总结了大桥自 2014 年以来在组织开展劳动与技能竞赛方面的重点工作和主要成果，烘托了参建团队典型人物，起到了良好的示范作用。

截至 2020 年 6 月底，通过参建各方的共同努力，建设指挥部建设团队于 2016 年、2018 年两度获得江苏省“五一劳动奖状”，中华全国总工会授予查道宏同志全国五一劳动奖章。中华全国铁路总工会授予中铁大桥院火车头奖杯，授予闫志刚等 19 名同志火车头奖章。江苏省总工会授予赵钰等 4 名同志先进个人（五一劳动奖章）、中铁大桥局沪苏通长江公铁大桥项目部等 4 个团体先进单位（五一劳动奖状）和中交二航局公铁合建段墩身施工班组等 13 个团体获先进班组（工人先锋号）的称号。南通市总工会授予郑清刚等 14 名同志先进个人、中铁大桥局沪苏通长江公铁大桥项目部一分部等 2 个团体先进单位（五一劳动奖状）和江苏中铁山桥技术部等 15 个团体先进班组（工人先锋号）的称号。大桥建设劳动竞赛成果显著、成绩喜人。

第四章　桥 韵 文 化

一、聚焦主业，分步实施

沪苏通长江公铁大桥的建设过程中，围绕确保安全、质量，将大桥建成“推行标准化管理的示范工程、展示中国建桥水平的名片工程、经得起时间和运营检验的精品工程”的目标，指挥部文化建设工作始终聚焦主业，将外树形象、内鼓士气，促进工程建设作为主题，组织开展了文化建设“五个一”（摄影集、征文集、诗集、书画集、影像和报刊集）系列活动。五项活动各有侧重，服从服务于大桥建设中心任务。

摄影集（图 4-4-1）作为每年的固定性活动贯穿大桥建设始终，每年出版一册摄影作品集，建设期间共出版六期，收录获奖作品两千余幅，如实记录了大桥建设历程。在摄影主题上各有侧重，共分三个阶段：前期（2014—2015 年下部结构施工期间）主要为起步阶段，侧重于展示工程进展，中期（2016—2017 年主体施工期间）侧重于展示攻坚过程，后期（2018—2020 年主体收尾、附属工程施工期间）侧重于展示大桥全貌及人文精神。

图 4-4-1　摄影集

除了每年的摄影作品征集，针对重大活动、关键节点，制作专题画册，定格大桥建设瞬间，留存大桥过程记忆。

征文集以纪实散文、诗歌等为主，在 2016 年开展。此时大桥建设开始进入正轨，参建人员经过前期的磨合对大桥建设已经有深刻的认识，有时间及素材进行文字创作及提炼总结，因此征文集的主题定为记录大桥创新实干的建设过程和广大大桥建设者的先进事迹和日常工作、学习及生活感悟等，激发了参建职工的创作热情。

诗集和书画集分别在 2017 年、2018 年出版。在工程建设克服诸多困难取得了各项突破，文化活动经过积淀也有了部分成果的情况下，为了保持文化建设工作的延续性，提升文化活动的效果及对主体工程建设的推进作用，同时也尽量避免安排过于集中挤占工程建设时间，针对性选择性地开展诗书画比赛活动，丰富了文化活动管理的内涵。

报刊集、影像资料集均为每年的固定项目。前期工程形象尚在形成中的阶段，报刊集采取了灵活的推进方式。随着工程阶段性成果逐渐增多，宣传报道影响日益广泛，自 2017 年开始统一安排对报刊、媒体的相关宣传资料进行汇总，整理编制成集（图 4-4-2）。

这样安排既保持了文化工作的连贯性，又保证了工作节奏的合理性，充分发挥了文化建设工作对工程建设的配套服务作用。

图 4-4-2 新闻报道集

二、广泛发动，贴近一线

在“五个一”系列活动中，指挥部牢牢把握主题，始终做到以下几点：

（一）广泛发动，多视角解读

在文化建设工作的组织过程中，坚持活动的群众性，让建桥者自己动手写自己的故事。指挥部不仅发动设计、施工、监理以及第三方检测和钢梁制造单位全员参与，同时邀请南通市、张家港市两市的文联、摄影家协会，原中国铁路总公司的书法、摄影等各类协会、宣传部门参与其中，鼓励引导他们从不同角度和视角来反映和讴歌工程建设和大桥建设者。为充分调动其积极性，指挥部组织对各类作品进行了评选，颁

图 4-4-3 书画家到工地创作

发了荣誉证书，并在属地报纸、电视台、《南通窗》等刊物刊登了评选结果（图 4-4-3）。除精神奖励以外，各参建单位也对署名作者分别进行了物质奖励。

（二）深入挖掘，走近一线职工

各参建单位为充分展示大桥建设情况，组织文艺爱好者培训班，安排文化专员常驻一线，体验生活，深入挖掘先进典型，把握细节，积极传递正能量，涌现出一系列反映一线职工生活、工作状态，有深度、有温度的好文章、好作品，受到广泛的好评。南通、张家港文联、摄影协会等地方团体也多次组织专业人员到现场采风，深入了解大桥建设过程，挖掘感人事迹，创作了诸多优秀作品。

大桥局二分部组织写作班子对 29 号墩施工过程中涌现出来的先进人物、感人事迹进行了深度挖掘。挖掘出来的人物、事迹有血有肉，形象生动，真实感人。通过对事件亲历者的采访，结稿先进人物通讯 21 篇共 7.3 万字，全方位地还原了 29 号墩可歌可泣的施工场景，全景式地再现了 29 号墩施工难点的攻克、突破过程以及现场干部职工吃苦耐劳和勇于奉献的精神。

（三）注重品质，严格把关

指挥部为保证作品质量，邀请了业内和地方文联的知名大家、学者对作品进行严格把关。在摄影比赛中邀请了中国铁路文联摄影家协会主席，南通、张家港两市的摄影协会主席和文联主席，原中国铁路总公司相关专业人员等组成评委会；在《虹起长江口》征文集的选编工作中邀请了原铁道建筑报社社长担任总顾问；在《大江飞虹》诗集的选编工作中邀请了中国铁路文联作家协会主席和张家港市文联副主席等知名诗人担任评委；在书画集的选编工作中邀请了中国铁路书法家协会副主席等知名人士，对作品精挑细选，优中选优，尽善尽美地全面展示了大桥建设过程，展现了大桥建设者的风采。

中铁大桥局、中交二航局等参建单位在文化建设和新闻宣传工作中，分别成立了领导小组，制定了配套办法，对宣传报道的组织工作、宣传纪律作出了明确要求，严格执行对外发布信息审批制度，凡是涉及项目管理、生产经营、科技研发等内容的宣传报道，必须经过党工委审核后方可发布；对于重大节点的重要稿件，必须报建设指挥部审核并同意后方可发布，从而保证了作品质量。

三、创新方法，扩大影响

在对外宣传这一展示项目形象的重要手段上，指挥部根据工程进展提前策划、确定对外宣传方案，各参建单位狠抓落实，创新方法，扩大了沪苏通长江公铁大桥的影响力。

图 4-4-4　诗书画大赛作品评选

指挥部将文化建设工作列为综合考评内容，根据年初工作计划，对重大节点的新闻报道工作提前筹划，确定等级、范围；各参建单位根据报道计划，依托指挥部与原中国铁路总公司宣传部门，创新工作方法，实行“有目标、有计划、有部署、有考核；抓培训、抓节点、抓媒体、抓提升；上网站、上微信、上报纸、上电视”的“四有四抓四上”工作方法，鼓励通讯员多写稿、出精品，有效地保证了宣传任务的完成，扩大了大桥影响力。

在选题上，指挥部将主航道桥和专用航道桥的重大节点以及大桥建设过程中的科研、技术创新和先进人物事迹作为报道重点，根据时间节点提前策划、牵头与央视等新闻媒体联系，对主航道桥 28 号、29 号墩沉井浮运定位，钢梁架设和专用航道桥钢梁、拱肋合龙等重大节点进行了报道；其中央视综合频道直播 3 次，央视新闻联播报道 7 次；央视财经频道以《屡创世界纪录的大桥》《沪通大桥：崛起中的超级工程》《基建里的“大力士”》为题对大桥建设科研、技术创新情况和 1800t 架梁吊机的设计、制造及运用进行了专题报道；央视科教频道《中国建设者》栏目对施工一线参建员工进行了报道；央视中文国际频道也在《中国舆论场》栏目以《走近世界最大跨度公铁两用斜拉桥》为题对大桥进行了报道（图 4-4-6）。中央级媒体报道大桥相关题材新闻共计 60 余次，向全国人民传递了沪苏通长江公铁大桥这一举世瞩目的世纪工程的重要信息，扩大了大桥的社会知名度。

图 4-4-5　央视采访

图 4-4-6　走近世界最大跨度公铁两用斜拉桥

在新中国成立 70 周年之际，积极配合央视音乐频道在大桥施工现场录制国庆特别节目《我爱你中国》。节目在 10 月 2 日的央视音乐频道播出，彰显了大桥建设者的风采。

指挥部开办的官方微信公众号“沪通长江大桥”成为对外展示大桥形象的窗口。28 号墩主塔封顶的消息在公众号发布当天，点击量就突破了 10000 次；“首轨铺设”一经发布，多家媒体引用转发，向社会全方位展示了大桥建设情况。

人民鐵道

PEOPLE'S RAILWAY DAILY

大力推进供给侧结构性改革 全力满足人民群众出行需求

铁路总公司开展“铁路客运服务质量年”活动

中铁集装箱公司成功试运中欧间铁路零散集装箱货物

天堑波澜『第一跨』

——写在沪通长江大桥开工建设两周年之际

部分政协委员讨论政府工作报告时评价

“互联网+”在铁路得到良好实践

两会直通车

新疆首家氧化铝交割仓库落户铁路物流基地

“火山鸣泉”苏打水搭乘运输专线启运

废灰堆里“刨”商机

新春走基层

中车出口泰国 120 辆集装箱平车交付

今日导读

两会特刊

发挥铁路优势 助力经济发展

畅通服务最后一公里

图 4-4-7 《人民铁道报》刊稿

对外宣传过程中，指挥部还集中各参建单位宣传资源，通过各级媒体对焊工技能比武、院士考察咨询、全路观摩等重点活动进行了多层次、多方位的报道。在人民网、新华网、《中国日报》《经济日报》等传统媒体和网络媒体报道 110 余篇次，并与《人民铁道报》社、《工人日报》社建立了合作机制，开辟了“虹起长江口、风采沪通人”专栏；各参建单位子公司、项目部与《中国交通报》社、《中国中铁报》社等行业媒体及武汉市、南京市、南通市等地市级媒体广泛交流，促成对大桥的报道 230 余次。同时，各参建单位在公司门户网站、微信客户端和互联网平台进行了广泛宣传和深度报道，扩大了宣传范围、提升了社会影响力。

四、固化成果，注重细节

（一）总结提升，固化成果

指挥部的文化建设工作，始终坚持“文化建设服务大桥建设”的原则，创新采用图书、影像、网络等多种方式，最大范围、最大限度地充分展示参建员工的才能，并对好经验、好做法及时固化总结，呈现出百花齐放的良好氛围。

截至 2020 年 7 月“桥韵杯”摄影比赛举办六届，收集了“建筑掠影、工地印象、人物风采、如诗如画、科技引领”五个方面共计12000余张照片，共挑选出1100余张优秀作品，设计制作了四本“桥韵杯”摄影集，并同步制作了电子画册；征文活动共收集通讯、诗歌和散文稿件270余篇，总计50余万字，选取163篇优秀作品汇编成《虹起长江口》文集，由中国铁道出版社出版；诗歌比赛共收集各类诗歌作品400余件，挑选出具有代表性的113件作品汇编成《大江飞虹》诗歌集，由文汇出版社出版；书画比赛已收集书法作品600余件、绘画作品200余件。

图 4-4-8 《虹起长江口》文集

图 4-4-9 《大江飞虹》诗集

在总结“五个一”活动成果的同时，指挥部还通过信息化手段的运用，制作了宣传简介片、建设管理宣传片，制作了桩基施工、沉井施工、节段梁和钢桁梁架设等工序施工技术总结视频，发布了入场安全质量教育（图4-4-10）、架桥机安全监控培训等视频，形成了系统的影像资料集，有效固化了大桥建设工作成果。同时，各参建单位针对信息化建设亮点，制作了《管理升级用心打造》专题片，以参建职工舍小家为大家的工作情怀为主题，制作了《舌尖上的舞者》《为了那一天》等多部微电影，提升了大桥建设文化品牌的影响力。

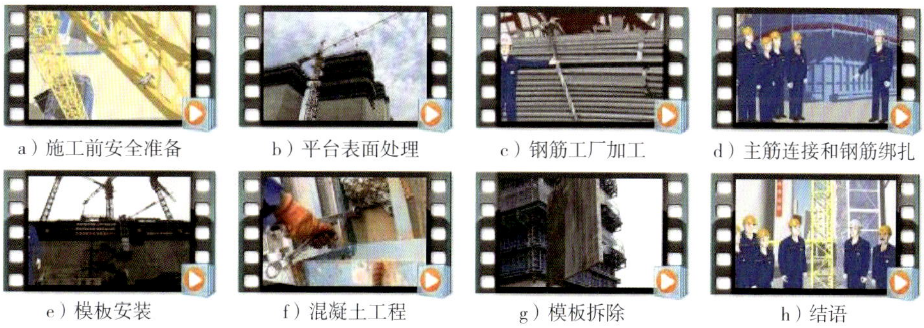

a）施工前安全准备　b）平台表面处理　c）钢筋工厂加工　d）主筋连接和钢筋绑扎

e）模板安装　f）混凝土工程　g）模板拆除　h）结语

图 4-4-10　安全质量教育宣传片

（二）注重细节，展示形象

在文化建设工作中，对外接待工作也是展示项目形象的一个重要环节。指挥部对接待工作高度重视，注重细节，从项目展厅建设、现场展牌制作、宣传资料准备、接待方案制定、材料准备等细节着手，统一标准、统一风格，制订专项流程，超前考虑、周密安排，高标准完成了各项接待工作，充分发挥示范窗口作用，展示了铁路建设者和大桥建设的良好形象。

2015 年 8 月 7—9 日，中国工程院交通基础设施重大结构安全保障战略研究院士考察及专家咨询会在大桥工地顺利举行，13 位工程院院士及 50 多位桥梁专家参加会议，围绕大桥结构安全提出了诸多可行方案。2016 年 2 月 27 日和 2020 年 6 月 10 日，全国铁路建设管理领导人员培训班在沪苏通长江公铁大桥进行现场教学，各级领导对大桥建设的标准化管理、文明施工和科技创新等给予了充分肯定。2017 年 11 月 17—19 日，第二届国际桥梁抗震研讨会在大桥工地举行，研讨了桥梁抗震最新科技成果。2019 年 4 月 13—14 日，由中国铁道学会、江苏省综合交通运输学会和南通市政府联合主办，以“创新桥梁技术，助力交通强国”为主题的中国高速铁路桥梁工程创新技术论坛在江苏省南通市举办，论坛系统总结了高速铁路大跨桥梁科技成就，展示了高铁跨江通道建设的最新成果。沪苏通长江公铁大桥建设获得了广泛关注和一致好评，社会影响广泛深刻，示范窗口作用得到了充分的发挥。

图 4-4-11　文化展示厅

第五篇　积极开展路地共建
建设“和谐绿色大桥”

概述

为贯彻“创新、协调、绿色、开放、共享”的发展理念，大桥建设以创建和谐绿色文明工地示范工程为目标，抓起点、抓过程、抓落实。

大桥建设指挥部始终加强与地方、行业之间的联系，依托地方政府、铁路局、铁办、海事、公安、水警、工会、文联等部门有效开展各类共建活动，形成了路地之间互促共进、和谐相处的良好局面。

大桥从设计到建造始终秉持“长江大保护”和“低碳环保”理念，符合和满足长江航道、水利、生态方面的规划与要求，大桥的总体设计以及大桥配套工程措施实现了尽量减少对长江原生态影响的目标。

在大桥建设准备阶段，严格控制建设中的临时用地规模，优化用地方案；做好环保与水保工作培训；制定大桥整体环保水保工作管理要求，严把施工环保方案审查。

在大桥建设过程中，坚持以绿色施工为宗旨，贯彻“节约优先、保护优先，自然恢复”的方针，最大限度地保护环境。

在竣工阶段，抓好施工场地的环境恢复、土地复垦以及绿化工作，各项环保设施的调试，噪声、振动等防护，环保水保的验收工作。

第一章　和谐大桥

一、路地共建

大桥建设过程中始终注重加强与地方之间的联系，依托地方政府、铁办、海事、公安、工会、文联等部门有效开展各类共建活动，形成了路地之间互促共进、和谐相处的良好局面。

图 5-1-1　全国总工会副主席巨晓林到工地开展慰问调研工作

图 5-1-2　长江经济带发展全国引领性劳动和技能竞赛工作座谈会代表观摩大桥

（一）项目积极融入地方工作

各参建单位积极与南通市、张家港市铁办、海事局、工会、文联，南通市平潮镇派出所、水警支队开展共建活动。

大桥局与张家港市铁办建立了密切的工作联系，每周向市铁办通报工程进度，铁办也及时向各分部转发苏铁指有关文件，保持了双方信息渠道的畅通；与南通市、张家港市海事局大桥办事处建立了定期沟通协调机制，维护水上施工船舶和人员安全；与张家港市锦丰镇派出所、新市民中心开展了“平安工地”共建活动，积极配合普及法律知识教育、防火防盗个人安全防护教育，建立了人员普查机制，将人员信息制成二维码张贴在每栋宿舍楼，便于人员核实监督。

图 5-1-3　预防职务犯罪知识宣传

图 5-1-4　与派出所开展“平安工地”建设

其中，张家港海事局针对大桥建设时间长、船流密集、通航复杂、险情多发的特点，强化“理论共同研究、安全协同落实、应急统一协调”。在主航道桥28号主桥墩主塔合龙期间，张家港海事局与各涉桥单位保持信息交换渠道畅通，密切关注施工进展情况，加强交通船、工程船等施工船舶现场监督检查，保障施工人员上下交通安全；加强现场管控，注意疏导紧邻施工区的船流，避免过往船舶误入施工水域，确保施工与通航安全。

围绕大桥施工重点难点，张家港海事局与涉桥各单位联合制定了《沪通长江大桥施工船舶恶劣天气处置预案》，并对船员开展相应培训及演练，提高船员对恶劣天气处置的业务技能；与长江水文和气象部门联动，在台风等恶劣天气来临前共同做好施工船舶和水上作业人员安全保障工作，定期联合开展综合性应急演练。

二航局项目部在当地招聘了多名食堂杂工、门卫保安、保洁等，解决了部分当地百姓的就业问题；每年定期为当地敬老院送去生活物资（图5-1-6），得到了当地村民的认可和赞扬；积极参与当地村委会精准扶贫项目，为贫困村民捐款（图5-1-7），彰显了国企的社会责任担当。

图5-1-5　张家港海事局现场保障大桥建设实现零封航

图 5-1-6　慰问平潮镇敬老院

图 5-1-7　组织职工为当地贫困户捐款

（二）地方为大桥建设保驾护航

张家港海事局主动参与施工作业的每个节点工作，定期或不定期会同建设、施工单位了解、探讨建设施工存在问题和需求；提供贴身服务、无缝服务、精准服务，为每项工程策划保障方案；开通大桥作业审批绿色通道，持续优化服务流程、压缩服务时限。针对大桥 28 号主桥墩钢沉井封底（图 5–1–8）混凝土浇筑期间砂石等物料不能中断，而桥区水域又没有可供砂石运输船舶临时停泊的区域，造成物料供应随时可能中断的问题，张家港海事局组织召开现场办公会，经过充分研究论证，特事特办，及时破解了难题。

图 5–1–8　28 号主桥墩首次沉井封底

为保障大桥建设和黄金水道通航“两安全、两不误”，张家港海事局与涉桥各单位科学制定措施，强化现场管控，要求过往船舶航经桥区施工水域时及时联系，加强瞭望，谨慎驾驶；加强科技支撑，在桥区水域安装了张家港辖区第一个 CCTV 高清探头、第一套水文气象监测系统，同时结合自主研发的行政检查系统、VTS（船舶交通管理）辅助报告系统，建设雷达站、设立桥区 VTS 监控专屏、开展无人机巡航，高效服务大桥建设。

南通市、张家港市总工会坚持“送清凉”到建设工地，两市文联组织开展大型文艺采风活动，记录大桥建设过程，宣传大桥建设者先进事迹。

图 5–1–9　南通市总工会送文艺到工地

南通市公安局将“迎中秋，送平安”慰问演出送到工地（图 5-1-10），将防扒、防骗、防拐、防盗等安全知识寓教于乐，提高了一线建设者的安全防范意识；十九大召开前夕，平潮镇派出所组织数十名民警在大桥材料码头举行了反恐演习，提高了应急反应能力。

图 5-1-10　南通市公安局“迎中秋，送平安”慰问演出

南通市海事局和长江航运公安局与项目部在每年台风、汛期来临之际，联合举办防汛防台风水上救生消防综合演习（图 5-1-11）。贴近“实战”的演习加强了部门之间配合，提高了整体应急能力。

图 5-1-11　防台防汛水上救生消防综合演习

张家港海事局与涉桥各单位围绕大桥建设，探索建立了“党建 + 业务”模式，成立保障大桥施工建设的“桥卫士”行动支部，将业务重点工作以党建项目方式融

入支部建设，推动把支部建到船上、让党员奉献水上、将力量聚焦桥上，全力保障工程建设。依托党建共建、支部联学等平台，张家港海事局与长江航运公安局联合执法，与水利部门联合治理辖区非法采砂，与渔政部门开展碍航渔船治理等联动执法，统筹调配装备、人力、信息等资源，有效保障了大桥施工的顺利进行。

南通、张家港两市相关镇政府、派出所多次为参建员工子女解决了上学问题，为参建人员解除了后顾之忧。

图 5-1-12　地方小学“全国红旗大队”寻访大桥建设足迹

南通市第四人民医院到项目驻地为100多名施工作业人员进行高空作业健康体检，组织高空作业心理疏导专题讲座，帮助高空作业人员舒缓情绪。南通市志愿者协会到项目驻地为作业人员免费理发、送节目、送月饼，为建设者送来温暖和关爱。

图 5-1-13　为产业工人义诊

图 5-1-14　为产业工人子女送书籍、玩具

张家港市三兴医院免费送医疗到项目（图 5-1-15），苏州市疼痛委员会委员、张家港市疼痛委员会副主任委员王莉结合从医二十多年的临床经验为建设者们讲解了预防颈椎病的医疗知识，现场为颈椎病患者免费诊疗并赠送药品。

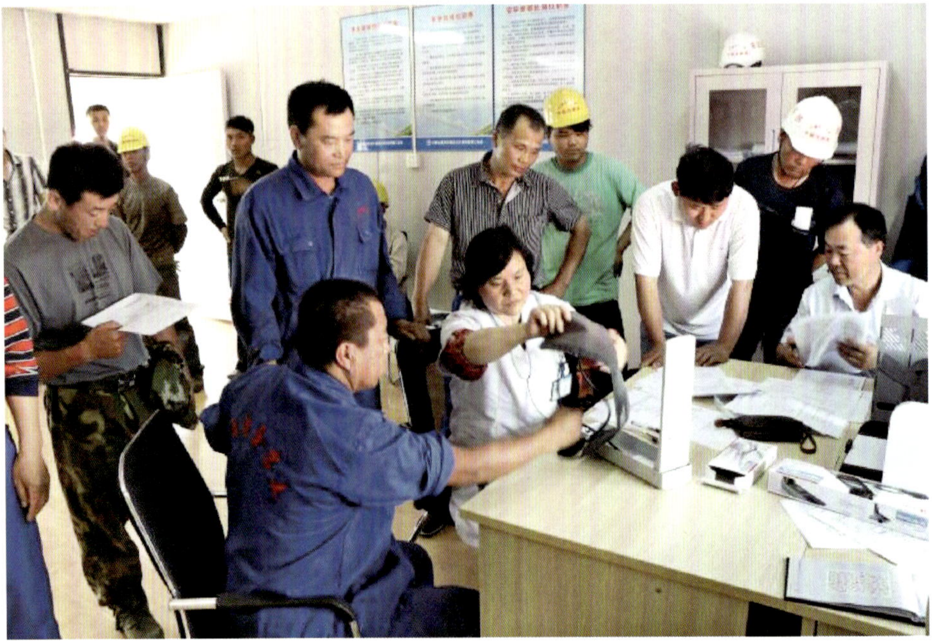

图 5-1-15　张家港三兴医院为建设者体检

（三）创新机制，互促共进

自2014年开工伊始，沪苏通长江公铁大桥就被列为江苏省十大重点工程，每年与江苏省总工会、交通厅开展“十大重点工程”竞赛活动，与江苏省总工会联合开展了“沪通杯”焊工职业技能竞赛。

与南通市铁路办、海事局、市工会、市文联开展了“桥韵杯”摄影比赛、诗书画比赛等活动，陶冶了广大建设者的情操，促进了各参建单位之间的交流，也为大桥留下了宝贵的记忆财富。

二航局同平潮镇派出所、南通市水警支队、长江航运公安局和南通市海事局四单位开展了“五位一体”的平安工地创建活动。项目部向南通海事局选派了党风监督员，长江航运公安局、平潮镇派出所也分别在施工现场设立了警务室，为大桥建设提供了安全可靠的保障。南通蛟龙重工集团有限公司将场地借给项目部建钢筋加工场，并提供临时用电，为后续大桥下部结构施工奠定了稳定的基础；天生港专用航道桥的3、4号主墩大型钢套箱围堰在蛟龙重工的船坞内生产制造，蛟龙重工保质保量如期交付，也为大桥建设作出了贡献。

图5-1-16　焊工职业技能竞赛

图 5-1-17　大桥警务室揭牌

大桥局与江苏省交通建设局、如皋市海事局、长江航运公安局、南通市公安局、张家港市海事局大桥办事处、南通市海事局大桥办事处、南通市平潮镇政府、南通市平潮镇敬老院等建立定期联络沟通机制，开展“结对共建”“党建融合、和谐共建”等路地共建活动（图 5-1-18），建立大党建格局，最大限度地实现多方资源的优化、整合利用，形成“资源共享、优势互补、和谐共赢”的良好局面。

图 5-1-18　与南通市平潮镇共建

一分部积极参加上海市航道管理处、南通市海事局举办的各类航运安全培训，与如皋市海事局进行共建党支部座谈会，与南通市海事局开展“微党课”支部共建活动，就党建工作进行沟通与交流。

二分部团支部与张家港市海事局大桥办团支部联合开展“大桥卫士青年突击队”共建活动，常态化举办“保护母亲河”“施工船舶船员培训”等志愿服务，联合开展

“以一流保障，建一流大桥”船员技能竞赛、“廉政教育漂流箱”等活动，通过青年相互交流学习、联合开展公益活动、技能比拼、典型培树等方式，充分发掘青年人敢闯肯干的优秀品质，提升综合素质，促进成长成才。

图 5-1-19　与张家港市海事局共建

二、征地拆迁

（一）建立制度，强化考核

为加快征地拆迁工作进度，指挥部建立了征地拆迁日报制度、周例会制度、问题库制度等多项制度，将重难点工作纳入问题库，明确责任，强化考核。

（1）为实现征地拆迁信息化、动态化管理，信息及时共享，建立了征地拆迁日报工作制度。各小组成员将当日工作情况及结果报指挥部对外协调人员，汇总之后交指挥部主管领导亲自审查；根据工程进度的需要，确定一个具体的征地地点，规定具体的完成时间，落实到具体的分部（或工区）；确定销号时间，由督办单位进行监督，具体落实到督办人；对事情的具体办理明确责任人，并进行考核，实施奖罚，结果在周例会进行小结、点评，督促全桥征地拆迁工作的顺利开展。

（2）为推广先进经验，相互学习交流。每周定期召开征地拆迁协调会议，交流征地拆迁情况及心得，专题讨论、共同研究，促进征地拆迁工作的开展。

每周日组织两个局指、五个分部召开征地拆迁例会，总结上周完成的工作量，提出重难点问题，商量解决的办法，布置下周需要解决的问题。

多次举办征地拆迁协调培训会，由具有多年征地拆迁协调经验的领导亲自主持，邀请地方铁路办熟悉征地拆迁工作的同志讲授协调经验与心得，宣传征地拆迁政策，使受训人员能够吃透政策、了解程序，掌握良好的沟通协调技巧，多快好省、少走弯路。

（3）建立征地拆迁协调问题库制度，将重点、难点问题统计汇总，安排专人限时解决。经过研究梳理，将锚地搬迁、桥区航标配布和航道维护、水上安全评估、航道警戒维护、大桥工程防洪专项设计以及横港沙圈围工程六个难题列入重大问题库，并根据具体情况进行问题分解，指定专人负责。经过全体工作人员共同努力，所有问题库重难点项目全部销号，并以此为契机，以点带面，推动了整个项目的征地拆迁工作。

（二）掌握方法，注重宣传

征地拆迁工作具有技巧性、灵活性又异常复杂的特点，需要协调多方关系。指挥部在坚持政策、法规的前提下，在加强政策宣传的同时，注重交往艺术和沟通协调，高效、优质地推动了征地拆迁工作。

（1）注重调查研究，充分把握各方的心理。指挥部经过充分调查摸底，了解征地拆迁群众和配合人员的所思所想，以打消征地拆迁群众的“三怕三等”思想顾虑为突破口，对症下药，为群众解开心结，成功取得突破，使征地拆迁工作得以快速推进。

（2）注重宣传造势，排查化解各类矛盾。指挥部坚持政策引导，加强舆论宣传，向群众宣读项目建设的重要意义和征地拆迁政策，使每个征地拆迁户既能理解政府的政策，又能支持铁路的建设，有力促进了通沪铁路这一国家“沿海大通道”重要战略线路的顺利推进。在南通市政府的大力支持下，成立现场指挥部；区、镇、村委三级出动 100 多名工作人员逐一包干做群众思想工作；施工当天要求所有参加人员服从安排和调度，负责好各自分工领域；过程中要求把握政策要点，突出合法施工氛围，保证大部分群众的理解和支持。对于少数阻工人员，指挥部组织各参建单位项目部通过理性分析阻工的原因和阻工人员的诉求，在依法合规保障建设顺利推进的同时，对阻工人员逐一展开思想工作和警示提醒。对不听规劝，仍执意非法阻工者，利用临时栅栏封闭相关施工区域，确保了施工的顺利进行。

（三）明确思路，积极协调

指挥部上场之初，就明确了“认识沟通、投入到位、总体统筹、分层协调、研究政策、精选人员、分工明确、和谐施工”的征地拆迁工作思路，制定了“要积极主动，不要消极被动；要吃透政策，不要轻易许诺；要以诚待人，不要与人争执；要谨慎入微，不要马虎大意；要稳扎稳打，不要轻举妄动；要廉洁自律，不要违规违纪；要深思慎言，不要信口开河；要文明施工，不要侵权越界”的“八要八不要”工作法，注重“原则性、灵活性、敏锐性、主动性”。

在坚持原则方面，要透彻了解项目建设的政策、法律法规；详细了解当地政府赔偿标准，做到赔偿有理有据，不能因小失大，不得擅自提高赔偿标准，做到不清楚的不解释；不能决定的事不承诺；不可能做到的事，要拒绝并解释清楚；承诺过的事要兑现。

在灵活机动方面，一是要机动地掌握现场情况，不能轻易停止工作；适当有条件地让利，但要把握住分寸。例如，28号墩抛设混凝土重力锚作业时1000t浮吊锚缆占用水域较广，距新世界1号浮、新世界2号浮较近，给交通船舶造成不知如何行走的感觉。为确保抛锚作业的顺利实施，确保过往船舶的通行安全，需要临时撤销新世界1号浮，北移新世界2号浮。中铁大桥局主动提出承担撤销及迁移浮标一切费用，并适当提高新地址的作业要求，改善新地址的工作环境；通过友好协商，得到了张家港市海事局、南通市通州滨江新区管委会（浮标使用单位）的同意，为日后的协调工作打下了良好的基础。二是要调解各方关系，合理解决纠纷。针对砂石过驳泊位拆除补偿协调问题，地方政府人员及指挥部先后与有关企业主谈判10余次，时间超过4个月。期间政府委托谈判人员因为立场不同甚至遭船舶业主围攻，谈判的赔偿额也居高不下。针对这种情况，指挥部通过深入走访，密切沟通，向地方政府请示由港口集团出面帮助调解，缓解了矛盾，企业主也得到了合理赔偿。

在保持敏锐性、抓早抓小方面，及时发现潜在的问题，不把小事拖大；对现场情况，特别是可能影响施工的问题，及时反映汇报，并提出解决方案。中铁大桥局项目部公铁合建段沉淀池在施工结束后，影响环境且无人管收。企业主已经放弃，不愿运走。经与当地政府、施工单位共同商量，决定进行评估后一次性搬迁，及早消除了隐患。

在保持主动性，依靠而不依赖方面，依靠地方政府做好铁路大桥具体的征地拆迁工作，尤其是充分发挥地方铁路办的作用，同时注意发挥施工单位的主观能动性；谨记要依靠政府而不能依赖地方政府，充分认识到利用地方政府职能重要性的同时，时刻不忘参建单位作为征地拆迁工作的主体和最终使用者的现实，掌握工作的主动权。

（四）地方政府，鼎力支持

征地拆迁工作得到了地方政府的积极配合、鼎力支持。南通和张家港两市为了保证大桥顺利开工，先后都成立了由市政府主管领导亲自担任组长的征地拆迁工作领导小组，并组建了工作专班，具体负责大桥建设前期协调和征地拆迁工作。

为了保证征地拆迁工作不影响大桥的正常施工建设，两市政府分别建立了诸如信息通报、定期例会、现场办公等一系列工作制度。工作人员走村串户，查实情，摸实底，力求把工作做实做细。向村民讲清拆迁意义，讲明补偿政策，对于确有实际困难的群众，想方设法帮助解决，使征地拆迁工作进展得井然有序。

南通市通州区九圩港村位于大桥先行段，这个村的群众为了大桥如期开工建设，舍小家，顾大家，拿出了当年支持人民解放军“百万雄师过大江”的劲头，上演了一出21世纪的“支前曲”，涌现出许多宁愿把困难留给自己，也要为大桥腾出施工场地的感人故事。

张家港在征地拆迁工作中，总结出了“形成合力、公开透明、深入一线”的工作方法。本着“求快、求净、求稳”的拆迁原则，工作人员直接深入村组直至农户家庭和企业驻地进行调研，研究切合实际的动迁安置和补偿实施方案，积极调动各区镇、各部门力量，上下联动，全速推进征地拆迁工作。经过努力，大桥段的拆迁清障工作用了一个月的时间全部完成，确保了大桥先期开工建设计划顺利实施。通沪铁路张家港段动迁涉及5个乡镇的900多户村民和20多家企业，经过努力，实现了到2015年上半年全面完成征地拆迁工作的目标。

三、抗疫复工

2020年初，新型冠状病毒肺炎疫情发生。指挥部不断细化疫情防控和复工复产方案，始终把“防”贯穿疫情防控和复工复产全过程，切实做到疫情防控和复工复产两手抓、两不误。

（一）落实防疫领导及制度安排

根据江苏省（2020）45号明传电报、南通市铁路办公室（2020）4号明传电报及中国国家铁路集团工程管理中心工程调度部《关于做好铁路建设工程疫情防控工作的紧急通知》精神，指挥部于2020年1月30日即印发了沪通桥指（2020）7号《关于进一步做好新型冠状病毒肺炎疫情防控工作的通知》，要求指挥部各部门、各参建单位守土有责，保障通讯畅通，高度重视疫情防控工作，严防死守，立即采取行之有效的严厉措施，防止疫情扩散。

随着形势发展，2020 年 2 月 7 日，指挥部又印发了沪通桥指（2020）8 号《关于成立沪通长江大桥建设指挥部疫情防控领导小组的通知》，成立了以张贵忠常务副指挥长为组长的联防联控领导小组，下设联防联控办公室，负责领导小组的日常工作，全面落实上级对防疫工作的部署安排，督导协调项目防疫工作。

面向现场施工单位、监理单位，指挥部加大管控力度，建立了信息报告制度，要求各参建单位进一步提高对疫情防控的认识，加强组织领导，迅速成立由本单位主要领导任组长的疫情防控领导小组，制定并启动应急工作预案，全面摸排本单位职工分布、流动和健康情况，建立动态管理台账，重点关注武汉及湖北地区人员情况，并指定一名联络员，自 2 月 8 日起，具体负责有关信息的报备工作，落实有状况即时报、无情况报平安的零报告制度。

（二）抓好疫情防控工作

在疫情防控过程中，响应党中央的号召，充分发挥各级党组织、党员的战斗堡垒和先锋模范作用，落细落实疫情防控责任，建立完善的疫情防控工作体系，制定详细的疫情防控工作清单和责任矩阵，将疫情防控各项工作细化到人。

指挥部加入了属地南通市的防疫指挥部，第一时间组织参建单位学习中国国家铁路集团和江苏省以及南通市的抗疫工作指令并督促落实。

积极筹备防疫物资，落实现场人员防护需求。除为项目部现有人员配齐口罩、消毒液、温度计等必要防控物资外，还加强了应急防控物资储备，做好了物资消耗的补充工作。累计采购、申领口罩 1700 个、防护手套 300 副、测温仪 3 个、消毒剂 50 瓶，并储备了必要的药品和其他物资，确保项目人员“零感染”。大桥局项目部对入场员工进行了全员核酸检测。

在加强人员培训，落实防疫知识学习方面，组织全体员工登录江苏疾控 App，学习卫健委《新型冠状病毒防治诊疗方案》和日常防护知识；加强疫情防控宣传，普及疫情防控知识（图 5-1-20），发放疫情防控手册，促进全员正确认识新型冠状病毒，做好个人健康防护。

在严控人员流动方面，实行驻地封闭式管理，严禁人员随意进出；严格做到所有人员均需项目部负责人批准，经地方政府同意后方可返回驻地，严禁自行返程。

在做好驻地后勤管理方面，定期对办公区、生活区进行全方位消毒（图 5–1–21）；严格食堂管理，实行分时就餐制。

图 5–1–20　普及疫情防控知识

图 5–1–21　生活区消毒

（三）有序推进复工复产

在抓好疫情防控的同时，大桥建设指挥部也密切关注项目的复工组织。积极主动与上海铁路局、沪宁公司就通沪铁路静态验收整体推进情况沟通协调。根据党中央“落实分区分级精准防控策略，推动企业复工复产”的指示精神以及中国国家铁路集团 2020 年 2 月 19 日 156 号电报及系列文件要求，指挥部对现场情况进行了分析，做出了“分步走”部署。

对关键工点，项目部主要负责人春节期间主动留守现场，带领各级管理人员坚持春节不停工，为节后桥面铺装奠定了坚实基础。组织召开网络视频会议，提前部署节后各工点复工复产和疫情防控工作，按照轻重缓急梳理剩余工程，制定节后施工计划。分批包车组织非鄂及非重点疫区人员返岗，并做好返岗人员的健康管理，规范设立返岗人员隔离室（图 5–1–22、图 5–1–23），联系定点救治医院。项目共设立隔离室 212 间，219 名返岗人员先隔离后上岗。

组织对施工现场大临结构、大型机械设备、安全防护措施及生活区、隔离区的物资配备进行专项检查，将复工防疫和安全生产工作落到实处。强化对复工后返岗且解除隔离人员的教育培训，并对疫情防控方案进行交底，提高施工人员的安全意识和防疫意识。同时认真筹划施工生产，精准调整重要施工节点所需人员和物资，全力做好复工复产。

图 5-1-22　搭建返程人员隔离区

图 5-1-23　返程人员隔离区投运

图 5-1-24　返岗人员体检

图 5-1-25　每日测量体温

图 5-1-26　复工后工人戴口罩上岗

第二章 绿色大桥

为贯彻“创新、协调、绿色、开放、共享”的发展理念，把项目建设成绿色文明工地示范工程，大桥建设坚持以绿色施工为宗旨，严格执行国家、地方政府有关法律、法规和政策，贯彻“节约优先、保护优先，自然恢复”的方针，像保护眼睛一样保护生态环境，像对待生命一样对待生态环境，最大限度地保护环境，减少污染，减少水土流失，让自然生态美景永驻人间，还自然以宁静、和谐、美丽。

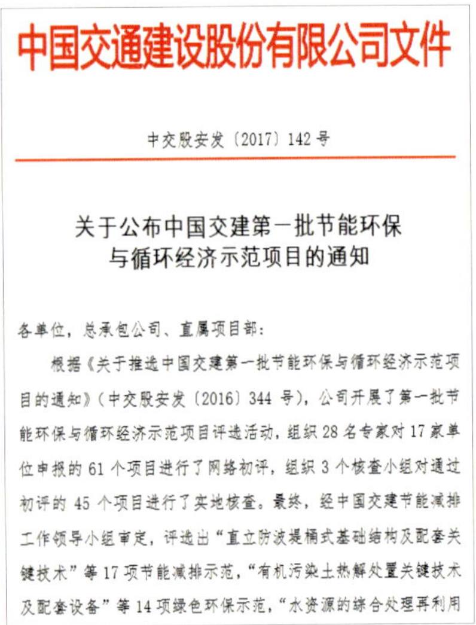
中国交通建设股份有限公司文件

中交股安发〔2017〕142 号

关于公布中国交建第一批节能环保
与循环经济示范项目的通知

各单位，总承包公司、直属项目部：

根据《关于推选中国交建第一批节能环保与循环经济示范项目的通知》（中交股安发〔2016〕344 号），公司开展了第一批节能环保与循环经济示范项目评选活动，组织 28 名专家对 17 家单位申报的 61 个项目进行了网络初评，组织 3 个核查小组对通过初评的 45 个项目进行了实地核查。最终，经中国交建节能减排工作领导小组审定，评选出“直立防波堤桶式基础结构及配套关键技术”等 17 项节能减排示范，“有机污染土热解处置关键技术及配套设备”等 14 项绿色环保示范，“水资源的综合处理再利用

图 5-2-1 获评中国交建第一批绿色环保示范项目

大桥建设过程中，水利部长江水利委员会和地方政府历次环境保护和水土保持检查均对大桥建设期的环水保工作给予了较好的评价。2015 年，HTQ-2 标中铁大桥局工地被中国建筑业协会评为“第四批全国建筑业绿色施工示范工程”。2017 年，HTQ-1 标中交二航局获得“中国交建第一批绿色环保示范项目”称号。

一、理念制度

（一）编制环水保等管理办法

指挥部编制《环境保护和水土保持管理办法》《环境保护和水土保持应急预案》《安全文明工地建设标准》《临时工程管理办法》等管理文件，明确了在大桥建设过程中环境保护和水土保持的目标、范围、工作重点和各阶段工作标准，制定临时工程设置原则、审批流程及实施、验收、使用、复垦等工作要求。各施工、监理单位根据指挥部管理文件，认真进行了梳理和细化，在施工技术方案编制和审批过程中，优先考虑绿色施工，把建设绿色文明和环境友好工程作为大桥建设的主要目标。

（二）成立环水保领导小组

各单位成立了以主要领导为组长的环境保护和水土保持领导小组，主要领导亲自抓，各单位、各部门、各工点各司其职，齐抓共管。

（三）加强教育，落实交底制度

开工前，及时对所有参建员工进行环境保护和水土保持教育培训和专项交底，交底对象涵盖管理人员和作业队伍，使得所有参建员工把环境保护和水土保持的意识纳入日常的施工当中，使保护环境成为一种自觉的行为。在其他施工技术交底中，也把环境保护的要求作为一项重要的内容，进行交底。

（四）加强日常检查和考核

指挥部把环境保护和水土保持工作作为一项重要的日常检查和季度综合考评检查内容，强化制度执行，让制度成为刚性的约束和不可触碰的高压线，发现违章情况，对责任人予以适当处罚，并限时整改。

二、具体做法

（一）提前谋划，借助第三方力量

1. 及时办理相关施工许可，保证工程建设依法合规

按照水利部对水土保持方案的复函和环保部对环境影响报告书的批复，指挥部及时向本项目环境保护和水土保持的管理部门水利部长江水利委员会、长江航道局、江苏省水利厅和海事局办理相关涉水施工许可和批复，保证施工依法合规。施工过程中，积极接受行业主管部门的检查和指导。

2. 聘请第三方专业机构，对施工期环境保护和水土保持进行监测

指挥部联合沪宁公司，聘请上海勘测设计研究院环境保护工程设计院作为第三方监测专业机构，对项目全线进行施工期环境保护和水土保持监测与监理；指挥部还委托南京水利科学研究院、长江口水文水资源勘测局和江苏省水文水资源勘测局南通分局，对施工

期大桥区段的长江河床和水文泥沙情况进行检测。在施工全程中，各项监测数据均合格。

（二）建设绿色示范工地

1. 统一临时工程建设标准

根据指挥部安全文明工地建设标准，在保证临时工程使用功能的前提下，减少占用基本农田，尽量利用建设用地、工业用地。对少量必须占用基本农田的临时场地，指挥部提前介入，积极协调地方相关部门，办理基本农田置换，在保护基本农田的同时，保证了工程顺利进行。按照绿色、协调、和谐、美丽的原则，各施工单位统筹规划临时工程设计，经监理审查后报指挥部审批。试验室和拌和站、预制场建设完成后，须经指挥部验收合格后方可使用。

2. 打造绿色项目部

施工前，及时对红线范围内和临时工程范围内的表层土进行剥离，用于驻地、试验室、预制场和施工便道两侧的绿化。施工单位委托专业园林绿化公司对驻地、预制场等临时场地进行景观设计，栽种景观苗木，播撒草籽或铺草皮，打造绿色项目部（图 5–2–2）。部分单位还在驻地的空地种瓜种菜，一方面为职工在下班后体验农村生活提供场所，一方面为食堂提供绿色有机蔬菜。

3. 贯彻桥下绿化与周围环境相适应的原则

考虑到大桥南岸建设大桥公园、北岸建设大桥养护工区的情况，为了使大桥建成后，桥下环境与当地自然及人文环境相适应，提高铁路桥梁养护工区生产生活环境，指挥部组织大桥设计单位和施工单位，邀请地方园林设计单位，结合地方规划，对南岸大桥公园范围和北岸大桥养护工区范围桥下进行园林绿化设计，打造绿色、和谐的大桥景观。施工单位还在水上吹填区种植草皮及垂柳，美化环境（图 5–2–3）。

图 5–2–2　项目驻地

图 5–2–3　正桥吹填区绿化

4. 同步实施桥下绿化

为营造良好的施工环境，提高大桥建设的环保意识，指挥部打破传统全线交工前进行绿化的做法，要求施工单位将桥下绿化工作前移，在大桥施工组织上，对桥梁下部工程组织分段落平行施工，每一段桥墩施工完成后，及时进行桥下绿化施工，加强绿化维护管养，对枯死的苗木及时补种，不仅把大桥建成了绿色和谐工程，也为建桥职工提供了绿色的健身休闲场所（图 5-2-4）。

图 5-2-4　项目部北引桥桥下绿化

图 5-2-5　中国国家铁路集团铁路建设高级管理人员观摩沪通大桥，重点关注桥下绿化工程

5. 牢固树立环保理念，减少施工污水和生活污水

根据工程特点，指挥部把减少污水排放、防止污染长江水质作为大桥环境保护和水土保持的工作重点。拌和站、施工便道和钻孔桩施工场地全部进行场地硬化。钻孔桩施工中，对泥浆循环系统和场地布置进行统一设计，采用泥浆分离器收集钻渣，对沉淀后的泥浆进行循环利用。水上钻孔桩施工中，采用泥浆分离器配合泥浆船收集钻渣，设计钢泥浆循环箱，有效地防止了泥浆随意排放。拌和站还修建污水沉淀池，收集清洗拌和站和混凝土罐车污水。施工驻地、施工便道两侧修建完善的排水系统，保证排水畅通。各单位还和地方环卫部门签订垃圾清运协议。生活污水和生活垃圾由地方环卫部门定时清理。同时，加强对水上作业船舶和水上施工人员的管理。按照海事部门的要求，定期进行船舶检查，防止船舶漏油污染长江；在水上作业区设置职工休息区和垃圾箱，严禁使用一次性饭盒；水上垃圾每天回收至岸上，由环卫部门统一清运。

6. 采用先进工艺，减少钻孔桩钻渣和承台开挖土

钻孔桩采用泥浆分离器施工工艺，每台钻机配置一台黑旋风泥浆分离器，收集钻渣；过滤后合格的泥浆进入泥浆循环系统重复利用，减少泥浆排放。水上钻渣用泥浆

船收集。钻渣全部由地方环卫部门集中处理。承台基坑开挖采用双层井点降水结合钢板桩围堰工艺，缩小基坑开挖范围。

图 5-2-6　钻渣外运

7. 严格弃土管理，坚持生态惠民

环保评估和施工图中，南北两岸各设置一处弃土场。施工中，北岸村民要求对桥梁钻渣和承台开挖土组织清运，用于填筑低洼地和废弃鱼塘，以便重新进行耕种。南岸弃土同样用于回填低洼地、造地耕种。弃土中，施工单位对村民组织的清运进行跟踪和检查，确保弃土回填。

8. 协调地方政府，打造大桥周围美丽环境

南岸引桥上游红线范围外，有一处废弃的粉煤灰弃土堆，紧邻铁路红线，随着长时间的雨水冲刷，将造成沉淀池沉降粉煤灰堆下滑，影响铁路大桥桥墩安全和环境。施工项目部积极与地方政府协调，克服各种困难，按时完成了粉煤灰弃土堆的搬迁任务，既保障了铁路桥墩的安全，同时又给大桥建成后的环境美化创造了有利条件。

9. 加强日常管养，保持绿色工地常态化

采取有效措施，加强对水域、陆域自然环境保护的检查管理，减少施工对环境造成的影响。项目部生活区和作业现场都设有垃圾箱，施工现场严格执行“一日一扫”，安排专人负责绿化管养。施工场地标识清晰，施工期间材料堆码整齐，施工完成后“工完料尽场地清”，形成良好的习惯，积极打造绿色文明工地。

图 5-2-7　绿化管养

（三）建造节能减排绿色工程

1. 驻地建设节能环保

施工驻地房屋采用可拆卸活动板房，工地临时房屋采用集装箱房屋。条件容许的监理单位和第三方检测单位租赁工地附近空置的厂房、住宅作为办公生活房屋。

2. 采用可周转材料

拌和站设备由施工单位统一调配或租赁。栈桥码头采用可重复使用的贝雷梁建造。工地临时结构如支架、管桩、钢桁梁采用可重复利用的半定型构件，各工地之间可以相互调配。沉井、承台钢模板可相互倒用，降低加工成本，提高模板使用率。管桩每节加工为标准长度，可根据设计尺寸匹配安装。沉井施工过程中所用钢吊架在吊装工序结束后，退场改制成主塔下横梁支架和引桥公路连续梁支架。

3. 积极推行工厂化施工

钢沉井、锚碇、钢模板、墩身人行步梯、钢围堰、钢梁等全部委托地方专业化钢结构加工厂制造；混凝土节段梁、槽形梁、桥面板和预制构件由混凝土预制工厂集中预制，提高节能减排效果。

4. 节能降噪

在办公、生活和施工现场采用节能 LED 灯具，在现场施工栈桥采用太阳能灯具；采用先进的打桩船、起吊设备、施工电梯、混凝土泵和自动喷淋养护系统等机械设备，抓住一切细节促进节能减排。

5. 合理利用边角料

对建筑余料充分应用，减少浪费，具体包括：钢材余料用于制作水沟盖板、工具箱，钢管余料用于临边、洞口边等的安全防护，模板木方余料用于洞口封堵等。

6. 严格设备进场准入检查

对所有进场施工车辆、船舶等设备进行严格检查，禁止尾气排放超标、噪声监测超标或漏油、漏泥设备进入施工现场。

（四）积极保护长江渔业资源

开工前，指挥部会同地方铁办，委托第三方评估单位针对大桥施工区域在施工期间对渔业资源的影响进行了评估，并给予了合理补偿。同时，施工期间，各单位加强对施工作业人员和施工船舶进行渔业和水生动物的保护教育，增强保护长江渔业资源的自觉性。

竣工后，指挥部主动落实《新建铁路沪通线上海至南通段环境影响报告书》对渔业资源修复的有关要求，及时组织鱼苗增殖放流工作。南通市于 2020 年 4 月 3 日，在大桥施工区域组织投放备类苗种 90 多万尾；张家港市于 2020 年 4 月 9 日也组织进行了鱼苗放流工作。

图 5-2-8 鱼苗放流进入长江

沪苏通长江公铁大桥的建设始终坚持长江大保护，不搞大开的生态保护理念；从制度设计、施工管理到工艺、工法的创新，各个环节严格控制，有效降低了施工对水域环境和生物资源的影响。

（五）加强噪声和振动防治

1. 合理施工，减少噪声扰民影响

减少夜间在居民生活区附近的施工，钻孔桩全部采用反循环钻机，减少振动和噪声。

2. 及时调研居民诉求

大桥开工后，指挥部联合地方铁办，对大桥环境影响范围内的居民诉求进行调研，对人民群众关心的环境保护和水土保持等问题重点研究解决。根据百姓合理诉求，指挥部联合地方政府和设计单位，变更增加了声屏障纵向范围970m。对于环评中提出需要安装的隔声窗，指挥部也联合沪宁公司，统一招标专业单位进行安装，切实做到生态利民。

（六）防洪工程同步实施

开工前，指挥部委托江苏省水利勘测设计研究院，对沪苏通长江公铁大桥在长江范围的防洪工程进行专门设计；在《上海至南通铁路长江大桥工程防洪专项设计》报江苏省水利厅批复同意后，及时组织施工；施工完成后，及时组织交验，保证防洪影响工程尽快投入使用，避免了由于大桥施工对长江或地方防洪造成影响。大桥跨越南岸三干河、北岸大堤内侧泄洪渠等较大河流处，指挥部及时委托水利专业设计单位进行防洪工程设计，组织施工单位及时施工并交验。对于其他改沟、改渠和改路等小三改工程，指挥部也在施工过程中及时联合地方政府进行了调研和处理。

图 5-2-9 北引桥墩下匡河改河

大 事 记

2013年

2013年9月29日，中国铁路总公司批复设立沪通长江大桥建设指挥部，作为工程管理中心派出机构，以代建制模式负责大桥建设管理工作。

2014年

2014年3月1日，沪苏通长江公铁大桥开工仪式在江苏省南通市举行，江苏省省长李学勇、上海市副市长蒋卓庆、中国铁路总公司副总经理卢春房等出席。

2014年3月5日，沪通长江大桥建设指挥部（以下简称指挥部）在南通市召开建设工作会议，全面部署年度施工生产任务。大桥设计、施工、监理等参建单位公司及项目部主要负责人参会。

2014年4月12日至13日，指挥部在南通市召开大桥实施性施工组织设计专家评审会，中国铁路总公司副总工程师赵国堂、江苏省交通厅厅长游庆仲等出席。经充分讨论，会议肯定了施工组织设计的可行性，提出了进一步优化细化的研究方向。

2014年4月28日，江苏省委书记罗志军到大桥建设工地调研，要求指挥部及广大参建队伍秉持“百年大计、质量第一”的要求，确保大桥施工质量。

2014年5月18日，沪苏通长江公铁大桥首根桩基顺利成桩，拉开了全桥桩基础全面施工的序幕；同日，指挥部在南通市召开28号墩沉井施工方案专家评审会，铁科院研究员潘家英、中铁大桥院总工程师高宗余等出席。会议肯定了主墩沉井总体施工合理性，进一步明确了施工控制要点。

2014年5月22日，指挥部在南通市召开“沪通长江大桥成套建造技术及运营维护方案研究”科研开题会和“新材料、新结构”两项科研阶段检查及专家研讨会。铁科院研究员史永吉、江苏泰州大桥有限公司总经理吉林等出席。科研开题会规划了后续工作；科研研讨会总结了阶段成果，明确了研究方向。

2014年6月11日，中国铁路总公司副总经理卢春房到沪苏通长江公铁大桥检查工作，提出要纵深推进标准化管理，建设百年精品工程的要求。

2014 年 6 月 18 日，中共中央政治局委员、国务院副总理马凯到大桥建设工地视察，勉励建设者确保工程质量安全万无一失，确保大桥建设顺利推进，早日创造世界第一。

2014 年 6 月 22 日，28 号主墩 15000t 钢沉井由拖轮护航，成功浮运就位。中国铁路总公司总工程师何华武到施工现场检查工作。

2014 年 8 月 18 日，28 号主墩钢沉井精准下沉着床，沉井姿态控制良好。

2014 年 10 月 29 日，专用航道桥 3 号墩首节钢围堰吊装下水，沉放到位。

2014 年 11 月 2 日，31 号墩首节钢沉井以内部大直径钢桩作导向，通过浮吊顺利吊装到位。

2015 年

2015 年 1 月 15 日，全桥第一座桥墩（N39 号）完成混凝土灌注施工。

2015 年 2 月 2 日，主航道桥 6 座钢沉井全部就位，先后开始下沉着床。

2015 年 4 月 26 日，指挥部在 HTQ-1 标项目部组织召开铁路节段梁预制首件评估会，中国铁路总公司工程管理中心、铁五院、铁科院、中南大学、中铁大桥局等单位专家出席。

2015 年 7 月 28 日，北引桥架桥机完成调试，正式开始进行北引桥 190 节节段梁的架设施工（首跨 N1 号—N2 号）。

2015 年 8 月 9 日，中国工程院“交通基础设施重大结构安全保障战略研究”沪通长江大桥院士考察及专家咨询会在南通市圆满结束，13 位工程院院士及 50 多位桥梁专家参加会议。会议综合讨论了大桥总体施工组织设计，提出了设计及施工等方面的重大安全风险管控要点。

2015 年 9 月 8 日，28 号墩混凝土沉井浇筑接高完成，全面转入吸泥下沉阶段。

2015 年 9 月 19 日，南引桥架桥机完成调试，正式开始进行南引桥 770 节节段梁的架设施工（首跨 S12 号—S13 号）。

2015 年 10 月 21 日，正桥 21 孔 112m 简支钢桁梁段（首跨 10 号—11 号）钢桁梁开始架设，标志着正桥正式进入钢桁梁架设阶段。

2015 年 11 月 4 日，大桥首个边墩沉井（26 号墩）清基完成，开始水下混凝土封底施工。

2015 年 12 月 8 日，大桥首个辅助墩沉井（27 号墩）成功完成封底混凝土浇筑施工。

2016 年

2016 年 2 月 17 日，大桥跨南岸大堤 3 孔 112m 简支钢桁梁桥架桥机就位，开始架设钢桁梁。

2016 年 3 月 1 日，指挥部在南通市召开 2000MPa 斜拉索技术条件专家评审会，中国铁路总公司工程管理中心副主任盛黎明、铁科院研究员马林等出席。会议肯定了相关技术指标的合理性，可用于斜拉索的采购、制作和验收。

2016 年 3 月 9 日，大桥 28 号主墩沉井终沉到位，底标高约 –97m，入土深度超 60m。

2016 年 5 月 6 日，江苏省委书记罗志军到大桥建设工地检查指导工作，嘱咐工程建设者将安全和质量放在首位，打造百年精品工程。

2016 年 8 月 2 日，江苏省委书记李强到大桥建设工地检查指导工作，强调大桥建设对推进长三角一体化进程的重要意义，勉励职工优质高效地完成大桥建设任务。

2016 年 8 月 15，大桥南引桥铁路墩身施工圆满收官，全面转入上部结构施工阶段。

2016 年 8 月 26 日，大桥专用航道桥通过架桥机开始双悬臂架设钢梁。

2016 年 9 月 19 日，大桥 28 号主塔墩承台施工圆满收官，即将进入主塔施工阶段。

2016 年 10 月 11 日，指挥部在南通市召开主航道桥主塔施工方案专家评审会。铁科院研究员谢永江、北京交通大学教授安明喆等出席。会议肯定了总体方案可行性，要求细化编制专项方案和作业指导书。

2016 年 11 月 1 日，江苏省常务副省长黄莉新到大桥工地调研、指导工作，并慰问了参建职工。

2016 年 11 月 14 日，大桥主航道桥 28 号墩主塔柱开始浇筑基础节 C60 混凝土。

2016 年 12 月 9 日，指挥部在南通市组织召开大桥成套建造技术和运营维护方案研究成果专家咨询会。北京交通大学教授夏禾、中铁大桥局高级技术顾问彭月燊等出席。会议依照科研合同评价了结题前各项工作成果，提出了改进建议。

2016 年 12 月 10 日，大桥南、北引桥连续刚构全部合龙。

2017 年

2017 年 1 月 21 日，沪苏通长江公铁大桥天生港专用航道桥 336m 钢桁梁拱桥完成合龙节间（第 11 节间）吊装，钢梁精准合龙。

2017 年 3 月 15 日，指挥部启动“强基达标、提质增效”专题活动，进一步夯实大桥建设管理基础，提升建设管理水平，优质高效推进大桥建设。

2017 年 3 月 29 日，大桥首块公路桥面板（正桥 11 号—12 号墩）起吊安装。21 孔 112m 简支钢桁梁桥面系施工正式展开。

2017 年 6 月 14 日，沪苏通长江公铁大桥首块铁路槽形梁（正桥 11 号—12 号墩）起吊安装。自此，沪苏通长江公铁大桥一标段正桥部分开启了钢桁梁架设、公路桥面板和铁路槽形梁吊装同时进行的模式。

2017 年 7 月 6 日，江苏省省长吴政隆到大桥南岸建设工地检查指导工作。在大桥施工现场，吴政隆感谢广大建设者的辛勤工作，并提出建好精品工程、传世之作，为南通跨江融合、接轨上海提供有力支撑的期许。

2017 年 8 月 6 日，江苏省省委常委、纪委书记蒋卓庆到大桥工地检查指导工作。

2017 年 8 月 22 日，沪苏通长江公铁大桥横港沙桥 21 孔 112m 钢梁主体架设完成。

2017 年 10 月 15 日，大桥斜拉索 7mm 直径 2000MPa 级钢丝正式投入生产，各项指标性能优异。

2017 年 10 月 22 日，大桥专用航道桥拱肋竖转到位并精准合龙。过程中运用智能监控系统实时监测竖转工序各项参数，并实现自动化控制，保障了施工安全。

2017 年 11 月 20 日，经过三年的应用与总结，大桥智能建设喜获丰收，BIM 技术应用成果相继获得各项行业协会奖项。

2017 年 12 月 1 日，主航道桥 29 号墩承台浇筑完成；单次最大浇筑方量（第二次）$28000m^3$，历时 101 小时，创中国建桥史混凝土单次连续浇筑记录；完工后未出现开裂情况，体现了较高的水中大体量混凝土施工组织和质量控制水平。

2017 年 12 月 14 日，指挥部邀请全国总工会副主席巨晓林、大国“焊将”王中美、“最美青工”白芝勇三位一线党的十九大代表走进大桥建设工地宣讲十九大精神。三位代表面对面与职工交流，在焊机前手把手讲授经验，在广大建设工人中引起强烈反响。

2018 年

2018 年 1 月 17 日，指挥部在南通市召开主航道桥 28 号墩主塔钢锚梁首件专家评审。铁科院研究员程季青、中铁大桥院副总工程师梅新咏等出席。会议评定了钢锚梁制造工艺和成品质量，提出了焊接控制工序的优化建议。

2018年2月25日，2700t·m塔吊试吊成功。作为业内首台安装于塔柱之上的附壁式塔吊，其成功应用为后续80t重型钢锚梁吊装创造了条件。

2018年3月13日，指挥部在南通市召开了《铁路钢桁梁建造信息模型交付标准》专家评审会，清华大学土木水利学院教授张建平、中国建筑科学研究院副总工程师金新阳等出席。会议肯定了该项标准的有效性、合理性，建议申报行业标准。

2018年5月4日，指挥部在南通市召开了主航道桥钢梁架设总体施工方案专家评审会，中国铁路总公司工程管理中心副主任兼总工程师盛黎明、中国中铁股份有限公司副总工程师郑机等出席。会议认可了总体方案，要求进一步研究吊装控制和主梁线形。

2018年5月11日，主航道桥28号墩首节段钢梁由1800t浮吊吊装至墩顶，待滑移就位。中央电视台在建设工地进行了网络直播。

2018年5月14日，指挥部在南通市组织召开了29号墩主塔抗裂混凝土研究与应用专家评审会，清华大学土木水利学院教授阎培渝、中铁大桥院副总工程师肖海珠等出席。与会专家一致同意方案可用于主塔施工，建议加强检测和验收力度。

2018年5月24日，指挥部在南通市组织召开了BIM应用试点项目初步验收专家评审会，中国铁路总公司工程管理中心副主任盛黎明、铁三院副总工程师王长进等出席。会议肯定了大桥BIM技术应用水平，一致同意验收通过。

2018年7月18日，主航道桥28号墩第一台1800t架梁吊机在桥面安装完成，开始进行系统调校和试吊工序。

2018年9月28日，主航道桥28号主塔成功封顶，建筑总高度达330m，为世界公铁两用斜拉桥最高桥塔。

2018年10月9日，主航道桥首对大节段钢桁梁双悬臂架设成功，标志着我国钢梁工业化建造水平的重大突破。

2018年11月26日，指挥部在南通市组织召开了沪苏通长江公铁大桥大体积高性能混凝土工程院士咨询会。院士团队包括卢春房、欧进萍、缪昌文、陈政清和岳清瑞。指挥部及参建单位分别从管理、科研、设计和施工角度总结了大桥混凝土建造技术的应用过程。与会专家高度评价了相关应用成果的先进性，并深入指导了下一步实施工作的优化方向。

2019年

2019年1月25日，主航道桥29号墩1800t架梁吊机桥面试吊成功，最大试验吊重达 1980t。

2019 年 4 月 13 日至 14 日，由中国铁道学会和指挥部主办的“创新桥梁技术，助力交通强国”中国高速铁路桥梁工程创新技术论坛在南通市召开。中国工程院院士卢春房、何华武等 11 名院士及业内 200 位专家学者参加，大桥建设团队从管理、设计及施工角度作了三场学术报告，得到了与会嘉宾高度肯定。

2019 年 5 月 28 日，主航道桥钢梁北侧辅助跨精准合龙，27 号辅助墩顶钢梁通过顶推纵移实现与大悬臂节段对接。

2019 年 6 月 27 日，主航道桥 29 号墩主塔封顶，标志着塔梁同步施工阶段的圆满完成。

2019 年 7 月 29 日，主航道桥钢梁北侧边跨精准合龙，与跨横港沙段 21 孔 112m 简支钢桁梁形成贯通。

2019 年 9 月 20 日，主航道桥钢梁中跨合龙，指挥部在跨中桥面举办了“迎国庆，大合龙”沪苏通长江公铁大桥建功立业誓师大会，江苏省副省长费高云、中国国家铁路集团副总经理王同军出席。现场工人完成合龙口最后一次焊接，标志着主航道桥建设工作取得关键性成就。

2019 年 11 月 2 日，中国国家铁路集团党组书记、董事长陆东福一行检查调研沪苏通长江公铁大桥。调研过程中，陆东福一行到 330m 主塔顶实地察看了大桥建设情况，对大桥建设者表示慰问。

2019 年 11 月 15 日，全桥 432 根平行钢丝斜拉索挂设完成，为首座千米级公铁两用斜拉桥的架缆作业画上了完满的句号。

2019 年 12 月 21 日，中铁大桥局项目部在工地展厅召开了沪苏通长江公铁大桥主航道桥建造技术交流会，邀请参与主航道桥建设研究工作的科研院所及高校、设计施工及装备研发等单位技术负责人作交流报告，有力推动了下一步的深入总结、成果提炼工作。

2020 年

2020 年 3 月 31 日，江苏省省长吴政隆到沪苏通长江公铁大桥建设工地慰问参建队伍并了解工程进度。他肯定了大桥防疫抗疫工作和复工复产建设情况，并对铁路建设高质量发展提出了新的希望。

2020 年 4 月 14 日，大桥主航道桥公路桥面沥青摊铺全部完成，全桥最后一个分项工程顺利结束。

2020 年 4 月 28 日，通沪铁路首趟动车检测列车上线试跑，标志着通沪铁路联调联试取得重要进展。

2020 年 4 月 29 日，主航道桥桥墩复合材料防撞设施安装完成。主通航孔桥墩防撞按照代表船型 5 万吨级集装箱船和 10 万吨级散货船、代表船队 16 × 3000t 级内河船队的标准设防。

2020 年 5 月 4 日，通沪铁路按线路设计速度的 110% 标准跑出 220km/h 最高试验目标速度，标志着通沪铁路联调联试将先后转入信号系统联调联试阶段和运行试验阶段。

2020 年 6 月 1 日，沪苏通长江公铁大桥公路项目通过交工验收。交工验收委员会由江苏省交通运输厅、江苏省交通运输综合行政执法监督局以及江苏扬子江高速通道管理有限公司等单位负责人组成。会议听取了沪苏通长江公铁大桥公路工程项目执行等报告材料，期间对公路桥面及公路交通工程进行了实地察验。委员会一致认为沪苏通长江公铁大桥公路桥面及公路交通工程质量优良，同意通过交工验收。

2020 年 6 月 10 日，中国国家铁路集团在沪苏通长江公铁大桥建设工地召开现场会。中国国家铁路集团建设部、工程管理中心、工程质量监督管理局负责同志以及各路局分管建设工作的副总经理、各在建项目主要负责人出席。指挥部作专题报告，系统性介绍了大桥建设关键技术和管理成果。

2020 年 6 月 19 日，沪苏通长江公铁大桥首次系统调试亮化景观工程。大桥亮化景观设计采用全 LED 灯具的照明方案，以主体结构为承光载体，将桥梁的轮廓、层次、立体形态展示在人们视野中，展现出大桥的简洁大气、庄重雅致。

2020 年 7 月 1 日，历经 2314 天夜以继日的艰苦奋战后，沪苏通长江公铁大桥正式开通运营。江苏省委书记娄勤俭、省长吴政隆和中国国家铁路集团董事长陆东福等出席开通仪式，陆东福董事长转达了习近平总书记圈阅和李克强总理重要批示精神，宣布大桥正式通车运营。

二 维 码

综合篇

大桥宣传片

“激扬中国梦，
闪耀世界桥”
大桥建设管理

“星光璀璨耀大江”
大桥亮化景观工程

“桥梁新跨越，
时代新丰碑”
建设纪实

“劳动光荣，
创造伟大”
建桥文化宣传

“建精品工程，
创管理一流”
标准化管理

“以标准促创新，
以信息促管理”
标准化管理

院士咨询会

专家评审会

焊工职业技能竞赛

“沪通杯”羽毛球
友谊赛

专利统计

论文统计

施工篇——主航道桥

主墩沉井
施工纪实

主塔施工

主桥大节段
钢桁梁架设

主桥中跨合龙

主桥公路面沥青摊铺

主桥铁路钢桥面
HUPC 铺装

施工篇——专用航道桥、跨横港沙段及引桥

桩基施工

专用航道桥及跨横港沙段钢梁架设

专用航道桥拱肋竖转

铁路槽形梁内防水层施工

专用航道桥桥面吊机安全监控系统

专用航道桥及跨横港沙等段沥青摊铺

专用航道桥铁路钢桥面 UHPC 施工

大桥墩身施工安全动画

南引桥节段梁架设施工

文艺篇

"桥韵杯"2014 年
摄影比赛

"桥韵杯"2015 年
摄影比赛

"桥韵杯"2016 年
摄影比赛

"桥韵杯"2017 年
摄影比赛

"桥韵杯"2018 年
摄影比赛

"桥韵杯"2019 年
摄影比赛

微电影《桥三代》

后　记

一桥飞架南北，天堑变通途。沪苏通长江公铁大桥是国家交通重大工程，是世界公铁两用桥千米级跨度的里程碑，是人类超越自我、征服自然，探索更快、更高、更强境界的新成果。

如果把中国桥梁事业当作一场接力赛，我们希望沪苏通长江公铁大桥不仅能跑好自己的这一棒，更希望为中国桥梁事业实现更大跨越铺下一块新的砖石。

将建设过程中的技术、工艺、管理及保障支撑等各方面工作记录下来，结合建设过程中的体会、思考、心路历程，如实反映建设原始场景，为后来者提供可资参考、借鉴的工具，是我们编写这本书的初衷。本书采取白描写实的方法，不追求华丽的文字，由亲身经历大桥建设的工程师们亲自执笔完成，以求贴近事实。

知之非难，行之不易。要全面复盘这样一项规模宏大、头绪浩繁的系统工程，已非易事。而将沪苏通长江公铁大桥2314个日夜，7000余名建设者的辛勤工作，去粗取精、提纲挈领进行总结提炼，对理工科的工程师来说，更是难上加难。

本书由指挥部牵头，设计、施工、监理单位按照“骨干全程参与、分工协作”的方式组稿。第一篇由张贵忠、赵东波组稿，罗兵、杨志德、唐启、胡勇、崔一兵执笔；第二篇由谭永超、彭学理、王锡来组稿，查道宏、江京平、张翠玲、戴福忠、王远立执笔；第三篇由陈维雄、闫志刚组稿，李军堂、张燕飞、李有为、宋宇亮、陈涛、栾寿福执笔；第四篇由赵钰组稿，姚森、朱津军、戴浩、李骄阳执笔；第五篇由魏林组稿，黄汉平、胡华、张帆执笔。项目各参建单位的工程技术人员为本书提供了许多有益的帮助。全书由张贵忠、赵钰、宋宇亮统稿，原中国铁道科学研究院田建国同志参与了相关工作。

中国国家铁路集团副总经理王同军同志审定了全书的架构，撰写了第一、二、三篇的有关章节，审阅并修订了全文。中国工程院院士、中国国家铁路集团原副总经理卢春房同志为本书作序。中国国家铁路集团原工程管理中心主任李志义同志为本书提供了原创性的理念和宝贵意见。各位专家、领导为本书能够全面反映大桥的建设成就、创新意义，并将大桥在铁路桥梁建设管理方面的探索和实践，系统性地奉献于读者，作出了重要贡献。

本书的编撰是指挥部、各参建单位集体智慧的结晶，也是参与决策、设计、建造、运维，包括地方支援配合的所有同志共同努力的成果。大桥建设历程很长，有的同志参加了阶段性的工作，但仍然作出了很大贡献，编者希望能用系统性、整体性思维，尽量反映每一位同志创造性的思维成果，尽可能系统呈现项目实施重点、操作细节，完整、真实地反映大桥建设历程。但由于编者专业知识、能力、水平所限，难免挂一漏万、顾此失彼，更限于编者的眼界和认知水平，难免存在缺点和不足，敬请读者批评指正。

感谢为本书的编纂、出版献计献策、鼎力支持的每一位沪苏通长江公铁大桥设计、建造历程的亲历者和见证者；感谢所有在大桥设计、建造全过程中辛勤工作、无私奉献的劳动者；感谢为本书的出版废寝忘食、辛勤工作的编辑部、出版社的同志们。

我们以此向沪苏通长江公铁大桥这一世界首座千米级公铁两用斜拉桥致敬！向每一位没有辜负伟大时代、砥砺奋进的大桥建设者致敬！